科学出版社"十三五"普通高等教育本科规划教材

果蔬花卉生产技术专业教学法

刘金泉 主编

科学出版社

北京

内 容 简 介

本书是"教育部、财政部职业院校教师素质提高计划——'园艺'本科专业职教师资培养标准、培养方案、核心课程和特色教材开发"项目（项目编号：VTNE056）的成果之一。全书共14章，前4章为果蔬花卉生产技术专业的基本概况、学生特点和教学策略、基本教学方法和教学媒体、教师的基本教学技能；后10章为现场教学法、项目教学法、案例教学法、四阶段教学法、任务驱动教学法、考察教学法、张贴板教学法、引导文教学法、头脑风暴教学法、思维导图教学法在该专业教学中的应用。

本书适合职教师资培养院校园艺类专业学生使用，也可作为中等职业学校果蔬花卉生产技术及相关专业教师参考用书。

图书在版编目（CIP）数据

果蔬花卉生产技术专业教学法/刘金泉主编. —北京：科学出版社，2016
科学出版社"十三五"普通高等教育本科规划教材
ISBN 978-7-03-048952-4

Ⅰ.①果… Ⅱ.①刘… Ⅲ.①果树园艺-教学法-高等学校 ②蔬菜园艺-教学法-高等学校 ③花卉-观赏园艺-教学法-高等学校 Ⅳ.①S6-42

中国版本图书馆CIP数据核字（2016）第139042号

责任编辑：丛 楠 / 责任校对：李 影
责任印制：张 伟 / 封面设计：黄华斌

科学出版社 出版
北京东黄城根北街16号
邮政编码：100717
http://www.sciencep.com

北京凌奇印刷有限责任公司 印刷
科学出版社发行　各地新华书店经销

*

2016年6月第 一 版　开本：787×1092　1/16
2023年2月第三次印刷　印张：13 1/4
字数：296 000

定价：49.80元
（如有印装质量问题，我社负责调换）

《果蔬花卉生产技术专业教学法》编写委员会

主　编　刘金泉
副主编　闫　瑞　曹睿亮　肖艳辉
编　委　（按姓氏笔画排序）
　　　　王敏（河套学院）
　　　　刘金泉（内蒙古农业大学职业技术学院）
　　　　闫　瑞（内蒙古农业大学职业技术学院）
　　　　肖艳辉（韶关学院英东生物工程学院）
　　　　曹睿亮（内蒙古农业大学职业技术学院）
　　　　梁俊龙（上默特左旗第一高级职业中学）
　　　　樊福元（上默特右旗职教中心）
主　审　葛茂悦

丛 书 序

没有一流的教师，就没有一流的教育；没有一流的教育，就培养不出一流的人才。近年来，国家把大力发展职业教育作为繁荣经济、促进就业、消除贫困、保障公平、维护稳定的一项重要举措。要实现新形势下职业教育的使命和发展目标，就必须以一支高素质的教师队伍为保障，进一步突出教师队伍建设的基础性、先导性、战略性。

为全面落实全国教育工作会议精神和《国家中长期教育改革和发展规划纲要（2010—2020年）》，适应职业教育、加强内涵建设、提高办学质量的迫切需要，建设一支高素质专业化"双师型"教师队伍，是当前职业教育发展的迫切要求。教育部、财政部于2011年11月颁发了《关于实施职业院校教师素质提高计划的意见》（教职成〔2011〕14号），根据职业院校教师素质提高计划，2013～2015年，中央财政投入了1.5亿元，支持43个全国重点建设职教师资培养培训基地作为项目牵头单位，组织职业院校、行业企业等各方面的研究力量，共同开发了100个职教师资本科专业的培养标准、培养方案、核心课程和特色教材（简称"职教师资培养资源开发项目"）。职教师资培养资源开发项目是完善职教师资培养体系建设、确保职教师资培养质量的基础性工程。通过项目的实施，进一步规范职教师资培养过程，开发形成一批职教师资优质资源，不断提高职教师资培养质量，更好地满足加快发展现代职业教育对高素质专业化"双师型"职业教师的需要，加强职业教育师资培养体系的内涵建设。

内蒙古农业大学职业技术学院有幸承担了"'园艺'本科专业职教师资培养标准、培养方案、核心课程和特色教材开发"项目（项目编号：VTNE056），3年来，项目组全体成员"走遍千校万企、历经千辛万苦、道破千言万语、想尽千方百计"，高质量、创新性地完成了包括"调研报告"、"专业教师标准"、"专业教师培养标准"、"培养质量评价方案"、"课程资源"（专业课程大纲、主干课程教材、数字化资源）等系列成果，其中，主干课程教材是该项目的核心成果。根据专业教师培养标准，结合专业教师标准和调研报告，我们确定和开发了《园艺植物生产环境》、《果树栽培》、《蔬菜栽培》、《花卉栽培》、《果蔬花卉生产技术专业教学法》和《园艺技能实训教程》6门主干课程的特色教材。

该系列教材体现如下特点：一是内容上聚焦服务于中等职业学校果蔬花卉生产技术专业教师的培养，围绕培养职教师范生的"专业实践能力"、"专业实践问题的解决能力"等进行开发，且在内容的选取上体现学科的专业要求，并尽可能体现已应用于实际的园艺学科前沿成果、同时融入与国家职业技能证书相关的知识和标准。二是创新了编写体例。打破传统的学科化、单纯的学术知识呈现的模式，以园艺生产任务为驱动，采用工作过程系统化的设计思想，设计了"模块、任务"等体例，将理论知识与实践技能进行有机结合，合理地选择工作任务；编写形式上有较大创新，实现了知识上与本科对接，技能上与中等职业学校对接，突出专业性、职业性、师范性的"三性"融合，强化了实践教学。三是编写形式体现多样性，并不固化于工作过程系统化教材。例如，《园艺植物生产环境》教材，有机整合原学科体系下《土壤与施肥》、《农业气象》、《农业微生物》等课程内容，按照园艺植物生产所需的光、温、水、土、肥、气、微生物等环境因子展开编写，既重视基础知识的教授，又突出技能训练；《果树栽培》教材，设计了"任务目的、实践操作、引导思考、知识链接、考核评价"等形式，要求学生明白为了完成任务，需要学习哪些知识内容，从而做到做中学；《花卉栽培》教材以"任务目的、任务分析、基础知识、任务流程、栽培实践、园林应用、知识拓展、考核评价"8个板块展开，突出了理实一体化的要求；《园艺技能实训教程》首次采用表格的形式进行编写，细化了"操作步骤"，重点突出了"操作方法及要求"，体现了简洁、实用、易懂、可操作性强的特点。四是简洁明了、直观易学，如设计了内容概括图、任务分析图、任务工作过程图（栽培技术流程图）、思维导图等，力求给学生营造一个更加直观的认知环境，便于学生学习和使用，体现职业教育的实用性、操作性、做中学等特点。

在历时3年的项目开发过程中，项目开发全体成员付出了巨大的努力，教育部专家指导委员会、项目组顾问委员会、项目管理办公室全体成员均投入了大量心血，项目第三组（农林牧渔、土木类）全体专家、参与本项目咨询论证的专家对项目内容进行了严格的把关并给予了诚恳的建议，被调研单位及调研访谈的专家、教师、技术人员、学生及为本项目提供帮助的所有相关人员给予了方便和热情的配合，承担教材出版任务的科学出版社也给予了大力支持。在此，我们一并表示衷心的感谢！

项目主持人：葛茂悦
2016年3月

前　言

本书是"教育部、财政部职业院校教师素质提高计划——'园艺'本科专业职教师资培养标准、培养方案、核心课程和特色教材开发"项目的核心成果之一，是该项目"专业教师培养标准"中"园艺专业教学法"课程的配套教材，经过项目组系统的调研和专家充分研讨论证之后汇编成册。本书凝聚了内蒙古农业大学职业技术学院多年职教师范生培养的实践经验和项目组三年开发的成果结晶。本书的出版对改善和丰富园艺类专业职教师资培养资源、提高职教师资的整体素质，特别是专业课教师的教学能力，具有极大的应用价值。

本书的开发力求以中等职业学校"果蔬花卉生产技术专业"专业课教师的职业能力培养为主线，以教学过程为导向，以园艺生产任务为应用案例，突出教学法在专业课程教学中的应用。通过本课程的教学活动，使职教师范学生了解该专业的基本概况，明确该专业学生的特点和应采取的教学策略，掌握教师从教所需基本的教学技能、教学方法和相应的教学媒体的运用，特别是能运用行动导向体系教学法进行该专业的专业课教学，为下一步从事职业学校专业课教学时，能使中等职业学校学生更好地学习专业知识和专业技能打下基础。

本书共 14 章：前 3 章是对果蔬花卉生产技术专业教学特点的分析，包括该专业的基本概况、学生的特点和教学策略、基本教学方法和教学媒体；第四章是果蔬花卉生产技术专业教师的基本教学技能，包括教学设计、教学实施、教学评价和反馈、说课等；第五章至第十四章讲述行动导向体系教学法及其在专业课程教学中的应用案例，包括现场教学法、项目教学法、案例教学法、四阶段教学法、任务驱动教学法、考察教学法、张贴板教学法、引导文教学法、头脑风暴教学法、思维导图教学法。

本书由刘金泉担任主编，闫瑞、曹睿亮和肖艳辉担任副主编。编写分工如下：刘金泉编写第一章的第一节、第三节、第四节，第二章，第三章的第三节；王敏编写第三章的第一节、第二节，第四章的第三节、第四节，第十一章；闫瑞编写第四章的第一节、第二节，第五章，第八章；曹睿亮编写第一章的第二节，第九章、第十章、第十三章、第十四章；肖艳辉编写第六章、第七章、第十二章；樊福元、梁俊龙提供了专业课的教学案例资料，最后由刘金泉完成统稿工作。全书由葛茂悦教授审稿。

本书可作为职教师资培养院校园艺专业学生的教学用书，也可作为园艺类职教师资培养培训基地的培训教材，还可作为中等职业学校果蔬花卉生产技术及相关专业的专业课教师参考用书。

书中部分内容参考了同行学者的文献资料，在此致以衷心的感谢。由于编者水平有限，书中定有不当之处，恳请读者不吝批评指正。

编　者
2016 年 3 月

目 录

第一章 果蔬花卉生产技术专业基本概况 … 1
第一节 果蔬花卉生产技术专业概述 … 1
一、果蔬花卉生产技术专业的演变历程 … 1
二、果蔬花卉生产技术专业所对应的行业分类 … 2
三、果蔬花卉生产技术专业所面向的职业 … 3
第二节 果蔬花卉生产技术专业面向的园艺行业分析 … 5
一、园艺行业概念及其发展历程 … 5
二、园艺行业的现状分析 … 6
三、我国园艺行业发展分析 … 7
第三节 果蔬花卉生产技术专业人才能力要求分析 … 12
一、知识、能力和素质要求 … 12
二、对应岗位职责、任务及职业资格证书要求 … 17
第四节 果蔬花卉生产技术专业课程结构和教学要求 … 19
一、教育部《专业教学标准制订意见》概述 … 19
二、果蔬花卉生产技术专业课程结构（地方标准） … 20
三、果蔬花卉生产技术专业主要课程的教学要求 … 22

第二章 果蔬花卉生产技术专业学生的特点和教学策略 … 27
第一节 果蔬花卉生产技术专业学生的特点 … 27
一、中职学生群体的特殊性 … 27
二、中职学生的特点 … 28
第二节 果蔬花卉生产技术专业的教学策略 … 31
一、提高学生学习兴趣 … 32
二、转变教师教学观念 … 33
三、重视实践教学环节 … 35
四、适当运用竞争（竞赛） … 36
五、加强学生教育管理 … 37

第三章 果蔬花卉生产技术专业基本教学法和教学媒体 … 39
第一节 教学法概述 … 39
一、教学法的概念 … 39
二、教学法的分类研究 … 40
第二节 果蔬花卉生产技术专业基本教学方法简介 … 44
一、讲授法 … 44

二、讨论教学法 …………………………………………………………………… 45
　　三、演示教学法 …………………………………………………………………… 47
　　四、练习法 ………………………………………………………………………… 48
　　五、实验教学法 …………………………………………………………………… 49
　第三节　果蔬花卉生产技术专业的教学媒体 ………………………………………… 50
　　一、教学媒体的概念、分类及作用 ……………………………………………… 50
　　二、果蔬花卉生产技术专业教学中媒体的选择与运用 ………………………… 54

第四章　果蔬花卉生产技术专业教师的基本教学技能 …………………………… 56
　第一节　教学设计技能 ………………………………………………………………… 56
　　一、对学习者的分析 ……………………………………………………………… 56
　　二、教学目标的分析、制订与陈述 ……………………………………………… 57
　　三、教学内容的分析和教学方法的选择 ………………………………………… 64
　第二节　课堂教学实施技能 …………………………………………………………… 67
　　一、课堂教学导入技能 …………………………………………………………… 67
　　二、课堂强化技能 ………………………………………………………………… 70
　　三、教学组织技能 ………………………………………………………………… 74
　　四、课堂结束技能 ………………………………………………………………… 79
　第三节　教学评价与反馈技能 ………………………………………………………… 80
　　一、教学评价的功能、类型 ……………………………………………………… 80
　　二、教学评价的一般方法、内容 ………………………………………………… 84
　　三、教学评价结果反馈 …………………………………………………………… 91
　第四节　教师说课技能 ………………………………………………………………… 93
　　一、说课的概念、范围 …………………………………………………………… 93
　　二、说课的意义和原则 …………………………………………………………… 94
　　三、说课的程序内容 ……………………………………………………………… 95
　　四、课程说课案例 ………………………………………………………………… 97
　　五、说课评分表 …………………………………………………………………… 101

第五章　现场教学法 …………………………………………………………………… 103
　第一节　现场教学法的介绍 …………………………………………………………… 103
　　一、现场教学法的概念、类型及要素 …………………………………………… 103
　　二、现场教学法的特征和功能 …………………………………………………… 104
　　三、现场教学法的理论依据和实施环节 ………………………………………… 105
　第二节　现场教学法的应用 …………………………………………………………… 106
　　一、"植物生长与环境"现场教学法应用案例 ………………………………… 106
　　二、"植物外部形态术语"现场教学法应用案例 ……………………………… 110
　　三、"生长素的生理作用"现场教学法应用案例 ……………………………… 113

第六章　项目教学法 …………………………………………………………………… 116

第一节　项目教学法的介绍 116
　　　一、项目教学法的概念、特征 116
　　　二、项目教学法的意义、功能 117
　　　三、项目教学法的设计与实施 118
　　第二节　项目教学法的应用 120
　　　一、"花卉生产技术"项目教学法应用案例 120
　　　二、"蔬菜生产技术实训"项目教学法应用案例 122
　　　三、"植物生产与环境"项目教学法应用案例 125

第七章　案例教学法 129
　　第一节　案例教学法的介绍 129
　　　一、案例教学法的概念、特点 129
　　　二、案例教学法的教学价值及功能 130
　　　三、案例教学法的设计环节与要求 132
　　第二节　案例教学法的应用 134
　　　一、"植物生产与环境"案例教学法应用案例 134
　　　二、"植物生理学"案例教学法应用案例 136
　　　三、"果树栽培技术"案例教学法应用案例 138

第八章　四阶段教学法 141
　　第一节　四阶段教学法的介绍 141
　　　一、四阶段教学法的概念 141
　　　二、教学的四个阶段划分 141
　　　三、各教学阶段的实施 142
　　第二节　四阶段教学法的应用 144
　　　一、"波尔多液配制及质量检查"四阶段教学法应用案例 144
　　　二、"单芽枝扦插技术"四阶段教学法应用案例 147
　　　三、"常用果树嫁接方法"四阶段教学法应用案例 147

第九章　任务驱动教学法 150
　　第一节　任务驱动教学法的介绍 150
　　　一、任务驱动教学法概述 150
　　　二、任务驱动教学法的设计与实施 151
　　第二节　任务驱动教学法的应用 153
　　　一、"花果管理"任务驱动教学法应用案例 153
　　　二、"蔬菜栽培"任务驱动教学法应用案例 155
　　　三、"花卉生产技术"任务驱动教学法应用案例 156

第十章　考察教学法 159
　　第一节　考察教学法的介绍 159
　　　一、考察教学法的概念和特点 159

二、考察教学法的运用条件及实践应用 ·· 160
第二节　考察教学法的应用 ·· 163
一、"某生态农场参观"考察教学法应用案例 ··························· 163
二、"生菜工厂化生产技术"考察教学法应用案例 ····················· 164

第十一章　张贴板教学法 ·· 166

第一节　张贴板教学法的介绍 ··· 166
一、张贴板教学法的概念及特点 ··· 166
二、张贴板教学法的实施程序 ·· 167
第二节　张贴板教学法的应用 ··· 167
一、"草花生产技术"张贴板教学法应用案例 ·························· 167
二、"蔬菜植物的识别"张贴板教学法应用案例 ······················· 168
三、"大豆食心虫"张贴板教学法应用案例 ····························· 169

第十二章　引导文教学法 ·· 170

第一节　引导文教学法的介绍 ··· 170
一、引导文教学法的概述 ·· 170
二、引导文教学法的教学过程及特点 ··································· 171
第二节　引导文教学法的应用 ··· 173
一、"番茄栽培技术"引导文教学法应用案例 ·························· 173
二、"葡萄生产技术实训"引导文教学法应用案例 ···················· 177
三、"园林绿化"引导文教学法应用案例 ································ 181

第十三章　头脑风暴教学法 ··· 183

第一节　头脑风暴教学法的介绍 ·· 183
一、头脑风暴教学法概述 ·· 183
二、头脑风暴教学法运用的步骤及注意要点 ·························· 183
第二节　头脑风暴教学法的应用 ·· 186
一、"枣树花果栽培管理"头脑风暴教学法应用案例 ················· 186
二、"设施蔬菜栽培"头脑风暴教学法应用案例 ······················· 187
三、"花境创意"头脑风暴教学法应用案例 ····························· 189

第十四章　思维导图教学法 ··· 191

第一节　思维导图教学法的介绍 ·· 191
一、思维导图教学法的概述 ··· 191
二、思维导图的实现手段及优势 ··· 192
第二节　思维导图教学法的应用 ·· 192
一、"病虫害病原分类"思维导图教学法应用案例 ···················· 192
二、"无土栽培技术"思维导图教学法应用案例 ······················· 195

参考文献 ·· 198

第一章 果蔬花卉生产技术专业基本概况

【学习目标】
1. 了解果蔬花卉生产技术专业的演变历程和行业分类，掌握该专业面向的职业。
2. 了解国内外园艺行业的发展，掌握园艺行业发展的几个热点问题。
3. 明确果蔬花卉生产技术专业人才的能力要求和岗位要求。
4. 掌握果蔬花卉生产技术专业的课程结构和教学内容要求。

第一节 果蔬花卉生产技术专业概述

一、果蔬花卉生产技术专业的演变历程

（一）园艺及园艺植物

"园艺"二字是一个复合词，《辞源》中称"植蔬果花木之地，而有藩者"为"园"，《论语》中称"学问技术皆谓之艺"，因此栽植蔬果花木之技艺，谓之园艺。

广义的园艺植物包括果树、蔬菜、观赏植物、香料植物及药用植物，狭义的园艺植物只包括果树、蔬菜、观赏植物。目前国内外对园艺植物的定义意见并不一致。例如，有些国家把马铃薯和甜玉米当作园艺植物；而在较粗放管理下的枣树、栗树，特别是坚果类果树常被视为经济林木。欧洲还把香料植物、药用植物归入园艺植物，而中国则习惯上把它们连同烟草、茶、咖啡等视为特种经济作物，归入广义的农作物一类。另外，草坪用的草类是园艺植物，而大规模栽培的牧草就成为饲料作物。

（二）中等职业学校果蔬花卉生产技术专业的演变历程

果蔬花卉生产技术专业伴随着我国中等职业学校专业目录的修订而形成，其前身是"园艺专业"。我国中等职业学校专业目录，在长达17年的时间里共经历了3次修订，即学科划分设置专业（1993年）—产业划分设置专业（2000年）—按职业岗位设置专业（2010年）。

1993年，国家教育委员会颁布了《普通中等专业学校专业目录》。专业目录按工科、农科、林科等分为9个科；各科共分为49类；各类下面再划分专业，共分成518个专业。在农科、种植类下设置"园艺专业"。

2000年，教育部颁布了《中等职业学校专业目录》。此次专业目录的专业不再按学科设置，而是按产业设置。设置为农林类、资源与环境类等13大类；大类之下划分专业，各类共分为270个专业；专业下再分专业方向，共分为470个专业方向。在农林类下设置"园艺专业"，专业代码是"0103"。该专业又分为果树、蔬菜、观赏植物、生物技术应用、草坪生产与养护、食用菌6个专门化方向。

2010年颁布的《中等职业学校专业目录（2010年修订）》，基本实现了专业按职业岗位（群）设置。专业目录按农林牧渔类、资源环境类、能源与新能源类等划分为19大

类。大类之下按职业设置专业，各类共分为321个专业；专业下再分专业（技能）方向，各专业共分为927个方向。在农林牧渔类下首次设置了"果蔬花卉生产技术专业"，专业代码是"010700"，果蔬花卉生产技术专业又分为果树栽培、无公害果品生产、蔬菜栽培、有机蔬菜生产、花卉栽培、鲜切花生产、食用菌栽培、设施园艺、植物组织培养9个专业（技能）方向。

二、果蔬花卉生产技术专业所对应的行业分类

果蔬花卉生产技术专业培养面向果蔬花卉产品生产及服务领域，能从事果蔬花卉种苗生产、产品生产和营销工作的中等职业技术人才。它是教育部《中等职业学校专业目录（2010年修订）》中从原"园艺"专业调整的专业之一，属"农林牧渔"大类。本专业面向的行业是农业行业的分支之一，与人们日常生活密切相关，涉及的园艺植物种类比较广泛，如果树、蔬菜、花卉、食用菌等。

1. 农业概述

人们通常把以土地资源为生产对象，利用动植物等生物的生长发育规律，通过人工培育来获得产品的各部门，统称为农业。它是人类赖以生存的基本生活资料的来源，是国民经济中一个重要的产业部门，是社会分工和国民经济其他部门成为独立生产部门的前提和进一步发展的基础，也是一切非生产部门存在和发展的基础。农业属于第一产业，是支撑国民经济建设与发展的基础产业，但由于各国的国情不同，农业包括的范围也不同，狭义的农业仅指种植业或农作物栽培业，广义的农业包括种植业、林业、畜牧业、副业、渔业和农村旅游业。

2. 农业行业分类

农业行业一般可分为种植业、林业、畜牧业、渔业和农林牧渔服务业。农业行业分类如下。

（1）谷物及其他作物的种植

1）谷物的种植：指以收获籽实为主，可供人类食用的农作物的种植，如稻谷、小麦、玉米、高粱、谷子等谷物的种植。

2）薯类的种植：马铃薯（土豆、洋芋）、甘薯（红薯、白薯）、木薯等的种植。

3）油料的种植：花生、油菜籽、芝麻、向日葵等油料的种植。

4）豆类的种植：大豆的种植；杂豆（如豌豆、绿豆、红小豆、蚕豆等）的种植。

5）棉花的种植：各种棉花的种植（不包括轧棉花）。

6）麻类的种植：各种麻类的种植，如亚麻、黄红麻、苎麻、大麻等的种植。

7）糖料的种植：甘蔗、甜菜等糖料作物的种植。

8）烟草的种植：各种生烟叶的种植；烟草的初加工，如烟草的烤、晾、晒等活动。

9）其他作物的种植：用于杀菌和杀虫目的作物的种植，如除虫菊等；染料作物、绿肥作物、饲料作物（牧草等的种植）、苇子、蒲草等作物的种植；野生植物的采集。

（2）蔬菜、花卉、园艺作物的种植

1）蔬菜的种植：各种叶菜、根茎菜、瓜果菜、茄果菜、葱、蒜、菜用豆、水生菜等的种植；菌类等蔬菜的种植。

2）花卉的种植：各种鲜花和鲜花蓓蕾的种植。

3）其他园艺作物的种植：盆栽观赏花木、工艺盆景等的种植；用于装饰等目的的植物的种植，如草皮（草皮卷）等的种植。

（3）水果、坚果、饮料和香料作物的种植

1）水果、坚果的种植：苹果、梨、柑橘、葡萄、香蕉、杏、桃、李、梅、荔枝、龙眼等的种植；西瓜、木瓜、哈密瓜、甜瓜、草莓等瓜果类的种植；坚果的种植，如板栗等；在同一种植地点或在种植园内对水果的简单加工，如晒干、暂时保存等。

2）茶及其他饮料作物的种植：茶、可可、咖啡等饮料作物的种植；茶叶、可可和咖啡等的采集和简单加工，如农场或农户对茶叶的炒制和晾晒等活动。

3）香料作物的种植：香料叶、香料果、香料籽、香料花等的种植，如留兰香、香茅草、熏衣草、月桂、香子兰、枯茗、茴香、丁香等香料作物的种植。

（4）中药材的种植　中药材是指主要用于中药配制及中成药加工的药材作物的种植，包括当归、地黄、五味、人参、枸杞等中药材的种植。

果蔬花卉生产技术专业主要面向农作物种植业中的第二类蔬菜、花卉、园艺作物的种植和第三类水果、坚果、饮料和香料作物的种植，又称园艺行业。关于园艺行业、企业及岗位的分析将在本章第二节进行详细介绍。

三、果蔬花卉生产技术专业所面向的职业

（一）果蔬花卉生产技术专业对应职业（工种）、职业资格证书

根据教育部《中等职业学校专业目录（2010年修订）》对果蔬花卉生产技术专业对应职业（工种）、职业资格证书举例，该专业面向的职业（工种）、职业资格证书见表1-1。

表1-1　果蔬花卉生产技术专业面向的职业（工种）、职业资格证书

专业（技能）方向	职业（工种）	职业资格举例
果蔬栽培		
无公害果品生产		
有机蔬菜生产	菌类园艺工（5-01-03-04）	菌类园艺工
蔬菜标准化栽培	蔬菜园艺工（5-01-03-01）	蔬菜园艺工
花卉栽培	花卉园艺工（5-01-03-02）	花卉园艺工
鲜切花生产	果、茶、桑园艺工（5-01-03-03）	果、茶、桑园艺工
食用菌栽培	插花员（4-04-02-04）	插花员
设施园艺		
植物组织培养		

（二）职业分类

根据《中华人民共和国职业分类大典》和教育部《中等职业学校专业目录（2010年修订）》对果蔬花卉生产技术专业对应职业（工种）、职业资格证书举例，该专业面向的职业涵盖了2个职业大类、2个职业中类、5个职业小类、17个工种，表明该行业所涵盖的职业岗位群数量众多。

1. 中国职业分类第五大类（GBM 5）

农、林、牧、渔、水利业生产人员（职业大类）——5-01（GBM 5-1）种植业生产人员（职业中类）——5-01-03（GBM 5-13）园艺作物生产人员（职业小类），即从事蔬菜、花卉、果树、茶树、桑树、柞树、食用菌等作物的种子、苗木繁殖，栽培管理，收获贮藏及初加工的人员。职业岗位有：

1）蔬菜园艺工，蔬菜工（07-003）归入本职业。

2）花卉园艺工，育苗工（13-083）、绿化工（13-084）、花卉工（13-085）等归入本职业。

3）果、茶、桑园艺工，蚕茧烘烤工（03-113）、果树工（07-002）、桑园工（07-007）、蚕业工（07-008）、茶园工（07-011）等归入本职业。

4）菌类园艺工，食用菌菌种工（03-117）、食用菌生产技术指导员（03-133）、食用菌生产工（07-004）等工作归入本职业。

2. 中国职业分类第四大类（GBM 4）

商业、服务业人员（职业大类）——4-04（GBM 4-4）饭店、旅游及健身娱乐场所服务人员（职业中类）——4-04-02（GBM 4-42）旅游及公共游览场所服务人员（职业小类），即在风景名胜、公园、影剧院、展览馆等旅游、游览场所为宾客提供服务的人员。职业有插花员。

（三）职业要求

《中华人民共和国职业分类大典》中有关果蔬花卉生产技术专业的职业要求如下。

1.（5-01-03-01）蔬菜园艺工

从事菜田耕整、土壤改良、棚室修造、繁种育苗、栽培管理、收获贮藏、产后处理等生产活动的人员。从事的工作主要包括：

1）对菜田土壤进行耕耙、修整和改良。

2）建造、维修、管理温室和大棚、小棚及其他菜园设施。

3）进行蔬菜的选种、引种、育种及良种繁育。

4）进行播种、育苗、定苗、栽插、嫁接等。

5）进行施肥、浇水、除草、整枝、插架、绑蔓等田间管理。

6）采收蔬菜产品，对采收产品进行分级、清洗、整理、包装等初加工。

7）进行蔬菜贮存及收藏保管菜籽。

8）保养、整修菜田物资及工具。

2.（5-01-03-02）花卉园艺工

从事花圃、园林的土壤耕整和改良，花房、温室的修造和管理，花卉育种育苗、栽培管理、收获贮藏、采后处理等的人员。从事的工作主要包括：

1）对花圃园林土壤进行耕耙、修整、改良。

2）建造、维修、管理温室、花房及其他园艺设施。

3）进行花卉育种、良种繁殖、选纯复壮、收藏种子苗木。

4）进行播种、育苗、栽插、嫁接。

5）进行施肥、浇水、除草、上盆、修剪、整形、搭架、盆景制作等田间管理。

6）保养工具。

3.（5-01-03-03）果、茶、桑园艺工

从事果、茶、桑、柞园的施工，土壤耕整和改良，树种、苗木的培育与繁殖，栽培管理，收获、贮藏、初加工，以及蚕种生产，蚕饲养、蚕茧检验、烘烤的人员。从事的工作主要包括：

1）对果、茶、桑、柞园土壤进行耕翻、平整、培肥、改良。
2）进行良种苗木的选育、提纯复壮、繁殖、插栽、嫁接、更新。
3）进行施肥、浇水、中耕、除草、修剪、采摘、收获等田间管理。
4）对采收后果品、茶桑进行分级、贮藏、初制加工、包装等产后处理。
5）进行采茧、上匾、削茧、配对、拆对等蚕种生产。
6）进行蚕种出库、催青、采桑喂养、上蔟、温湿度调控等。
7）检验蚕茧质量，并进行装篮、烘烤、装袋入库。
8）维修、保养工具。

4.（5-01-03-04）菌类园艺工

从事食用菌、药用菌等菌类的菌种培养、保藏，栽培场所的建造，培养料的准备及菌类的栽培管理、采收、加工、贮藏的人员。从事的工作主要包括：

1）制作母种，扩制原种和栽培种。
2）采藏母种、原种、栽培种、接种菌种、贮藏菌种。
3）建造、维修、管理棚室及其他栽培场所。
4）进行培养料的粉碎、配制、装袋、上床。
5）进行栽培场所的温度、光照、水分调控和病虫害的防治等栽培管理。
6）进行采收和脱水、制罐、速冻等初加工。

5.（4-04-02-04）插花员

对不同的花材进行艺术构思和加工，制成用于装饰环境、烘托气氛、表达情感的艺术品的人员。从事的工作主要包括：

1）将花材进行修整、分类、保鲜处理。
2）将花材经过艺术构思和加工，制成花篮、花束、钵花等。
3）用插花装饰环境。

第二节　果蔬花卉生产技术专业面向的园艺行业分析

一、园艺行业概念及其发展历程

（一）园艺行业概念

园艺行业是应用与设施、庭院栽培有关的集约种植的农作物及其栽培、繁育、加工利用技术形成的同类产品和提供同类劳动服务的经济活动类别的统称，是以果树、蔬菜、花卉、香料、药材为核心产品，以不同的形式为载体，结合配套的生产要素、生产工具和科研服务为一体的社会活动的总和。园艺行业图解如图1-1所示。

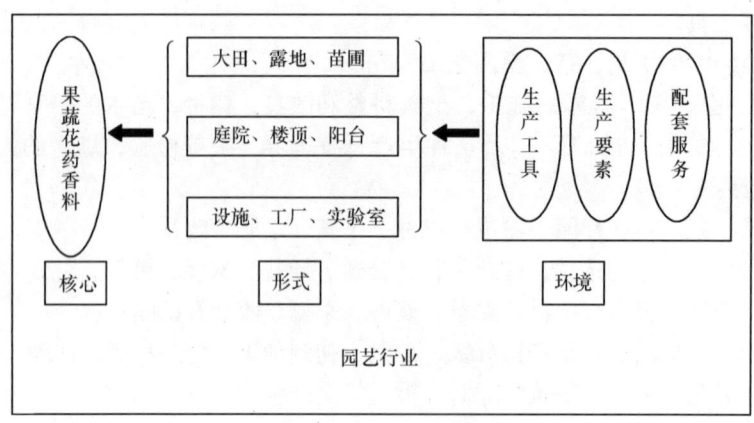

图 1-1 园艺行业图解

(二)园艺行业的发展历程

园艺的起源可追溯到农业发展的早期阶段。据考古发掘材料发现,新石器时代已开始栽培棕枣、无花果、油橄榄、葡萄和洋葱。我国夏商时期农艺产业和园艺产业尚无明显分工。中国周代园圃开始作为独立经营部门出现,当时园圃内种植的作物已有蔬菜、瓜果和经济林木等。秦汉园艺业有很大发展。由于东西方交往增多,一些园艺作物如桃、杏等被传至西方;同时也从外国引进了大蒜、黄瓜、葡萄、石榴、核桃等。《汉书》记载太官园冬天在室内种葱、韭等蔬菜,说明温室培养在中国由来已久。南北朝时在果树的繁殖和栽培技术上有不少创造发明。唐、宋以后,园艺业,特别是观赏园艺业发展迅速,出现了很多牡丹、芍药、梅和菊花等的名贵品种。明、清时期,海运大开,银杏、枇杷、柑橘和白菜、萝卜等先后传向国外,同时也从国外引进了更多园艺作物。历代在温室培养、果树繁殖和栽培技术、名贵花卉品种的培育及在园艺事业上与各国进行广泛交流等方面卓有成就。

19世纪后半期起,园艺得到迅速发展,以蔬菜、花卉和果树为对象的种植园或蔬菜园发展为庭院园艺和设施园艺。20世纪以后,园艺生产日益向企业经营发展,现代科学技术成果的应用,园艺生产技术进步迅速,如植物激素、组织培养技术、塑料薄膜、控制光照处理、采收机、采集器的发明和应用为周年供应蔬菜和鲜花开辟了新的途径,遗传学的进步使园艺作物育种工作提高到新的水平,现代园艺已成为综合应用各种科学技术成果以促进生产的重要领域。

目前,园艺行业的发展呈献出明显的特征:一是由单一的果树和蔬菜生产向果、蔬、花、香料综合发展;二是由粗放式生产经营向科学种植发展;三是由追求产量向提高综合经济效益发展;四是配套的科研和服务,以及先进的生产工具有了前所未有的进步。

二、园艺行业的现状分析

(一)国内园艺行业现状

近年来,随着园艺行业快速发展,园艺行业内容和项目规模迅速扩大。尤其是中央一号文件对设施园艺产业集中度的提升提供了基础性条件,促使我国的园艺行业产生很大的发展。内容和种类有了明显的扩大，行业内收购兼并、优化整合，部分优质上市企业依托资本实力逐步实现跨区域经营，其营业规模、增长幅度远快于其他行业发展水平，国家政策的多年倾斜，使园艺行业发展呈上升趋势。

2010年蔬菜总产量65 099万t，比2005年增加8648万t；茶叶总产量147万t，比2005年增加53.5万t。2010年园林水果总产量12 865万t，比2005年增加4030万t。蔬菜生产已由城市郊区为主转变为农区大基地为主，冬季南菜北运基地、黄淮早春菜基地、西菜冬运基地、冀鲁豫秋菜基地和京北夏淡季菜基地五大片商品菜基地得到稳步发展，设施栽培和设施蔬菜更是发展迅速。果树总体生产布局演变的趋势是由东部沿海向西北黄土高原、西南高地等内陆地区推移，由平原向江河湖海滩涂地、高海拔的山坡地发展。

花卉是中国20世纪90年代以来迅速发展的新兴产业，初步形成以滇粤沪川——切花业，沪滇川——种苗业，粤琼闽——观叶花栽培，苏浙——盆景为特征的生产格局。实现了区域优势初步形成、产品特色日益显现、产品基本满足消费市场需求、行业由农村副业向农业主导产业的历史跨越。在园艺生产和花卉业上依托悠久历史和传统经验，推动和促进了园艺行业的发展，而且目前在逐步向多样化发展。

（二）园艺行业的国际对比

自2010年开始，全球经济疲软、欧债危机、国内经济增长放缓，使花卉园艺行业一直面临利润下滑的局面，但从蝴蝶兰种苗出口到种球走向市场来看，鲜切花产品目前大都迎来了微利时代，然而薄利不代表着盈利能力低下。经过近5年的努力，中国已成为世界上最大的花卉生产国，但中国的花卉园艺行业仍处在行业发展初级阶段。国外的企业都是以生产和贸易出口为主导，处在中等发展阶段，在全球园艺行业占据着多年领导地位的美国、荷兰、德国等国，在园艺行业上注重技术的提升和内部管理，强化品牌的竞争力，提升行业形象及增加赢利。

从2011年主要园艺大国的园艺产值所占比例来看，我国2011年农业总产值是6612.4亿美元，其中园艺产值672.5亿美元，占10.17%。中国花卉业也获得迅猛发展，全国花卉种植面积43万hm^2，销售额353亿元，进出口额9680万美元，共有花卉市场2158个，花卉企业6万多家，从业人员达到293万多人，花农96万户。美国的农产品2011年是166.2亿美元，其中园艺占40%。"鲜花王国"荷兰的园艺业约占农业总产值的35%，生产的花卉植物主要供出口。德国从事园艺生产和相关商业及其他服务的企业数量将近70 000家，从业人员数量超过400 000人。德国在2011年，园艺产品销售收入将近66亿欧元。波兰园艺产业在欧洲排名第六，生产面积约70万hm^2，只占波兰可耕地面积的5%，但园艺产品的产值却占所有农作物产值的25%。如此对比，总体来看我国的园艺行业还有很大的发展空间。

三、我国园艺行业发展分析

（一）我国园艺行业发展趋势

2008～2013年的中央一号文件提出，加快推进区域化布局、标准化生产、规模化种养，大力发展设施农业，继续开展园艺作物标准园，启动农业标准化整体推进示范县建设。实施全国蔬菜产业发展规划，支持优势区域加强菜地基础设施建设，充分发挥农业产业化龙头企业在生产和流通中的积极作用。农业部为促进设施农业的发展，在国家支持的农业推广机械产品目录中增加了设施农业装备的品种，加大了对设施农业装备购置补贴的力度，开展了包括设施农业在内的园艺作物标准园创建活动、设施农业装备与示范基地建设，设置了菜篮子产品生产专项资金，启动了非耕地公益性农业行业科研专项，不断推进设施农业生产条件的改善，推动设施农业技术装备水平的提高。当前，人们对高品质安全设施农产品的消费需求呈刚性增长，为设施农业的快速发展提供了强劲的动力，设施农业科技投入逐渐增大，创新力不断提高，新技术、新材料、新装备工艺能力明显增强，为设施农业的发展提供了强有力的技术支撑，国家扶持力度不断加大，设施农业发展的政策越来越好，发展机遇越来越多，发展空间越来越大。形成了以园艺为主的现代化发展潮流，是引导行业发展的标杆。2015年园艺行业的发展与时俱进，物联网的催生，已经介入了园艺行业，对园艺行业的发展提出了新的要求，更有利于设施农业中的果菜类、花卉类生产资源的整合、效益的提升。农业公园、观光农业、休闲农场、民俗观光园等已初见端倪，为园艺行业的发展提供了新的思路和前景。

（二）园艺行业发展的几个热点

1. 资源的最优化利用趋势

与园艺生产关系最密切的自然资源，一是以光能（热力）为核心的地理气象等自然条件；二是植物材料资源，包括园艺植物种类、品种、砧木等。资源最优化利用，因地制宜地确定栽培作物的种类、品种，以最高效率地开发自然条件的优势，发挥植物种质资源的最优产量和最优品质。我国幅员辽阔，任何一种作物，都不能遍布全国各地栽培；每一种作物、每一个优良品种，都有其最佳栽培地区，即区域化种植，这与各地有自己的名、特、优产品应是一致的。美国，50%的苹果集中产在占国土面积3%的华盛顿州，80%的柑橘集中产在占国土面积不到5%的佛罗里达州，而90%的葡萄产在占国土面积不到4%的加利福尼亚州。意大利、法国、日本这些面积甚小的国家，果树、蔬菜、花卉生产都有类似的例子。

我国实施开发西部的宏伟战略，对原来农业发达的东部地区也提出种植结构的调整计划。借此，在科学规划的指导下发展区域化种植，充分利用资源的优势，发展各地各有特色的、现代水平的集约化园艺大生产。资源优势的利用，还应当包括继续研究和开发野生园艺植物资源。最近几十年里，野生果树如山葡萄、猕猴桃、越橘、酸枣、沙棘、刺梨、树莓等，野生蔬菜如苋菜、苦荬菜、水飞蓟、蕨菜、落葵、猴头菌等，都取得了很好的开发成绩，有的已大量人工栽培。一些野生植物具有很强的适应性和抗逆性，其基因资源是非常宝贵的财富。今后，通过建立植物基因库对野生资源进行利用，必定有更广泛的前景。

2. 观光农业、都市农业、旅游农业和市场农业的趋势明显

观光农业、都市农业、旅游农业，都是配合休闲、旅游的农业，主要内容是与人们

吃喝玩关系更密切的果树、花卉、蔬菜等园艺植物的栽培。随着社会的发展，城镇人口的比例越来越大，这些人节假日多、退休早，很多人希望有方便的休闲娱乐场所，有的人还希望亲自参与种植和管理。这种社会需求，在国外一些发达的大城市业以满足。市场园艺，即通常说的自采果园、自采菜园、自采花圃等，但能自采的种类、品种更多、更丰富。发展这种市场，可以满足一些人的需求，他们自选、自采鲜花、蔬菜或果品，如到仓储式商场购物一样。这几种形式的农业，通过研究人们的需求，研究在不同于田间大环境条件下的种植特点，科学的设计，把种植和园林、娱乐、停车、购物等结合起来，把种植园搬到近郊或社区里面，将成为社会的一种时尚。

3. 社区园艺、家庭园艺、微型园艺

社区园艺，更贴近居民的生活，就在楼房之间，应有一定的园林、果树、花卉、草坪，也可以增加一些蔬菜种植。家庭园艺，最早是那些有庭院的家庭才搞得起来的，实际上楼顶、阳台也可以进行一定的种植。微型园艺，有人把它限定在一定容器内的园艺植物栽培，配植一些小的人工景观，栽上一些观赏价值高的微型植物；有人认为很小面积的园艺植物种植，具一定的产品或观赏价值，也可以称为微型园艺；家庭中生产自食的芽菜，花盆中栽点韭菜、辣椒，养点花，也是微型园艺。随着人们居住条件的改善，家家都可以搞微型园艺，一定会有很多花样。现在有人用家庭种植代替饲养宠物，受到很多人的欢迎。

4. 绿色食品、有机园艺

绿色食品，简言之即安全、营养的食品，这主要是针对工业、交通、农药、化肥等各种土壤、水质、大气污染对农产品的影响而提出的。人们生活水平提高了，生活质量有更高的追求，所以"绿色食品"在市场上必然走俏，园艺工作者必将关注并研究这方面的问题，更好地指导和促进生产的发展。国外早有人提出有机园艺和生态园艺的概念，意在禁止使用无机肥料和人工合成的农药、生长调节剂等，提倡应用腐熟的城乡人畜粪便，提倡生物防治病虫害；甚至针对污染问题提出恢复自然农业，实施有机园艺或自然农业，逐渐完善实施绿色食品生产制度，发展绿色食品、有机园艺。

5. 设施园艺、运输园艺

设施园艺，目前人们最关注的是利用太阳能、调节热量的反季节栽培，如塑料大棚、日光温室和各种加能源的温室等；栽培的主要作物是蔬菜、花卉，而果树较少。广义上讲，设施园艺的设施，还包括很多，如遮阳网、防雹网、驱鸟器、防风林、迷雾机、人工制雾机、反光板（墙）等，各种灌溉设施、施肥设施，亦属此例。运输园艺，即园艺产品在最适宜的地区大田化生产建立生产基地，哪里需求便向哪里运输，蔬菜产品和蔬菜种苗都可以这样解决，美国大部分园艺产品就是靠远距离运输的。我国公路发展很快，特别是高速公路的飞速发展，为运输园艺提供了基础和保证。例如，海南岛的蔬菜运到黑龙江只需40多个小时，湖南到北京只需20h，空运更快。这是发展的一个方向，也将是一种趋势。

6. 基因育种

园艺生产上由于适应性、抗病性、产品采收期及一些特殊的性状要求，给品种改良带来很大的压力，常规的育种要经过很长的时间，而且还带有"偶然性"，基因育种可以解决这个很复杂、很难解决的问题。几乎全世界的植物育种家都瞄准了这个方向，估计在未来 10～20 年内会有很惊人的成就。

7. 园艺业的可持续发展

可持续发展农业是由经济可持续发展概念引申而来的。地球环境的污染，给社会和经济的发展带来了极其严重的挑战，如果不实事求是地去面对和解决，人类的前途将都是灾难。

园艺业的可持续发展问题，不只是应对污染的策略，还应当包括水土保持、土壤性状稳定和有高效的肥源、节水和旱作、高效（省工省力）、节约能源等问题。当前最迫切的是节水、增肥和高效问题。旱作农业，是与灌溉农业相对应提出来的，它不是简单的不浇水，它是通过采取节流开源、土壤节水、植物节水、工程节水等一系列的措施后可以不灌溉或最少灌溉的管理体系，是个系统工程。我国是个水资源紧缺的国家，尤其是北方和大西北地区，今后必须发展旱作农业，园艺业也不应当例外。肥料短缺在整个农业上是普遍的，园艺业也很严重，仍然靠圈肥和化肥是不现实的。实行绿肥制、生草制，或绿肥与作物轮作制，是未来园艺业乃至整个农业解决肥源问题的根本途径。高效，是园艺业面临的迫切问题，农业生产第一线的劳力必然越来越少，任何生产操作不能靠劳力密集来解决，要机械化，要简易化，提高劳动效率。另外，从整个生产技术体系上来说，今后园艺业也必须有大的突破和创新，如工厂化育苗、无土栽培、果树篱壁式栽培、机械化采收等及与园艺业相关的产业，这些技术都将会有较快的发展，国外已有较好的经验可借鉴。

（三）园艺企业未来发展的要求和标准

随着经济全球化、一体化发展趋势日益明显，园艺企业的标准在国家不断深化改革、扩大开放并进一步融入经济全球化进程的大背景下，与时俱进地向前推进。园艺企业作为市场经济的微观主体，在加强农业与市场的联系、推动农业的发展等方面，发挥着非常重要的作用。

1. 园艺企业在技术、资金和管理等综合能力方面的标准化程度需要进一步提高

园艺企业要适应时代的发展，就得加强园艺企业标准化工作。标准化不但能够提高农业企业产品和服务的技术水平和质量，而且能够提升园艺企业的管理水平，形成合理有序的生产秩序，从而能够有效地加强农业企业的综合性基础工作。通过推行质量管理体系标准、环境管理体系标准及职业健康安全管理体系标准等的国际通行认证，园艺企业可以加强与国内外市场的联系，提高农业企业的品牌度，最终增强农业企业的市场竞争力。

2. 园艺企业承担农业科学技术的推广

当今的人们更加注重生活品质，也认识到提高和改善生活品质必须依靠科技，认识到这些发展需要依靠企业主导，同时政府也要为农民群众做好服务。如果农业科技只依赖挨家挨户推广，其成本、认知度等方面还存在很大问题，推广速度必然受到影响。要想快速发展必须推进农业由企业带动向产业化发展，做好科技推广，做出高品质的产品才能满足发展需要。

3. 园艺企业必须掌握市场经济运作下的农业生产规律，依据科学的规划指导，技术信息、买卖信息通畅，形成合力

根据市场需求，种植相应的农作物，立足区域，做好基地发展，形成规模产业，联合合作组织、农民、各种经营组织，形成产供销一体化的新型经营组织。农业生产技术及观念要更新，拉长生产线使企业具有规模效应。进而集中资金，提高抵御风险能力，形成强劲的产业竞争力。

4. 企业需要与科研院所、农业高校结合，将科技成果转化为现实生产力

设施园艺的环境具有可调控性，需要有较高的调控水平，需要大量引进人才，招聘实用型一线生产技术人员。通过专业技术人才让机械化的作业水平更好适应生产需求，实现低成本高效率。

5. 通过企业员工素质的提高、企业文化的创建，赋予园艺产品更深的内涵

文化是承载产业的灵魂，文化传播可以推动产业发展。园艺企业也需要有效挖掘文化，园艺产业中的文化体现在在满足基本需要的基础上追求更高的精神需求，是园艺企业拥有持续动力的根本。所以需要更多的人才，善于创新，颠覆常规，推动园艺企业的发展。

（四）园艺企业内部各个岗位对工作人员的要求和标准（表1-2）

表1-2　园艺企业内部各个岗位对工作人员的要求和标准

工作过程	工作岗位	工作对象	工作要求	工具	工作步骤
战略决策、调动积极性	董事长、总经理	企业全部资源和企业团队	懂农业政策，通专业，会管理	计算机	负责经营管理，组织实施经营计划和投资方案，制订管理规章制度，聘任部门负责人、管理人员和工作人员
制订生产计划	部门经理、生产主管	生产任务	了解市场、生产条件和资源（技术、设备、人员等）	计算机	调查研究，掌握企业发展规划和全年工作计划
生产准备	技术员、业务组长	生产资料	掌握整地标准、土地、基质、种子、农药、化肥的特点，以及农机具和设施设备的使用和维护	农具、机械设备、计算机	现场测量种苗生产基地，选定种子、农药、化肥和农机具
组培繁育	技术人员	繁殖资料	熟练掌握组织培养的全套技术	接菌设备和组培室	厂房的规划设计与应用，植物组织培养技术操作，洗涤、灭菌、培养基制作、无菌操作、脱毒、快繁、驯化等
播种、扦插、嫁接等	技术工人	繁殖资料	了解播种、扦插、嫁接原理，掌握种子处理方法、营养土配制、苗床制作、确定播种时间、密度和深度	播种设备、灌溉设备	种子和扦插苗处理，配制营养土，制作苗床，确定播种密度和时期，嫁接准备，嫁接操作，记录生产过程
苗期管理	技术工人	种苗	掌握环境条件调控，病虫害防治，杂草防除、间苗、分苗、匀苗等技术	环境调控设备、病虫防治设备	调控温度湿度、光照等植物生长环境，病虫害防治，防除杂草，间苗分苗匀苗，浇水施肥，记录生产过程

续表

工作过程	工作岗位	工作对象	工作要求	工具	工作步骤
种苗出圃	技术工人	种苗	掌握种苗、壮苗标准，确定出圃时期，能进行处理种苗出圃后的系列工作	喷雾器、车辆、运输架、包装材料	炼苗、种苗分级、消毒、检疫、出圃、包装、运输、记录生产过程
生长过程管理	技术工人	园艺作物	各类花果蔬菜的生产管理技术和实践操作工作过程	灌溉设备、环境调控设备、病虫防治设备等	调控温度、湿度、光照等植物生长环境，浇水施肥，病虫害防治，防除杂草，调节生长势等，记录生产过程
产品分级、产品再加工	技术工人	园艺产品	熟练掌握园艺产品的加工生产技术	生产加工设备	产品的选择分级包装，干制、熟制、腌制、再加工技术流程工艺应用
维护目标市场	市场专员	消费者	了解公共关系学、园艺、人文社会学、消费心理知识	网络、电话、邮箱等	售后服务，做好突发事件危机应对处理，善于协调
拓展市场、销售产品	销售人员	园艺产品、供需双方	掌握市场营销、园艺专业技术	计算机网络、电话、邮箱等	了解市场，作出销售计划，培育市场，做好促销，提出建议完善企业市场营销工作

注：根据生产实际工作岗位确定

第三节　果蔬花卉生产技术专业人才能力要求分析

本专业主要面向果蔬花卉的种苗繁育、生产养护、设施使用维护、植物组织培养、产品贮藏与初加工、产品和农资营销、花卉应用等岗位，掌握果蔬花卉生产技术专业对应职业岗位必备的知识与技能，能从事果蔬花卉生产行业各职业岗位的生产、管理、技术服务等工作任务，具备职业生涯发展基础和终身学习能力，能胜任生产、服务、管理一线工作的高素质劳动者和中等技术技能型人才。

一、知识、能力和素质要求

（一）知识结构

1）具备中等职业学生必备的德育、语文、数学、英语、计算机基础、体育等知识。
2）了解植物基本构造及生长发育规律等知识。
3）了解园艺植物生长环境的基本概念，掌握环境因子观测、测定和分析方法。
4）熟悉园艺植物病虫害的分类、形态特征、发生规律等知识。
5）了解园艺植物种子繁育的原理，掌握主要园艺植物种子生产、繁殖的知识。
6）了解园艺产品的贮藏加工原理，掌握本地区主要园艺产品的贮藏加工方法。

（二）职业能力要求

1. 行业通用能力（表 1-3）

第一章 果蔬花卉生产技术专业基本概况

表 1-3 果蔬花卉生产技术专业职业能力分析表

职业岗位	工作任务	职业技能	知识领域	能力整合排序
果树栽培	果树的识别	能识别常见果树各器官的形态特征	果树生产技术、无公害果品生产、果树病虫害防治、果品贮藏与加工、植物组织培养	一、行业通用能力 (1) 指导生产实践的能力：具有运用园艺植物的生物学特性、生态学习性和生长环境的知识阐述园艺作物生长发育规律的能力，指导园艺作物生产实践的能力 (2) 园艺作物繁育的能力：具有应用园艺植物生长发育的基本理论和植物繁育原理，进行园艺作物繁育的能力 (3) 园艺作物保护的能力：具有利用植物保护原理和知识，进行园艺植物病、虫、草害综合防治的能力 (4) 园艺作物科学施肥的能力：具有运用园艺植物体内营养分配、需肥规律等方面的知识，进行田间科学施肥的能力 (5) 园艺作物工厂化育苗的能力：具有运用园艺工厂化育苗的基本知识，解决园艺作物苗圃繁育工作中出现的一般问题的能力 (6) 园艺产品贮藏与加工的能力：具有运用园艺产品贮藏与保鲜的相关知识解决快速园艺产品贮藏与加工生产过程中出现的一般性问题的能力 二、职业特定能力 (1) 果树栽培：具有识别常见果树的能力；具有对果树苗圃地进行选择和规划、培育的能力；具有果树嫁接、自根苗、无病毒苗、人工授粉，疏花疏果、果实套袋和除袋、整形修剪的能力；具有识别常见果树病害、常见的能力；具有实套袋和套袋绿色果品生产、认证的能力；具有无公害绿色果品生产、贮藏与加工能力
		能识别当地常见果树		
		能对果树进行分类		
	果树育苗技术	能对果树苗圃地进行选择和规划		
		能培育果树嫁接苗		
		能培育果树自根苗		
		能培育果树无病毒苗		
	果树栽培管理技术	能制订果树周年生产工作历各阶段工作任务		
		能对果树土肥水管理		
		能对果树整形修剪		
		能对果树人工授粉		
		能对果树疏花疏果		
		能对果实套袋和除袋		
	果树病虫害防治技术	能识别常见果树病虫		
		会配制波尔多液和石硫合剂		
		能对常见果树病虫害进行综合防治		
		能对果树设施内环境条件进行人工调控		
	无公害绿色果品生产管理技术	能辨识无公害绿色果品的种类		
		熟悉无公害绿色果品的生产标准		
		能完成无公害绿色果品的认证程序		
		能对果实采后处理		
	果品贮藏保鲜和加工技术	能进行果品保鲜		
		能进行果品贮藏		
		能进行果品加工		

职业岗位	工作任务	职业技能	知识领域	能力整合排序
蔬菜栽培	蔬菜的识别	能识别常见蔬菜	蔬菜生产技术、有机蔬菜生产、蔬菜病虫害防治、蔬菜贮藏与加工、植物组织培养	（2）蔬菜栽培：具有识别常见蔬菜、常见蔬菜种子和幼苗的能力；具有蔬菜种子浸种与催芽技术的能力；具有对常见蔬菜苗床管理、育苗、土肥水管理、植株调整的能力；具有对常见蔬菜病虫害进行综合防治的能力；具有有机蔬菜设施栽培环境条件调控的能力；具有有机蔬菜的生产、认证的能力；具有蔬菜采收、贮藏保鲜与加工的能力
		能识别常见蔬菜种子和幼苗		
		能对蔬菜进行分类		
	蔬菜育苗技术	能对蔬菜种子进行浸种催芽		
		能对蔬菜苗床准备与播种		
		能进行蔬菜的苗期管理		
		能对蔬菜嫁接育苗		
		能对蔬菜作畦与定植		
	蔬菜栽培管理技术	能进行蔬菜栽培土壤管理		
		能对蔬菜的肥水管理		
		能对蔬菜植株调整		
		能合理应用植物生长调节剂		
	蔬菜病虫害防治技术	能识别常见蔬菜病害		
		能识别常见蔬菜害虫		
		会配制波尔多液和石硫合剂		
		能对常见蔬菜病虫害进行综合防治		
	蔬菜设施栽培管理	熟悉常见蔬菜设施的功能和结构		
		能操作蔬菜设施		
		能对蔬菜设施栽培环境条件进行调控		
	有机蔬菜培育与管理	熟悉有机蔬菜栽培的生产标准		
		能对有机蔬菜的品种进行选择		
		能对有机蔬菜合理施肥与排作		
		能对有机蔬菜的病虫害进行综合防治		
		能对有机蔬菜产品进行认证和营销		
	蔬菜贮藏保鲜和加工技术	能正确采收蔬菜		
		能进行常见蔬菜贮藏保鲜		
		能进行常见蔬菜加工		

续表

职业岗位	工作任务	职业技能	知识领域	能力整合排序
花卉栽培	花卉的识别	能识别常见花卉	花卉生产技术、鲜切花生产、花卉病虫害防治、花艺设计与应用、植物组织培养	（3）花卉栽培：具有识别常见花卉的能力；具有配制培养土的能力；具有识别常见花卉种子的能力，常见花卉实生苗、扦插苗、分生苗、嫁接苗、压条苗培育的能力；具有花卉土肥水管理、花期调整的能力；具有对常见花卉虫害、常见花卉病虫害进行综合防治的能力；具有花卉上盆、换盆、翻盆的能力；具有鲜切花栽培管理、采收、采后处理和保鲜技术的能力；具有独立完成一份艺术插花的创作和修剪造型的能力；具备树桩盆景的绑扎和修剪造型的能力；具有利用花卉进行室内外环境装饰的能力
	花卉育苗技术	能识别常见花卉种子		
		能熟练配制培养土和对不同花卉种子播前处理		
		能熟练进行播种操作和播后管理		
		能正确选择插穗，促进插穗生根		
		能进行花卉扦插、分生、嫁接、压条育苗		
	花卉组织培养技术	能熟练配制母液		
		能进行花卉培养基的配制		
		能对外植体进行选择和处理		
		能对培养基和外植体进行消毒		
		能进行常见花卉接种、初继代生根培养、驯化		
	花卉花期调控技术	能利用园艺栽培手段调控花期		
		能通过环境条件和运用生长调节剂来调整花期		
	花卉病虫害防治技术	能识别常见花卉病虫害来源、虫害		
		能对常见花卉病虫害进行综合防治		
	花卉盆栽技术	能进行花卉上盆、换盆和翻盆操作		
		能进行盆栽花卉水分和施肥管理		
	花卉地栽技术	能熟练对土壤进行消毒并合理施用基肥和作畦整地		
		能进行花卉地栽灌水		
	花卉设施栽培技术	熟悉常见花卉设施的功能和结构		
		能操作不同花卉设施设备及环境调控		
	鲜切花栽培管理技术	能进行鲜切花栽培管理		
		能进行鲜切花采切及采后处理和保鲜		
	花卉设计和应用	能独立完成一份艺术插花的创作和修剪造型		
		能利用花卉进行室内、室外环境装饰		

续表

职业岗位	工作任务	职业技能	知识领域	能力整合排序
食用菌栽培	食用菌的识别	熟悉常见食用菌的形态特征 能识别常见食用菌	真菌学基础、食用菌生产技术、食用菌病虫害防治、食用菌贮藏与加工、植物组织培养	(4)食用菌栽培：具有识别常见食用菌的能力；具有配制常用培养基、栽培料制作的能力；具有食用菌菌母种、原种、栽培种制作的能力；具有对食用菌操作的能力；具有食用菌常见生产过程无菌操作的能力；具有识别食用菌常见病害、虫害的能力；具有常见食用菌病袋、菌床、菌畦栽培与管理的能力；具有常见食用菌贮藏与加工的能力 三、跨行业职业能力 (1)具有适应岗位变化的能力 (2)具有企业管理及生产现场管理的基础能力 (3)具有创新和创业的基础能力
	菌种培养基及栽培料配制技术	能配置食用菌培养基 能配制栽培料 能合理利用栽培料		
	食用菌制种技术	能操作食用菌常见制种设备 能完成常见食用菌母种的制作 能完成常见食用菌原种的制作 能完成常见食用菌栽培种的制作		
	消毒灭菌和无菌操作技术	能对培养基进行消毒灭菌 能对生产环境进行消毒灭菌 能进行食用菌生产无菌操作		
	食用菌常见病虫识别防治技术	能识别食用菌常见病害 能识别食用菌常见病虫 能进行食用菌常见病虫的综合防治 能编制食用菌生产方案设计方案		
	食用菌栽培管理技术	能调控食用菌栽培环境条件 能进行常见食用菌菌袋栽培与管理 能进行常见食用菌菌床栽培与管理 能进行常见食用菌菌畦栽培与管理		
	食用菌贮藏加工技术	能进行常见食用菌贮藏、加工		

2. 跨行业能力

1）具有适应岗位变化的能力。

2）具有企业管理及生产现场管理的基础能力。

3）具有创新和创业的基础能力。

（三）综合素质

1）具有良好的道德品质、职业素养、竞争和创新意识。

2）具有为社会提供健康安全园艺产品的意识，具有科学生产、规范操作、绿色环保与可持续的意识。

3）具有健康的身体和心理。

4）具有良好的责任心、进取心和坚强的意志。

5）具有良好的人际交往、团队协作能力。

6）具有良好的书面表达和口头表达能力。

7）具有良好的人文素养和继续学习能力。

8）具有运用计算机进行技术交流和信息处理的能力。

9）具有借助工具查阅中英文技术资料的基础能力。

二、对应岗位职责、任务及职业资格证书要求

根据园艺相关行业企业调研，结合《中华人民共和国职业大典》，认为中等职业学校果蔬花卉生产技术专业毕业生主要就业岗位是园艺植物生产岗位、园艺植物养护岗位和花艺岗位，并分析了相关岗位的职责、任务及职业资格证书的要求。

（一）对应岗位职责、任务要求

1. 园艺植物生产岗位（表1-4）

表1-4　园艺植物生产岗位

岗位名称	蔬菜园艺工、果树园艺工、花卉园艺师、育苗工等
工作单位（企业）	园艺公司、苗圃、育苗中心等部门
职业描述	根据企事业与机关单位所需，掌握苗木本身的特点与生态环境的变化，引进与培育出高质量的苗木，以备生产所需
职责与任务	（1）根据园艺植物的特点，采用娴熟的生产技术，培育优质苗木 （2）有效处理苗木在培育的过程中所出现的一系列不良现象 （3）根据苗木的特点进行合理的配置与应用，以建立观赏效果较佳的立体花、花境等 （4）掌握育苗的基本要素与操作要领 （5）培育与引进一些优质品种
工作环境	工作对象是植物，一般工作在生产第一线，在生产中需要根据植物特性、生态环境条件、生产设备等因素，进行合理搭配与应用，从而培育出优质苗木；并能根据生产所需，合理引进一些优质品种和对现有品种进行改良
知识体系	为了能胜任本工作，学生应需掌握植物学与生理学、植物生产环境、病虫防治、土壤与肥料学、花卉栽培学、蔬菜栽培学、果树栽培学等知识，才能在生产中有效地驾驭众多因素，培育优质苗木
工作态度	作为一名园艺工，首先就要本着吃苦耐劳的态度，在生产中细心观察每一种植物，收集生产中的第一手资料，根据植物的特性差异与生态环境的差异，培养出优质的苗木，满足生产的需要

2. 园艺植物养护岗位（表1-5）

表1-5　园艺植物养护岗位

岗位名称	园艺植物保护工等
工作单位（企业）	园艺公司、居住小区与企事业单位园艺植物的养护、管理，园艺植物进出口企业的检验检疫等
职业描述	在植物生长的过程中，根据植物的生长特性与环境变化，合理地进行肥水管理、病虫防治、整枝修剪，并能有效地预防自然灾害，以保证园艺植物正常生长，并能培育出合理树姿树形
职责与任务	（1）根据苗木的长势长相，合理施用肥水，以促进生长 （2）对自然灾害做有效的预防与灾后处理工作 （3）处理苗木在生长过程所出现的各种病虫害；能有效地识别各种检疫性病虫害，并加以控制 （4）根据园艺植物特点，进行正确的整形修剪，以培育优美树姿
工作环境	此工作是对植物进行生产培管，工作在生产第一线，在生产中要根据植物的长势长相进行肥水管理，病虫防治，特别能正确区分国内外公布的检疫性病虫，做好检验检疫工作；同时还根据园艺植物的生长习性进行正确的修剪整形
知识体系	为了很好地从事本工作，学生在学习中应需掌握植物生态学、病虫防治、化学、植物检验检疫、化学药剂的使用、修剪整形等知识，才能有效地防控各种植物病虫害的发生，并能培育生长正常的园艺植物
工作态度	作为一名园艺工，首先就要本着吃苦、耐劳的态度，在生产中细心观察每一植物，收集生产中的第一手资料，对资料与现象做出正确的判断与处理

3. 花艺岗位（表1-6）

表1-6　花艺岗位

岗位名称	花卉园艺工、花卉园艺师、花店店长
工作单位（企业）	花店
职业描述	掌握插花技艺，花车、花篮的布置
职责与任务	（1）要有熟练和过硬的插花技巧 （2）具有一定的花卉营销能力 （3）要有较深的文化内涵 （4）具有一定艺术观赏、分析能力
工作环境	花艺工是一门集营销与艺术为一体的工作，在实际操作中，需要用娴熟插花技术，做出优秀的作品，同时还需具有对花店工作的驾驭，花材的选择、保存与处理、花艺作品的营销等工作
知识体系	一个优秀的花艺工，需要掌握植物学、营销基本理论、插花艺术、花卉保鲜技术等知识
工作态度	花艺是一门艺术，在工作中需要静心、用心、细心工作，才能得到最佳的作品，同时还需要有吃苦、开拓、创新的精神，才能使花艺工作做到更上一层楼

（二）职业资格证书要求

果蔬花卉生产技术专业具有很强的职业定向性和岗位针对性，学生能力培养应面向行业，根据行业需求确定毕业生的就业岗位，在此基础上制订培养目标，确定专业课程教学的实施目标，坚持以果蔬花卉生产技能培养为主线，以园艺相关岗位为引导，通过基础知识、技术理论学习和实训、企业顶岗实习、岗位实践，使学生达到园艺行业需求的技术水平；完成中级工理论学习和技能训练，通过国家职业资格水平考试，获得中级工（四级）证书。相关职业资格证书如下。

（1）本专业毕业证书。

（2）全国计算机等级考试合格证书（二级），证书由教育部考试中心颁发。

（3）蔬菜园艺工（四级）国家职业资格等级证书，证书由劳动和社会保障部职业技能鉴定中心颁发。

（4）花卉园艺师（四级）国家职业资格等级证书，证书由劳动和社会保障部职业技能鉴定中心颁发。

（5）果、茶、桑园艺工（四级）国家职业资格等级证书，证书由劳动和社会保障部职业技能鉴定中心颁发。

（6）菌类园艺工（四级）国家职业资格等级证书，证书由劳动和社会保障部职业技能鉴定中心颁发。

（7）插花员（四级）国家职业资格等级证书，证书由劳动和社会保障部职业技能鉴定中心颁发。

总之，果蔬花卉生产技术专业的能力培养应体现职业特色和中等职业教育特点，做好"成人"和"成才"相结合的素质培养，通过理论学习、岗位实践、顶岗实习，使学生毕业时掌握最基本的、工作需求的计算机应用和操作能力、文字能力、口头表达能力、应变能力、组织能力、协调能力，提升通用职业能力，强化专项职业能力，开拓进取，通过专门化训练和实训，使学生的综合职业技能得到全面提高，达到企业需求的专门化技术人才的要求。

第四节 果蔬花卉生产技术专业课程结构和教学要求

《教育部办公厅关于制订中等职业学校专业教学标准的意见》（以下简称《专业教学标准制订意见》）已下发，对果蔬花卉生产技术专业教学标准框架进行了要求，并先后公布了两批《中等职业学校专业教学标准》，但目前教育部颁布《果蔬花卉生产技术专业教学标准》还没有公布。根据国内园艺产业比较发达的山东、江苏、河南公布的三个地方标准：《山东省中等职业学校果蔬花卉生产技术专业教学指导方案》、《河南省中等职业学校果蔬花卉生产技术专业教学标准》、《江苏省中等职业教育果蔬花卉生产技术专业指导性人才培养方案》，作者进行了课程结构的分析。

一、教育部《专业教学标准制订意见》概述

为贯彻全国教育工作会议精神和教育规划纲要，建立健全教育质量保障体系，提高职业教育质量，教育部启动中等职业学校专业教学标准（以下简称专业教学标准）制订工作。

（一）指导思想

全面贯彻党的教育方针，落实教育规划纲要的要求，坚持以提高质量为核心的教育

发展观，坚持以服务为宗旨、以就业为导向，充分发挥行业企业的作用，推进中高职协调发展，加快现代职业教育体系建设，保障人才培养质量，满足经济社会对高素质劳动者和技能型人才的需要，全面提升职业教育专业设置、课程开发的专业化水平。

（二）专业教学标准制订的基本原则

1）坚持德育为先，能力为重，把社会主义核心价值体系融入教育教学全过程，着力培养学生的职业道德、职业技能和就业创业能力。

2）坚持教育与产业、学校与企业、专业设置与职业岗位、课程教材内容与职业标准、教学过程与生产过程的深度对接。

3）坚持工学结合、校企合作、顶岗实习的人才培养模式，注重"做中学、做中教"，重视理论实践一体化教学，强调实训和实习等教学环节，突出职教特色。

4）坚持整体规划、系统培养，促进学生的终身学习和全面发展。

5）坚持先进性和可行性，遵循专业建设规律。注重吸收职业教育专业建设、课程教学改革优秀成果，借鉴国外先进经验，兼顾行业发展实际和职业教育现状。

（三）专业教学标准内容结构

包含专业名称、入学要求、基本学制、培养目标、职业范围、人才规格、主要接续专业、课程结构、课程设置及要求、教学时间安排、教学实施、教学评价、实训实习环境、专业师资14个方面。

1. 入学要求与基本学制

主要招收初中毕业生或具有同等学力者，学制以3年为主；推行学分制等弹性学习制度，允许学生采用半工半读、工学交替等方式，分阶段完成学业。

2. 培养目标的总体要求

培养与我国社会主义现代化建设要求相适应，德、智、体、美全面发展，具有综合职业能力，在生产、服务一线工作的高素质劳动者和技能型人才。

3. 课程设置与要求

课程设置分为公共基础课程和专业技能课程两类。公共基础课程学时一般占总学时的1/3，包括德育课、文化课、体育与健康课、艺术课及其他选修公共课程。专业技能课程学时一般占总学时的2/3，包括专业核心课和专业（技能）方向课。专业技能课程应当按照相应职业岗位（群）的能力要求，采用专业核心课程加专业（技能）方向课程的课程结构。

二、果蔬花卉生产技术专业课程结构（地方标准）

（一）培养目标

本专业主要面向果蔬花卉生产企业，培养德、智、体、美全面发展，具有良好的文化修养和职业道德，掌握果蔬花卉生产技术专业对应职业岗位必备的知识与技能，能从事果蔬花卉生产行业各职业岗位的工作任务，具备职业生涯发展基础和终身学习能力，能胜任生产、服务、管理一线工作的中等技术技能型人才。

（二）课程结构（图 1-2）

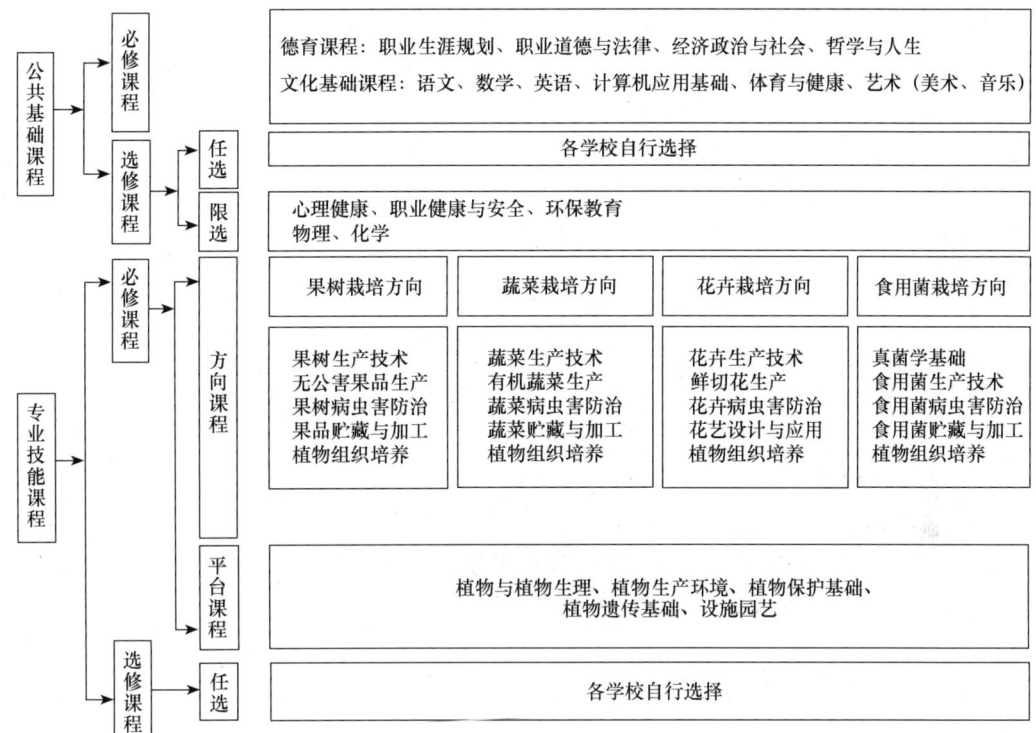

图 1-2　果蔬花卉生产技术专业课程结构图（江苏省）

（三）课程设置及教学要求

根据培养目标和知识结构与能力结构的要求，果蔬花卉生产技术专业将课程分为公共基础课程、专业技能课程和其他教育活动三个模块，前两个模块又分必修课程和选修课程。每一部分又细划为不同类型的课程，构成有内在联系的课程群。

1. 公共基础课程

1）德育（144 学时，课程略）。

2）体育与健康（144 学时）。

3）语文（180 学时）。

4）数学（180 学时）。

5）英语（108 学时）。

6）计算机应用基础（108 学时）。

7）公共艺术（72 学时）。

2. 专业基础课程

1）农业基础化学（108 学时）。

2）园艺文化（72 学时）。

3）园艺植物形态与生理（108学时）。
4）园艺植物营养与环境（144学时）。
5）农业微生物（72学时）。
6）园艺设施与园艺机械（72学时）。
7）园艺植物病害防治（144学时）。
8）园艺植物遗传育种（72学时）。
9）园艺植物组织培养（72学时）。

3. 专业方向课程

1）果树栽培方向（396学时，课程略）。
2）蔬菜栽培方向（396学时，课程略）。
3）花卉栽培方向（396学时，课程略）。
4）食用菌栽培方向（396学时，课程略）。

4. 选修课程

1）公共选修课程（64学时，课程略）。
2）专业选修课程（180学时，课程略）。

5. 实践教学

1）专业技能课程学时含课内理实一体化实训或集中实训学时，比例约为理论学时：实践（含实验）学时＝1∶1。
2）毕业顶岗实习（600学时）

三、果蔬花卉生产技术专业主要课程的教学要求

为使学生提前了解将来所从教的果蔬花卉专业主要课程教学内容要求，进行有针对性的学习，作者综合了三个地方标准对该专业主要课程的教学要求进行归纳，见表1-7。

表1-7 果蔬花卉生产技术专业主要课程教学要求

课程名称	主要内容	能力要求
植物与植物生理	（1）植物细胞、组织的形态、构造和功能 （2）植物的根、茎、叶、花、种子、果实的形态、结构和功能 （3）植物分类的基础知识及主要类群和特点 （4）植物的水分和矿物质代谢 （5）植物的光合作用和呼吸作用 （6）植物的生长物质和生长发育	（1）能说出植物的细胞和组织的特征 （2）能说出植物六大器官的形态、结构的特点 （3）能识别常见的植物，并说出其形态学特征 （4）能说出水分和矿物质的代谢规律并在生产实践中进行利用 （5）能说出植物的光合作用和呼吸作用的规律并在生产实践中进行利用 （6）能说出植物生长发育的规律，并利用规律进行调节植物生长发育
植物生产环境	（1）土壤的固相组成 （2）土壤的基本理化性质 （3）土壤的分类与管理 （4）植物生长与水分 （5）植物生长与温度 （6）植物生长与营养 （7）植物生长与肥料	（1）能进行土壤样品的采集与制备 （2）能测定土壤容重和pH （3）能测定土壤吸湿水含量和田间持水量 （4）能测定土壤有效N、P、K含量 （5）能简易鉴定常见化肥

续表

课程名称	主要内容	能力要求
植物生产环境	（8）植物生长施肥技术 （9）大气与风 （10）天气与气候 （11）农业小气候	
植物保护基础	（1）农业昆虫基本知识 （2）植物病害基本知识 （3）植物病虫害综合防治	（1）能正确识别园艺植物主要害虫种类 （2）能在田间正确诊断几大类主要病原的病害
植物遗传基础	（1）细胞基本结构与遗传关系 （2）分离、独立分配、连锁与互换规律 （3）近亲交配与杂种优势、基因突变与染色体变异、细胞质遗传与植物雄性不育等现象 （4）遗传物质的分子基础及遗传工程 （5）园艺植物育种基本概况 （6）引种、选种、有性杂交育种 （7）良种繁育基本方法	（1）能科学进行园艺植物资源调查 （2）会进行园艺植物的引种、选种 （3）会有性杂交育种和良种繁育
园艺设施	（1）园艺设施的种类、结构、性能与建造 （2）园艺设施环境的控制 （3）现代设施园艺的管理技术	（1）会建造简易的园艺设施 （2）能控制设施环境 （3）会常见的现代设施园艺管理技术
果树生产技术	（1）果树栽培概述 （2）果树的分类 （3）果树育苗技术 （4）果树枝叶调控技术 （5）果树花果调控技术 （6）果树根际环境调控技术 （7）果园建立 （8）果园管理 （9）当地主要果树树种和主栽品种的栽培	（1）能识别当地主要果树树种和主栽品种 （2）能进行果树物候期的观察，利用其变化规律，制订当地主要果树树种和主栽品种周年工作历 （3）能按技术要求进行果树嫁接苗生产管理 （4）能按技术要求进行果树扦插苗生产管理 （5）能按技术要求进行果树高接换种的生产管理 （6）能进行本地区主要果树优质、高效生产过程中的专项操作技术，如土肥水管理、花果管理、整形修剪及自然灾害防治 （7）能够建立果园管理档案 （8）能进行小型果园设计与组织实施 （9）能进行设施果树生产过程中的操作
无公害果品生产	（1）无公害食品发展概况 （2）果园的污染及其治理 （3）无公害果品质量标准及保证体系 （4）无公害果品生产技术	（1）能进行无公害果品的栽培管理 （2）能进行无公害果品病虫害综合防治
果树病虫害防治	（1）苹果主要病虫害及其防治 （2）梨主要病虫害及其防治 （3）葡萄主要病虫害及其防治 （4）桃、李、杏主要病虫害及其防治 （5）其他果树主要病虫害及其防治	（1）能正确识别果树主要害虫种类 （2）能在田间诊断果树几大类主要病原的病害 （3）能对果树病虫害发生情况进行调查和预测预报 （4）能合理、安全使用无公害农药技术 （5）能对当地果树主要病虫害进行综合防治
果品贮藏与加工	（1）果树贮藏加工概述 （2）采后生理对果品贮运的影响 （3）果品采收、商品化处理及运输 （4）简易贮藏技术 （5）机械冷藏技术	（1）能正确进行果品分级包装 （2）能进行常见果品的贮藏 （3）能进行加工用水的处理 （4）能鉴别糖制品质量

续表

课程名称	主要内容	能力要求
果品贮藏与加工	(6) 气调贮藏技术 (7) 常见果品贮藏技术 (8) 果品加工品的种类、特点及加工用水处理 (9) 糖制品制作 (10) 腌制品制作 (11) 速冻制品制作	(5) 能加工简单的腌制品 (6) 能进行速冻品的解冻
植物组织培养	(1) 植物组织培养的基本知识 (2) 组培实验室仪器设备及使用知识 (3) 培养基有关知识 (4) 无菌操作知识 (5) 试管苗培育方法 (6) 试管苗驯化和移栽知识 (7) 器官、脱毒、花粉等培养方法	(1) 会配制培养基 (2) 能进行无菌操作 (3) 会培育试管苗 (4) 会驯化和移栽试管苗 (5) 能进行植物脱毒培养 (6) 能对草莓等进行组培
蔬菜生产技术	(1) 蔬菜栽培的基础知识 (2) 蔬菜栽培的基本技术 (3) 蔬菜栽培制度 (4) 无公害蔬菜栽培技术 (5) 瓜类蔬菜栽培 (6) 茄果类蔬菜栽培 (7) 豆类蔬菜栽培 (8) 白菜类蔬菜栽培 (9) 根菜类蔬菜栽培 (10) 绿叶菜类蔬菜栽培 (11) 葱蒜类蔬菜栽培 (12) 薯类蔬菜栽培 (13) 水生蔬菜栽培 (14) 多年生蔬菜栽培 (15) 芽苗类及杂类蔬菜栽培	(1) 能识别常见的蔬菜,了解其形态特征 (2) 能对常见的蔬菜进行分类,了解其栽培特性 (3) 能准确判别常见蔬菜的生育周期 (4) 能识别常见蔬菜种子,会进行播种前处理 (5) 能进行蔬菜的常规育苗和工厂化育苗 (6) 能进行蔬菜的定植 (7) 能合理安排蔬菜的茬口 (8) 能进行露地生产常见的各类蔬菜 (9) 能进行常见的各类蔬菜的设施栽培
有机蔬菜生产	(1) 有机蔬菜的涵义,发展有机蔬菜的意义 (2) 有机蔬菜检测的内容 (3) 有机蔬菜栽培的主要技术措施 (4) 常见蔬菜的有机栽培技术	(1) 会进行有机蔬菜的检测 (2) 能对有机蔬菜病虫害进行综合防治 (3) 能进行有机蔬菜施肥、灌水等常规田间管理技术
蔬菜病虫害防治	(1) 蔬菜苗期和根部主要病虫害及其防治 (2) 十字花科蔬菜主要病虫害及其防治 (3) 茄科蔬菜主要病虫害及其防治 (4) 葫芦科蔬菜主要病虫害及其防治 (5) 豆科蔬菜主要病虫害及其防治	(1) 能正确识别蔬菜主要害虫种类 (2) 能在田间诊断蔬菜几大类主要病原的病害 (3) 能对蔬菜病虫害发生进行调查和预测预报 (4) 能合理、安全使用无公害农药技术 (5) 能对当地蔬菜主要病虫害进行综合防治
蔬菜贮藏与加工	(1) 蔬菜贮藏加工概述 (2) 采后生理对蔬菜贮运的影响 (3) 蔬菜采收、商品化处理及运输 (4) 简易贮藏技术 (5) 机械冷藏技术 (6) 气调贮藏技术	(1) 能正确进行蔬菜分级包装 (2) 能进行常见蔬菜的贮藏 (3) 能进行加工用水的处理 (4) 能鉴别糖制品质量 (5) 能加工简单的腌制品 (6) 能进行速冻品的解冻

续表

课程名称	主要内容	能力要求
蔬菜贮藏与加工	（7）常见蔬菜贮藏技术 （8）蔬菜加工品的种类、特点及加工用水处理 （9）糖制品、腌制品、速冻制品制作	
花卉生产技术	（1）花卉分类 （2）花卉栽培与环境的关系 （3）花卉繁殖 （4）花卉的应用 （5）草坪与地被 （6）草花的栽培与管理 （7）木花的栽培与管理 （8）温室花卉的栽培与管理	（1）能对常见花卉进行植物学分类和主要形态识别 （2）能按花卉的生物学习性、植物学习性等分类法对常见花卉进行分类 （3）能按花卉植物繁殖技术要求，进行花卉的繁殖育苗与生产管理 （4）能进行花卉植物的整形修剪，明确常见花卉的修剪时期、方法及目的 （5）能按插花构图的原理、方法、步骤等进行插花 （6）能进行切花的剪取、贮存、运输和保鲜 （7）能进行主要花卉植物的栽培管理
鲜切花生产	（1）鲜切花的经济价值 （2）鲜切花生产设施与环境条件 （3）常见鲜切花的生产技术 （4）鲜切花的分级、包装、保鲜和贮藏技术 （5）生长调节剂在切花生产中的应用技术 （6）切花品质评价标准与方法	（1）熟悉切花生产主要技术环节 （2）能进行鲜切花的保鲜 （3）熟悉生长调节剂在切花生产中的应用技术 （4）熟悉光照在切花生产中的应用技术 （5）熟悉切花品质评价标准与方法 （6）能对鲜切花进行包装
花卉病虫害防治	（1）草本花卉主要病虫害及其防治 （2）木本花卉主要病虫害及其防治 （3）温室花卉主要病虫害及其防治 （4）草坪及地被主要病虫害及其防治 （5）其他花卉主要病虫害及其防治	（1）能正确识别花卉主要害虫种类 （2）能在田间诊断花卉几大类主要病原的病害 （3）能对花卉病虫害发生情况进行调查和初步预测预报 （4）能合理、安全使用无公害农药技术 （5）能对花卉主要病虫害进行综合防治
花艺设计与应用	（1）基础理论 （2）花材花俗 （3）常用器具 （4）基本技法 （5）艺术原理 （6）切花保鲜与花店经营	（1）能制作与应用插花基本造型 （2）能制作与应用礼仪插花 （3）会创作与欣赏艺术插花 （4）会设计电脑花艺 （5）能创作压花艺术
真菌基础	（1）真菌的营养体、细胞结构 （2）真菌的营养、生长、生殖 （3）真菌的代谢、遗传 （4）孢子的释放、休眠和萌发 （5）腐生真菌和真菌毒素 （6）寄生真菌和捕食真菌 （7）共生真菌和真菌病毒 （8）真菌在生物界的地位及分类 （9）常见真菌的概述	（1）熟悉真菌的形态结构、生长发育 （2）掌握常见菌属的特征，会把真菌应用到农业生产中
食用菌生产技术	（1）食用菌概述 （2）食用菌形态 （3）食用菌的分类 （4）食用菌的营养生理 （5）食用菌的生态 （6）消毒与灭菌	（1）能识别常见食用菌品种、鉴别有毒食用菌及解救人误食中毒 （2）能创造适宜食用菌生长的环境 （3）能进行高压灭菌、常压灭菌

续表

课程名称	主要内容	能力要求
食用菌生产技术	（7）食用菌菌种生产 （8）平菇栽培技术 （9）香菇栽培技术 （10）金针菇栽培技术 （11）双孢菇栽培技术 （12）杏鲍菇栽培技术 （13）虫草栽培技术 （14）茶树菇栽培技术 （15）姬菇、黑木耳、灵芝栽培技术 （16）食用菌贮藏、加工与营销	（4）能制备母种、原种和栽培种培养基，配制液体培养基，进行菌种扩繁和接种、组织分离、无菌操作和液体菌种培养 （5）能进行常见食用菌菌种的制作和栽培
食用菌病虫害防治	（1）平菇主要病虫害及其防治 （2）香菇主要病虫害及其防治 （3）金针菇主要病虫害及其防治 （4）双孢菇主要病虫害及其防治 （5）杏鲍菇主要病虫害及其防治 （6）虫草主要病虫害及其防治 （7）茶树菇主要病虫害及其防治 （8）姬菇主要病虫害及其防治 （9）黑木耳主要病虫害及其防治 （10）灵芝主要病虫害及其防治	（1）能正确识别食用菌主要害虫种类 （2）能在田间诊断食用菌几大类主要病原的病害 （3）能对食用菌病虫害发生情况进行调查和预测预报 （4）能合理、安全使用无公害农药 （5）能对当地食用菌主要病虫害进行综合防治
食用菌贮藏与加工	（1）食用菌贮藏加工概述 （2）食用菌采收、商品化处理及运输 （3）简易贮藏技术 （4）机械冷藏技术 （5）气调贮藏技术 （6）常见食用菌贮藏技术 （7）食用菌加工品的种类、特点及加工用水处理	（1）能正确进行食用菌分级包装 （2）能进行常见食用菌的贮藏 （3）能进行加工用水的处理 （4）能进行食用菌加工品的制作

第二章 果蔬花卉生产技术专业学生的特点和教学策略

> 【学习目标】
> 1. 了解中职学生群体的特殊性。
> 2. 全面认识果蔬花卉生产技术专业学生的特点。
> 3. 掌握果蔬花卉生产技术专业的教学策略。

第一节 果蔬花卉生产技术专业学生的特点

果蔬花卉生产技术专业学生（以下简称"中职学生"）从年龄来划分，绝大多数为14~18岁的个体，属于青年初期，这个群体总的来说，在生理上、心理上和社会上向成年人接近，智力接近成熟。出现了辩证思维，道德感、理智感与美感有了深刻发展，形成了理智的自我意识。从身份来区分，是初中毕业或肄业学生群体。

一、中职学生群体的特殊性

中职学生时期是从少年到青年初期的过渡时期，从学生身份过渡到劳动者身份的时期，是心理发展的狂风暴雨期，是危险和困难交织的时期。正如教育家杜威说的："十几岁的阶段是人生根本上左右为难的阶段，他们要生长，要成熟，还要安全。"生源特点决定了中职学生既有属于高中阶段又不同于普通高中生的特殊性。中职学生群体的特殊性表现如下。

（一）启蒙和家庭教育相对缺乏

据《2012年中国中等职业学校学生发展与就业报告》显示，2012年农村户籍学生占在校学生的80%，中西部地区占在校生的70%，父母为农民、工人或个体工商者人数比例分别占调查人数的4/5和3/4。该层级的群体，为了生计和发展，四处漂泊，家庭聚少离多，他们的子女相对缺乏家庭温暖与关爱，更别提家庭教育。这样的少年在心理上是有缺陷的。

（二）学习能力非常薄弱

中职学生大多来自乡镇一级的中小学毕业生，或农民工子弟学校，教育资源相对匮乏，学习氛围也相对淡薄。据《2012年中国中等职业学校学生发展与就业报告》显示，中职学生有69%未达到初中二年级数学应有水平，72.9%未达到初中二年级英语应有水平。

（三）行为习惯与态度堪忧

他们往往是老师和家长眼中的学习"失利者"与"问题较重者"；懒散是他们的共

性，不愿被约束，缺乏应有的责任心，"老虎的屁股"摸不得，不愿听取善意的批评。

二、中职学生的特点

（一）文化素质

现如今大多中职学校对学生的基础文化知识水平要求都较低。这种宽入口决定了果蔬花卉生产技术专业学生普遍存在文化基础差，学习主动性不强等问题。绝大部分学生是没考上普通高中的落榜生，大部分初中文化课的学习成绩平平甚至较差，有的学生虽然此前接受了九年制义务教育，但实际上根本没有达到初中毕业生的水准。进入中职学校后，学习文化课仍有一定的难度，往往因为听不懂课和跟不上学习进度而丧失学习信心，很难产生学习兴趣，学习积极性不高，学习时注意力难以集中。由于他们在初中很少有因为学习成功而带来的被表扬、被称赞的经历，长期缺乏学习上带来成功的欢欣与喜悦，更体会不到学习成功所带来的乐趣，缺少成功的体验，对自己的学习缺少信心，以前没有当过好学生，在学习新的专业课时，遇到比较喜欢的科目或对任课老师有好感，成绩会好些；反之，成绩就一塌糊涂。有的学生对学习消极应付，不求上进；有的上课不专心，身在课堂心在外；有的热衷于上网聊天、打游戏，个别学生甚至晚间翻墙外出上网，白天趴在课桌上睡觉；有的学生文化基础课学不进，专业课也不愿学，几年下来，不但知识和技能没学到，还养成一些不良习气，如此种种表现，不胜枚举。甚至有的学生看到成绩，在短时间的懊悔后就抛之脑后，相当一部分甚至对分数没有感觉。不少中职学生对学习都有"被逼无奈"的感觉，他们迫于家长的压力来上学，没有学习目标，没有学习动力，不能回答"我为什么学习？"、"我为什么要学习这个专业？"等问题，不知不觉便成为学习困难的学生，即"学困生"。

（二）心理表现

1. "自我"的觉醒

进入青春期，中职学生的心理和身体都经历着"疾风怒涛"般的变化。这种变化，首先震撼了中职学生自身。中职学生对自身的关注变得敏感，诸如"我是谁"、"我想成为什么样的人"等问题几乎引起每个中职学生的思索。进入青春期，中职学生开始把视线对准自己的内心世界，体验着自己的主观意识，产生了自我意识。所谓自我意识，是指青少年对人生、对自己逐渐形成一定形式的自我价值观和自我认识能力。

2. 自我开始分化

中职学生进入青春期后开始把探索视线转向自身内部，开始了人生的自我分化：把自己分为主体的我和客体的我、理想的我和现实的我，而主体的我和客体的我、理想的我和现实的我毕竟不同。这就导致了中职学生自我意识的矛盾性，即主体的我与客体的我、理想的我与现实的我的矛盾斗争，两个"我"不能统一，自我形象不能确立，产生角色混乱。

3. 自尊心的发展尤为突出

从自我体验的角度来看，随着中职学生生理和心理的发展，以及成人感的产生，自尊心在这个阶段就表现得非常明显，且很有特点。例如，在调查中，72%的中职学生有了错误不希望老师公开批评，而是希望个别指出；61%的学生受到老师严厉批评后，感到很痛苦或暗自流泪。这便证明，他们在这个时期非常需要别人的尊重。同时，中职学生又会表现出矛盾不稳定的一面，想别人尊重他，而他有时却不尊重别人，这一点在中职学生身上表现得较突出。从自我控制的角度来看，中职学生自我控制能力处于低谷，表现为情绪不稳定、易冲动、两极性明显。进入青年期后，中职二、三年级学生自我控制能力逐渐提高。

4. 内心矛盾激烈、动荡不安

青春期是长大成人的开始，是由不成熟向成熟的过渡。这一过程对中职学生来说是漫长而痛苦的。此时，他们既非大人，又非儿童，原来的孩童世界已被打破，但新的成人世界又尚未建立。因此，他们的内心充满了矛盾和冲突。中职学生内心的矛盾冲突主要表现为以下几点。

（1）闭锁性与强烈交往需要的矛盾　　进入青春期的中职学生，渐渐地将自己的内心封闭起来，心理生活丰富了，但表露于外的东西却少了。把日记藏起来不让别人看，就是把自己内心世界封闭起来的最好印证。与此同时，中职学生又感到非常孤独和寂寞，希望能有人来关心和理解自己。他们不断地寻找朋友，一旦找到，就会推心置腹，毫不保留。因此，中职学生在封闭自己的同时，又表现出明显的开放性，二者构成了一对难以排解的矛盾。

（2）独立性与依赖性的矛盾　　一方面，中职学生自认为他们已经长大成人，强烈要求自作主张，竭力摆脱家长的管束，在思想言行的各方面都表现出极大的独立性，表现出心理"断乳"愿望。然而，中职学生毕竟不是成人，他们在心理上有的时候仍然摆脱不了孩子习惯的幼稚行为，有好多地方仍然要依赖父母和老师。对家庭的依赖作为一种惯性影响仍然存在。因此，老师和家长应充分认识中职学生的矛盾情况，既要尊重孩子的独立性和主动性，在安排各项活动时不包办代替，又要给予必要的具体指导，防止他们因贪玩或醉心于某种活动而耽误学习或误入歧途。

（3）求知欲强与识别力低的矛盾　　中职学生由于他们交往、活动范围扩大，自然现象和社会生活的各个方面充分地展现在他们面前，对他们具有很大的吸引力。但是，中职学生由于心理发展不成熟，社会阅历比较单纯，对纷繁复杂的社会现象识别能力较低，因而他们往往会出于好奇心，不加分析地去阅读各种图书报刊，很容易受格调低下的出版物的诱惑毒害。因此家长和教师既要保护中职学生的好奇心和求知欲，引导他们正确阅读，从事各种丰富的课外小组活动，同时也要提高他们的鉴别能力、抗诱惑力及是非观念，促使他们求知欲健康发展。

（4）性意识的发展与道德规范的矛盾　　中职学生身体发育几近成人，尤其是性机能的成熟。性意识的觉醒，产生了对异性的爱慕，并且这种爱慕会越来越强烈，于是男女交友、恋爱、婚姻等问题自然出现。这个时期的男女交往有一个特点，就是极其敏感、容易冲动，常表现为激情。而他们此时思想尚未成熟，道德观念不强，意志力薄弱，强大的生理冲击力有时会使他们做出违反道德规范的行为，给身心健康带来严重的不良后果。所以这个时期应特别注意将性科学知识教育与伦理道德教育结合起来，使他们的性意识走上健康的道路。

（三）自控能力

中职学生是一个特殊的群体，目前社会上普遍存在一种共识：读高中、上大学才是最好的出路，加上现在独生子女的比例增加，不管是家长还是学生都不愿选择职业教育。因而，一些中职学生就被社会的一种无形的舆论和压力所束缚，处于被大家歧视和孤立的社会氛围中。于是，他们便自我放纵、叛逆不羁、无视纪律。学业压力小，他们中的一些人就把时间浪费在追求社会的不良风气上，如追求时尚、举止另类、吸烟、早恋等，结果是越陷越深，无法自拔。中职学生本身正处于青春萌动期，由于缺乏关爱和引导，许多学生的心理并不是很健康，偏激、易冲动，遇事不冷静，他们情感丰富且喜怒无常，意志力往往随情感上下波动。他们自控能力不强，心态浮躁，容易冲动。心情好的时候，表现出胸怀相当开阔，能容忍、接受别人的缺点与建议，颇有大将风范；当情绪不好的时候，看什么都不顺眼，仿佛整个世界都和自己过不去，对与自己无关的事情也横眉冷对，特别敏感，甚至别人不经意的一丝微笑、一句话、一个眼神，就认为是针对自己的，与自己过不去。法律意识的单薄导致他们缺乏是非分辨能力，容易受外界不良之风影响。任何一件小事都极有可能激怒他，头脑一发热就失去理智。在这种情况下很容易采取过激做法，大打出手，不计后果，这不仅损害他人、学校的利益，也损害了自己的利益，事后常常捶胸顿足、后悔不已，这样自控能力方面的例子在职业学校里层出不穷。

（四）人际交往

在职业学校里，由于专业的设置，有些班级的男女生比例严重失调，这对中职学生的人际交往产生了一定的负面影响。在男生占绝大多数的班级里，同学之间的攻击性行为较为严重。而在女生占大多数的班级里，同学之间也出现了较多的交往问题。中职学生的交往问题还表现在一些学生对老师的不信任，不愿意与老师交往。如果一位学生认为老师的某些教育方法不对，很可能会对老师进行全盘否定，甚至不再愿意和老师交流。还有很多中职学生和家长之间的交流存在着较深的"代沟"。很少有学生把父母当作自己的知心朋友。在学习上、生活中遇到困难时，很多学生第一个想到的不是自己的父母。应该说，这个年龄阶段的青少年都有一点"叛逆"，这是由他们的身心发展阶段的特点所决定的，但为什么"代沟"在中职学生身上表现得尤为明显呢？这很可能与他们的成长经历有关，很多中职学生成绩较差不是在一两个月内形成的，而是由于多年不努力学习造成的，在这么多年里，家长也采取过各种手段鼓励孩子学习，但孩子还是没能完全满足父母"望子成龙，望女成凤"的愿望，孩子的学习现状和父母的理想产生了距离，在父母和子女之间都产生了较强的不信任"代沟"。中职学生的交往问题还表现在结交网友上。网络聊天这种形式的出现，给人们尤其是青少年带来了一个能够找到自我的场所，在这个亦幻亦真的世界里，不少中职学生自认为找到了"志趣相投"、"志同道合"的"知心朋友"，于是，中职学校的许多学生经常沉浸于这种虚幻的网络世界中。

（五）价值取向

果蔬花卉生产技术专业以培养在园艺生产、服务和管理第一线工作的中等技术人才为目标，受专业自身特点的限制，大部分涉农专业毕业生对口就业的岗位在农村。但是，全日制学生的就业意愿往往不在农村，他们希望通过读书在城市寻找到稳定的工作。虽然一部分涉农专业的毕业生可以留在城市工作，但是，事实上大部分毕业生在城市难以找到对口工作。2012 年，学者王欢以石家庄市中等职业学校涉农专业学生为调查对象进行价值取向的调查，内容主要涉及专业选择和就业选择两方面的意愿，调查结果显示大部分涉农专业学生最初的就读意愿并非是职业教育而是普通高中，即便选择了就读，部分学生也是想以中职为桥梁继续升学进入高职学习；就业意愿方面，大部分涉农专业学生希望在城市就业，而且比起其他专业学生更倾向毕业后创业。这一调查结果从某一侧面反映出，中职涉农专业的出口并不能满足全日制学生的就业需求，学生的愿望与现实之间存在矛盾。也就是说中职涉农专业学生的培养目标与学生的价值取向存在一定的冲突，不能完全满足全日制学生的需求。

（六）专业属性

2011 年 8 月教育部颁布了《教育部关于推进中等和高等职业教育协调发展的指导意见》，提出"中等职业教育是高中阶段教育的重要组成部分，重点培养技能型人才，发挥基础性作用"。国家对中等职业教育的定位是在九年义务教育的基础上通过强化技能，提高实践能力，培养数以亿计的高素质专门劳动者，以满足经济社会发展的需要。中职学生的学习活动具有一定的专业方向性，中职教育具有一定的职业倾向性，其目的就是培养既有专业理论又有专业技能的人才。中等职业学校素质教育的对象，是初中毕业后进入中等职业学校的学生，其培养目标是面向基层，面向生产和服务第一线的实用型和技能型高素质劳动者和中初级专门人才。《中共中央国务院关于深化教育改革全面推进素质教育的决定》中明确指出"实施素质教育，就是全面贯彻党的教育方针，以提高国民素质为根本宗旨，以培养学生的创新精神和实践能力为重点"。从企业调研的反映看，企业产品科技含量越来越高，产品已不是某单一技术领域的产品。企业向高深层次发展，必须有高素质的专业技术操作人才，企业对既有较丰富的理论知识，又有较强的动手能力的复合型、应用型、实践型专业技术操作人才的需求是很迫切的。

第二节　果蔬花卉生产技术专业的教学策略

中职学生所处的时期正是产生心理困惑、心理冲突最多的时期。学习上的差生、品德上的差生和行为上的差生成为现阶段果蔬花卉生产技术专业学生的主要构成成分。在心理方面，他们情绪自控能力差、缺乏应有的理想和追求、自我中心意识过强、交往失度失范、迷恋网络世界，致使他们出现"学农不爱农"的思想。在学习方面，他们的基础知识掌握较为薄弱，缺乏学习动力，学习目标不明确，学习上得过且过，效率低下，学习兴趣低下。虽然基础差，但智力不差。他们的思维敏捷，动手能力较强，对新事物、新观念较容易接受，适应性强。多数学生厌弃该专业主要是因为他们的学习习惯不好、学习方法不当及受外界对本专业偏见的影响，无明确的就业方向。因此，应根据果蔬花卉生产技术专业特点和针对该专业学生特点，确定适宜的教学策略。

一、提高学生学习兴趣

(一) 学生学习兴趣不高的原因

农业中职学生基本上是中考落榜生或在义务教育阶段辍学者,自我管理能力较为缺乏,在文化技能学习方面,相当一部分是学困生,文化基础知识薄弱,学习动力不足,学习目标不明,上课迟到早退,在课堂上说话、发短信、听音乐、打瞌睡,甚至厌学逃学,对自己未来职业生涯没有规划,得过且过。造成中职学生缺乏学习主动性的原因主要有以下几方面。

1. 缺乏对中等农业职业学校的认识

大部分来自农村的学生及家长缺乏对中等职业学校的认识,认为上中等农业职业学校是无奈的选择,读中职的目的是为了拿毕业文凭寻找工作,甚至有些家长认为,让孩子读中职是觉得孩子年龄尚小,等孩子读完中职到成年了再去工作。因此,上中职学校的目的不是刻苦学习,掌握技能,而是为了混文凭。

2. 学习目的不明确,学习态度不端正

中职学生在学习上普遍没有紧迫感,缺乏学习压力和动力。很多学生对自己所学专业缺乏了解,对将来就业定位不清楚,在学习上亦缺乏主动性。果蔬花卉生产技术专业必须要求学生提高自己的动手能力,掌握园艺作物生产中的各个环节,熟练操作技能,如生产中的播种、扦插、压条、嫁接、花木的修剪及土肥水管理等。但是,学生普遍存在学习态度不端正现象,也缺乏动手能力,对自己的学习目标不明确。此外,中职学生还缺乏上进心,他们认为,成绩不理想不会影响毕业证的取得,考试不及格也无所谓,补考很容易通过。这些现象均造成了学生没有学习理念,缺乏学习动力,缺乏上进心。

3. 学习习惯不够好

中职学生学习习惯不够好,厌学现象非常普遍。例如,上课心不在焉,经常睡觉、玩手机;做作业时经常抄袭,或者对作业置之不理;实验课上嬉戏玩闹,对做实验不积极。此外,加之一些社会不良文化的影响,以及家庭教育的欠缺等,均对学生的学习习惯产生负面影响。

(二) 提高学生学习兴趣的教学策略

孔子说:"知之者不如好知者,好之者不如乐知者。"兴趣是推动学生求知欲的强大动力。教师要有很好的教育学、心理学知识和社会学修养,以人格魅力去感染学生,并营造清新健康、奋发向上、严肃认真、轻快活泼的课堂文化环境,来激发学生的学习兴趣和学习热情。

1. 崇尚科学,献身农业,树立学农爱农的正确思想

帮助学生确立正确的人生目标,激励学生为自己的理想而奋斗。近年来,学生由于受市场经济的影响,对果蔬花卉生产技术专业有偏见。例如,部分学生认为该专业毕业后就是当农民,当农民就不需要学技能。基于这个原因,应该让学生了解专业学习的内容及重要性,现代农业需要掌握农业专业知识和专业技能,传统的种植和经营模式已经过时,通过成功农民企业家的现身说法教育学生、引导学生,让学生明确学习目的,激发学生的求职兴趣，实现自己的目标和理想。

2. 确立有效的激励机制，提高学生的求知欲

精讲多练，及时检查学生的学习效果，让学生养成课后复习、课前预习的良好习惯。适当给学生学习压力，确立有效的激励机制，每周对学生的表现都给予量化评比，让学生看到自身的进步，这样就会提高学生的学习兴趣和主动性，学生就会由被动学习变为主动学习。

3. 课堂教学采用多样化，让学生集中精力全神贯注地学习

课堂教学采用多样化，如多媒体教学、实践性教学、现场教学等方法，让学生在"学中做，做中学"，这样才能让学生对学习产生兴趣，而且教学更为直观，亦能提高学生的动手能力。例如，果蔬花卉生产技术专业植物病虫害防治课程对地下害虫的调查一课，要求学生亲自到田间进行调查，这样，既能让学生掌握地下害虫在土层中的分布，又能掌握调查方法，还能识别地下害虫的种类。这种方式既有利于学生集中精力学习，又能提高学生的学习兴趣。

二、转变教师教学观念

（一）更新观念，树立正确的教育观、人才观、学生观

有什么样的"观"，就有什么样的"行"。教师对学生的基本看法会在日常的教育教学中不经意地流露出来，不仅表现在日常的工作态度、方法及师生关系上，而且直接影响着教育教学及管理工作的正常开展，职教教师必须明确：职业教育是面向人人的教育，它不是选拔或淘汰教育，而是合格加特长的教育。为此，必须更新传统观念，树立正确的教育观、人才观、学生观，即中职学生不是差生而是存在着差异，即智力类型的不同，而不是智力高低的不同，只要教育得法，人人都可成才；对他们的考核评价必须是多元的、全方位的、发展的，要从"唯考分"中走出来，使其看到成功的希望，增强学习的信心；对他们的教育必须是因材施教、扬长补短的，不与青春期的孩子叫劲儿，要允许他们犯错误，更要允许他们改正错误。

（二）教学中要处理好"四对"关系

1. 处理好"教"与"学"的关系

教学过程是处理教师、学生、教材三要素的过程，教师、学生、教材构成了课堂教学的金三角。教学过程对学生来说，是由"不知"到"知"的过程；可以说，教师的"已知"和学生的"不知"的矛盾构成了教学过程中的主要矛盾，矛盾的主要方面则是教师的"已知"。所谓教师的"已知"，是指教师对教材的理解和掌握。实践证明：一个受过农业专业训练的毕业生，对农业科学的概念、定律、定理都有了基本了解，但对那些基本概念中的细节问题，往往不是十分清楚，理解也不够深刻。在教学过程中，钻研教材就成了解决教师本身的"知"与"不知"的矛盾的过程。解决这个矛盾的主要方法就是熟读教材，深入理解教材，抓住主线，明确重点，确定难点，在自己头脑中形成一个清晰的知识结构网。

2. 把握好"知识"与"能力"的关系

教师不但要钻研教材，还应钻研如何通过传授知识来培养学生的能力，知识是能力

基础，知识绝不等于能力。挖掘教材中有利于培养学生某种能力的因素，是钻研教材的一个极其重要的问题。例如，总结解题思路，不但能使学生加深对定律和概念的理解，也是培养学生总结概念能力的好方法。学校传授给学生的基本知识和基本技能是有限的，学生毕业后，这些知识和技能必须通过能力才能在工作中发挥作用，能力又会加速知识和技能的扩展与更新，如此反复深入。这样的循环既能促进学生知识水平的不断提高，又能促进农业生产的发展和农业科学技术的推广普及。因此，教师在教学中应将过去以传授知识为主过渡到传授知识与掌握技能和培养能力并重。在一定意义上说，培养学生的能力比传授知识更为重要，能力是学生获得知识的手段。

3. 强化"理论"与"实践"的关系

农业类专业不同于别的学科，具有自身独特的特点。不仅具有较强的综合性，而且具有较强的应用性，和其他学科之间均有着十分密切的联系。教学中教师不仅要把精力放在短短的课堂内，而且应该适应园艺行业发展要求，不断完善实践教学体系。同时，在园艺实践中，重要的环节便是实验、实训等，实验、实训的种类和数量都会对教学效果产生潜移默化的影响。现在很多学校没有对园艺实践教学予以高度重视，导致这些学校缺乏足够的具有针对性的实验科目，给实验的有效开展带来很大的难度。教师必须充分考虑园艺实际需求的情况下，对实验、实训教材进行重新的编写，并对以往的实习内容进行整理和总结，并编写成册，为学生的有效实验提供参考。

4. 重视"知识"与"品德"的关系

作为一名教师应该教书育人，教育的根本目的就是培养人才，人才必须是德、智、体、美全面发展的。一方面园艺类专业教师不能只传授知识，在传授知识的过程中，任何一个教师总会以自己的言行去影响学生的思想，这一点恐怕也是不以人们的意志为转移的；另一方面园艺类专业教材中也确实有着丰富的教育因素，如唯物主义思想、辩证的思维方法、爱国主义思想及农学家的勤奋精神和创新精神等。园艺类专业教师要本着对学生全面负责的态度，除了教给学生园艺类专业知识和技能以外，还要对学生进行思想品德教育，培养学生热爱农业、热爱祖国、为振兴祖国农业而努力的精神，要完成这些任务，就必须从教材中挖掘这些因素，并把它渗透到教学中去，有机地和知识教学结合起来，钻研教材时有意识地注意这个问题是完全必要的。

（三）注重学生差异，实施分层教学

根据学生的起点、发展方向和专业要求的不同，本着"立足够用、适当拓展"的原则，分别制订相应的教学目标。同时还要兼顾大部分学生起点较低的现状，体现层次组合。在教学内容、进度上允许有弹性，激励学有余力、学有专长的学生超前发展。同时创造条件，鼓励学习基础较差、学习上暂时存在困难的学生在学习中获得成功，得到相应的发展，实现"人人成材，个个成功"的教学理念。在制订教学计划时，对口升学层次的学生在掌握基础知识、基本操作技能的基础上，注重对基本理论的学习与掌握；而就业层次的学生则着重强调基本技能的训练与提高，并相应增加了专业技能的拓展。在教学过程中，教师要正视、尊重学生的个体差异，对不同层次的学生提出不同层次的教学目标，确定不同的教学内容，采用不同的教学策略，布置不同难度的作业，实行作业、练习的区别化。

（四）更新教育观念，实施信息化教学

进入 21 世纪以来，随着教育信息化的发展，信息技术渗透到教学的各个方面，并与课堂教学的有效、完美结合，成为教育改革发展的必然趋势和新的亮点。相对而言，农业作为传统优势学科应走在其他学科的前头。在教学手段上，应放弃传统的"一支粉笔一本书，洋洋洒洒一节课"、"在黑板上种蔬菜、栽果树"的教学方法，尽可能多地运用计算机进行多媒体教学，如动画、视频、微课、慕课等，并建立园艺网站为专业教学服务。将多媒体技术运用到专业教学中，可以把农业中抽象的内容形象化。教学中学生难以理解的抽象概念、生理现象和实践操作等，若用多媒体技术来演示教学，就可以在屏幕上模拟其具体过程，把生理现象更生动地展现出来，使学生从感性上认识农业发展规律，充分激发学习兴趣和求知欲望。

（五）重视学生素质教育，提高学生的综合职业能力

综合职业能力是指从事职业活动应具备的一般专业能力及相应的社会工作能力。它要求劳动者能独立思考、独立工作、勇于承担社会责任、善于进行交流合作，能积极应对职业活动的变化，不断更新职业知识和技能。果蔬花卉生产技术专业可以通过培养学生良好的思想品德和爱农、学农、务农，以农为本的思想，进一步培养他们对农村和农民的感情、对现代农业和建设社会主义新农村的热情，提升学生的创业能力。另外，产教融合、校企合作的人才培养模式，是果蔬花卉生产技术专业教学改革发展的必然趋势。一方面，专业教师要走进企业，加强与企业一线人员的交流与学习，提高教学能力；另一方面，学生也要进入企业去实习，提高实践能力，学会做人做事，明确就业方向。

三、重视实践教学环节

美国教育家杜威十分重视教育与经验的结合，注重生活体验，认为教育即生活，在做中学是极为重要的。中职果蔬花卉生产技术专业教学中要加强学生的实践教学环节，改变"填鸭式"的传统教学方法。

（一）激发参与兴趣，培养参与意识

果蔬花卉生产技术专业的很多教学工作都需要通过实验、实训来完成，教师可以利用语言、导趣、设疑激发等多种方法，全方位多层面激发学生的学习兴趣。例如，石硫合剂的熬制，可以通过配比、药液颜色变化、熬制中火力的要求等，使学生产生强烈的好奇心，从而更加注重观察熬制过程。在这种情况下，课堂的讨论氛围也会更加浓厚，教师应抓住机会对学生做进一步的引导，让每个学生都参与其中，从而掌握知识的要点。由于每个学生都亲自动手，因此能对学生产生强烈的吸引力，从而使课堂效果更加完美，也更好地培养了学生的动手能力和观察能力。

（二）创设参与氛围，提高参与能力

1. 组织学生设计并讨论

实训教学中，教师应充分调动学生的积极性和主动性，从实验的设计到操作都应充

分尊重学生，注重观察每个学生的参与能力和动手能力。对于学生设计的方案是否合理，教师应从是否能正确反映客观事实等方面考虑，引导学生进行探究和改进，并鼓励学生使用不同方法，通过对比实验来研究哪种方法更好。

2. 注重操作方法的创新

从培养创新能力、充分发挥学生主体意识的角度出发，帮助学生认识园艺生产的规律。在实训中，实验方法既要考虑经济效益又要考虑生态效益、社会效益。例如，在田间药效的实训中，教师对学生的各种操作方法都要提出中肯的建议，对用药量、施药方式、用药时间、人畜安全等进行指导。这样既提高了学生的参与兴趣，又培养了他们的动手和创新能力。

3. 注重实训的参与氛围和实验结果的评比

果蔬花卉生产技术专业的实验和实训都会受多种因素影响，从而干扰实训过程，影响实验结果，如温度、风力、田间小气候的不同会造成实验结果的不同，这就要求学生在实验和实训的时候记录下整个实验过程中的各种影响因素，允许他们为自己的实验结果找原因，并通过分析找出失败的原因及改进的措施。另外，可以总结经验教训，在这个过程中还可能有意外的收获和发现，这对提高学生的创新思维和科学素养都有重大意义。同时要对实验和实训进行必要的评比，目的是通过评比调动学生的积极性，使学生的创新思维得到提高。

（三）鼓励学生进行质疑

强化学生的怀疑意识。要让学生知道，没有怀疑就没有创新，世界就不能进步。现实世界中，很多理论及实践活动都不可能是尽善尽美的，只要人们理性地去怀疑，就可能找到缺陷甚至发现根本性的错误。所以在教学中，应该尽可能地为学生提供发表见解的机会，使他们一事多论、一知多用，培养他们"不唯书"、"不唯家"的创新精神。引导学生将疑点提炼成问题。有时学生提出的问题可能会稍显幼稚，但是只要充分发挥学生的学习主动性，激发其好奇心并使他们发挥联想，通过实验进行验证事实的存在和证明结论的正确性，就能更好地培养学生的创新精神和动手能力，为他们将来的就业和创业打下良好的基础。

（四）深化实验结果，引导探究创新

每个实验完毕后，教师应当进行必要的讲评，让每个学生充分发言，就实验中出现的问题、操作的缺陷进行讨论，尤其是对实验结果的差异进行客观理性的分析，找出成败的原因，激发学生的求知欲。这样就不会出现学生在实验中"看热闹、赶大集"的现象，也避免了学生抄袭实验结果现象的发生。要求每个学生都参与，每个环节都动脑、动手，对实验中出现的问题进行探究，能大大激发学生的创新欲望，使他们学习的主动性得到充分发挥，同时也培养了学生的团队精神。

四、适当运用竞争（竞赛）

社会生活中的个体都具有竞争（竞赛）意识，表现出一定的竞争心。竞争心，就是具有一颗不断力争上游、锐意开拓创新、永不满足现状的进取之心，它是人们不断超越自己与他人的一种性格特征或心理倾向。它是推动人们不断追求卓越的取之不尽、用之不竭的动力。竞争心也是通过后天在竞争性的社会实践中有意识地培养而逐步形成的。在果树花卉生产技术专业学生的教育教学过程中，适当使用竞赛的方式，激发学生的竞争心。在实施竞争（竞赛）性活动时，需要注意以下几点。

（一）教师应加深对竞争（竞赛）的认识

竞争可以促进果蔬花卉生产技术专业学生的学习动机，提高其学习和训练的效果，但同时也可能起着消极作用。一是过多的竞赛会使群体气氛紧张，不利于同学之间的交流、沟通和协作；二是频繁的竞赛可能给学生带来强烈的心理压力，学生长时间保持危机意识，害怕失败，产生紧张、焦虑、敌对、报复等不良情绪，不利于学生的健康成长；三是可能促成部分学生的习得性无助的形成，丧失学习动机和信心，破罐子破摔。在了解到这些消极影响后，老师要有针对性地使用竞争（竞赛）。

（二）引导学生正确面对竞争

引导学生意识到在学校的学习和训练存在着竞争，今后的生活和工作同样存在竞争，现在的竞争是为了今后更好地生活和工作，培养学生正确的竞争意识。同时也要引导他们正确面对竞争的结果，竞争的结果不只是输赢或获得什么样的名次，更重要的是通过竞争来发现自己的长处和短处，作为认识自己的重要手段，赢在什么地方，哪些地方还需要进一步改进；输在哪里，差距有多大。输了并不意味着就不能改变，只要自己努力，也可以获得成功。

（三）提供丰富的竞争（竞赛）

教学中的竞争或竞赛内容可以考虑丰富多彩，不仅包括学业成绩，还包括学习态度、个人特长、综合素质等各个方面，要避免单一的学科知识竞赛带来消极的作用，还要从促进每一个个体进步和发展的角度出发，有针对性地根据某些人的特长和优势来设定一定的竞赛，就像吉尼斯世界纪录一样，充分肯定每一个人的优势和特长，提升自信心和认同感。

（四）竞争（竞赛）形式的多样化

竞争（竞赛）有个人和团体两种形式。前者的竞争性最强。而后者强调的是团队成员的协作，使每个人发挥出自己的最佳才能来帮助团队获得成功，有助于提高团队成员的整体水平和集体意识。在组织竞争（竞赛）活动时，可以根据参赛人员的特点和要达到的目的，灵活多样地选择竞争（竞赛）形式。

五、加强学生教育管理

（一）重视入学教育，安抚新生情绪

经验告诉我们，新生在入学后的前三个月内，部分学生由于入学的主观愿望不突出，甚至部分学生有严重的失落心理，认为上职业高中不是理想的选择，处于消极状态，不

思进取，纪律性差，学习不专心。如果错过入学教育的关键时间将对后期班级管理带来较大难度，甚至会影响到生源巩固问题。首先要解决的是学生的情绪问题，以安抚的态度和手段稳固新生情绪。要及时开导，个别交谈，"对症下药"，说服他们"既来之，则安之"，并主动适应新环境。

（二）重视信心教育，转化差生意识

由于初中学习生活中，大部分学生的成绩居后，在学生心目中形成了自己是差生的心理暗示，并固化成一种意识。要从根本上改变中职学生的学习面貌和精神面貌，必须要帮助他们摘掉差生的"帽子"，逐步转化他们根深蒂固的差生意识。如何帮助这些学生找回自信心呢？首先，教师必须克服职业高中学生智力低下的错误思想。其次，要帮助学生克服"低人一等"的心理，走出"从事农业没出息"的阴影，唤醒他们沉睡已久的自信与自尊。做这类学生的思想工作，要有耐心和细心，要有信心和恒心，要特别关心和体谅，要经常与他们交谈，不能盲目批评处罚，要"软硬兼施"。再次，可以通过个别谈话的形式进行思想教育，积极引导，唤回学生的学习信心帮助他们重新树立自尊心、自信心。

（三）应尊重每一位学生的人格，坚持以正面教育为主

中职学生希望教师、家长能平等地对待他们，讨厌那种居高临下的俯视的目光，他们喜欢朋友式的、无话不谈的、有广博知识的师长。当他们犯了错误，出现问题的时候，更要尊重他们的人格，要坚持正面教育为主，说服教育为主，并结合严格的纪律约束等教育措施进行教育，但切忌讽刺、挖苦学生，体罚学生，侮辱学生的人格，甚至把学生赶出教室。

（四）要全面了解中职学生，引导学生正确交往

由于中职学生独立意识的增强，他们需要摆脱成年人的束缚，扩大与同龄人的交往，尤其渴望同龄人的友谊和信任，渴望有一两个知心的朋友，有个别的中职学生甚至开始产生初恋的情感。对于中职学生之间正常的交往，应当给予鼓励，对于确实存在早恋问题的个别学生，应采取个别教育的方式进行帮助，耐心细致地做思想工作，讲清道理，切忌在大庭广众面前去揭短，让他们献丑，不自觉地把学生推到对立的一面，甚至把学生推上绝路。

（五）应培养学生良好的意志品质，提高学生的自我教育能力

中职学生自我控制能力差、缺乏意志力的表现，容易导致中职学生犯错误。这就要求教师在进行教育的过程中，应注意培养学生良好的意志品质，提高学生调节、控制情绪的能力，培养他们高尚的道德情操，引导他们善于从他人的角度去理解问题，避免一切从自身的利益出发片面地看问题而导致消极情绪的产生。

第三章 果蔬花卉生产技术专业基本教学法和教学媒体

【学习目标】
1. 了解教学法的概念及国内外分类研究。
2. 掌握常用教学法的概念、特点及应用要求。
3. 掌握果蔬花卉生产技术专业教学媒体的作用、主要类型和选用。

第一节 教学法概述

一、教学法的概念

教学法是教育研究者、教师和学生非常熟悉的词语，在实践中，一般都知道它是隐形存在的，因而其内涵及外延的显性理解却有差异。一般教学法源于两种教学实践：一是普通教学实践，二是学科教学实践。普通教学实践产生一般教学法，学科教学实践产生学科教学法和一般教学法。就一般教学法与学科教学法的关系而言，一般教学法是具体的学科教学法的抽象与概括，源于学科教学法，指导学科教学法。学者对教学法的定义，在各种关于教学理论的论著中有很多表述，在此仅列举一些有代表性的表述。

——凯洛夫1952年的《教育学》认为教学法是"教师的工作方法"。

——"教学法是引导、调节教学过程的最重要的教学法手段。它是教学中旨在实现课程（学科课程）所计划的教学目标，旨在接受一定的教学内容（教育内容、教材），师生所必须遵循的原则性的步骤。"

——"教学法是指教师在教学过程中为了完成教学任务所采用的工作方式和在教师指导下的学生的学习方式"。

——"教学法是为达到教学目的、实现教学内容、运用教学手段而进行的，由教学原则指导的，一整套方式组成的，师生相互作用的活动。"

——"教学法是为完成教学任务而采用的办法。"

——"教学法是教师和学生为实现教学目的、完成教学任务所采用的相互作用的手段和一整套工作方式。"

——"教学法，是在教学过程中，教师和学生为实现教学目的、完成教学任务而采取的教与学相互作用的活动方式的总称。"

——"教学方法是师生为达到一定教学目标而采取的相互关联的动作体系（包括内隐的即内部头脑的操作和外显的动作）。"

——"教学方法是为了达成一定的教学目标，教师组织引导学生进行专门内容的学习活动所采用的方式、手段和程序的总和；它包含了教师的教法、学生的学法、教与学方法。"

——"教学方法是在教学过程中教师指导学生学习以达到教学目的,由一整套教学方法组成的操作策略。"

——所谓教学法,就是单纯指教师课堂上教的方法,学生课外学的方法,即课内外教与学的具体方法,如讲授法、谈话法、读书指导法、演示法、实验法、实习作业法、练习法、参观法等。我国目前已出版的教育学、教学论教材大多将教学法局限于课堂教学情境或以课堂教学为中心去理解教学法。于是,教学法是指课堂教学中具体运用的讲授法、谈话法、练习法、实验法、演示法、讨论法等,这是狭义的教学法。

——对于掌握教学内容、完成教学任务、达到教学目的而言,一切原则、手段、途径都可称为教学法。这是比较广义的理解,连教学原则、教学组织形式也包括在内。例如,苏联奥德尼科夫和史姆比辽夫的《教育学》(1950年)将5条教学原则归属于"教学法"。20世纪50年代初,苏联的杜贺夫内伊著的《教学法原理》一书,就将教养与教育合一原则,系统性、科学性和连贯性原则,教学的直观性原则,教学的自觉性原则,学生积极性原则,注意学生的年龄特点与个别特点的原则,教学的巩固性原则等教学原则纳入教学法范畴。又如,我国台湾孙邦正的《普通教学法》一书(正中书局印行,1977年第3版)亦将教学原则看作教学法,我国大陆也有学者将因材施教、循序渐进、启发式、理论联系实际等教学原则,以及上课、辅导、现场教学、小组教学等教学组织形式,纳入教学法范畴。

综上所述,一是教学方法是为实现教学目的、完成教学任务服务的,因此它有明确的目的指向性;二是教学方法是由一系列的教学方式即教的方式和学的方式组成的;三是教学方法的表现形式既有外显的动作,也有内隐的动作;四是教学方法是教法和学法的辩证统一,不是教法加学法的总和。

吸收和综合以上表述,将教学法界定为:"师生为实现教学目标而采取的手段和行为方式。"

二、教学法的分类研究

教学法的分类研究,一方面是教学方法理论科学化的需要;另一方面是为教学实践服务,有利于教师选择和运用教学方法。关于教学方法的分类,由于各位教育家所持的分类标准不同,因而对教学方法的类别划分也就千姿百态,异彩纷呈。为了系统地把握各种教学方法,在此按照国内外类型分类,以资参考。

(一)国内的教学法分类

1. 新中国成立之前的分类

有的学者作了这样的分类:思想(考)教学、练习教学、欣赏教学、发表教学。这种分类也未说明分类的标准,主要是从心理活动、学习知识、陶冶情感、形成技能等角度去划分的。

2. 王策三教授的《教学论稿》观点

王策三教授认为,教学方法的分类最好是多角度分析或进行综合分析,包括:信息媒体是什么?师生怎样相互作用?认识的性质和水平如何?它有何种性能或功能?它适应的范围怎样?它的运用需要哪些条件?但王策三教授并没有进一步明确提出自己的分类。

3. 李秉德教授主编《教学论》中的教学方法分类

按照教学方法的外部形态，以及相对应的这种形态下学生认识活动的特点，把中国的中小学教学活动中常用的教学方法分为5类。

1）"以语言传递信息为主的方法"，包括讲授法、谈话法、讨论法、读书指导法等。
2）"以直接感知为主的方法"，包括演示法、参观法等。
3）"以实际训练为主的方法"，包括练习法、实验法、实习作业法。
4）"以欣赏活动为主的方法"，如陶冶法等。
5）"以引导探究为主的方法"，如发现法、探究法等。

4. 黄甫全教授提出的层次构成分类模式

黄甫全教授认为，从具体到抽象，教学方法是由三个层次构成的。

第一层次：原理性教学方法。解决教学规律、教学思想、新教学理论观念与学校教学实践直接的联系问题，是教学意识在教学实践中方法化的结果，如启发式、发现式、设计教学法、注入式方法等。

第二层次：技术性教学方法。向上可以接受原理性教学方法的指导，向下可以与不同学科的教学内容相结合构成操作性教学方法，在教学方法体系中发挥着中介性作用，如讲授法、谈话法、演示法、参观法、实验法、练习法、讨论法、读书指导法、实习作业法等。

第三层次：操作性教学方法。指学校不同学科教学中具有特殊性的具体的方法，如语文课的分散识字法、外语课的听说法、美术课的写生法、音乐课的视唱法、劳动技术课的工序法等。

5.《中国社会主义教育学》中的分类

对于目前我国中小学常用的教学方法，可以根据在教学过程中学生智力活动的水平及所要求的思维品质的差异和学生活动的独立性程度，分为逐渐升高的三大类：第一类包括讲授法、谈话法、演示法；第二类包括读书指导法、观察法、参观法；第三类包括讨论法、实验法、练习法、实习法。

6. 根据学生获取知识的主要来源和教学活动的方式分类

1）语言的方法：讲授法、谈话法、读书指导法等。
2）直观的方法：演示法、参观法。
3）实习的方法：练习法、实验法、实习法、作业法。
4）研究的方法：讨论法、发现法。

（二）国外的教学法分类

1. 桑代克教学法分类

分为读书教学法、讨论教学法、讲演教学法、练习教学法、实物教学法、实验教学法、设计教学法、表演教学法、自动教学法。对于上述分类，桑代克未指明分类标准，有专家认为它依据各种教学方法所使用的手段（工具）和动作，如读书、讨论、表演等，体现出从被动到主动，从简单到复杂，不断提高活动水平的性质。

2. 凯洛夫教学法分类

分为教师的讲述和讲演、教师跟学生的谈话、教师演示所研究的对象及所演示的各种实验、演示画片和图表、参观旅行、学生通过阅读教科书和其他书籍来掌握知识、学生的独立观察及实验室作业和完成各种实习作业、练习、检查学生知识的方法（口头检查、书面检查和实习检查）。一般认为，上述分类主要是依教学方法的常用性进行的。长期以来，我国许多教育学教科书中都沿用这种分类法。

3. 达尼洛夫、叶希波夫的教学法分类

①保证学生积极地感知和理解新教材的教学方法。②巩固和提高知识、技能、技巧的方法。③学生知识、技能和技巧的检查。这是根据学生掌握知识的基本阶段和任务，感知、理解、巩固、运用来划分的，而这种划分教学阶段的理论基础就是马克思主义认识论所揭示的认识的基本路线：从生动的直观到抽象的思维，并从抽象的思维到实践。前苏联教育界关于教学方法的理论研究十分活跃，有的突破了传统的分类方法。

4. 斯卡特金的教学法分类

分为图例讲解法、复现法、问题叙述法、局部探讨法、启发法、研究法。斯卡特金的分类主要是从学生认识活动的特点入手的，在一定程度上反映出层次性，即教学方法所涉及的学生活动的水平呈递增趋势。

5. 帕拉马尔丘克的教学法分类

分为知识的来源（实习、直观、讲述）、认识的独立程度（指导、启发、研究）、逻辑或智力活动（分析、比较、抽象、概括）。这种分类法称为"多度性"（多测度）或"多维法"。

6. 巴班斯基的教学法分类

分为分类依据是对人的活动的认识，认为教学活动包括三种成分，即知识信息活动的组织、个人活动的调整、活动过程的随机检查。把教学划分为三大类。

（1）组织和自我组织学习认识活动的方法　有口述法、直观法、实践法，这是根据教材的逻辑保证学生一定的思维活动的方法，根据学生如何掌握教材内容，从而保证学生获得教材知识的方法。

（2）激发学习和形成学习动机的方法　包括刺激学习兴趣及引起学习动机的方法、刺激学生学习义务以引起学生学习动机的方法。

（3）检查和自我检查教学效果的方法　包括口头检查法、直观检查法、实习检查法。

巴班斯基关于教学方法的分类是一种综合分类的尝试，所分出的三类方法均有其理论依据。具体言之，第一类方法是根据列宁关于认识论的原理。第二类方法是根据唯物辩证法关于内因与外因关系的原理，第三类方法是根据控制论的原理提出来的。

7. 筑波大学教育学研究会的教学法分类

筑波大学教育学研究会编写的《现代教育学基础》将教学方式分成教授方式、学习方式、教授和学习相互作用方式、社会组织方式4类，该书认为，教学方式是"在教学情境中，教师和学生为了教与学而展开的活动方式"。这里的教学方式与人们所讲的教学方法内涵十分相近。

8. 拉斯卡的教学法分类

分类的依据是新行为主义的学习理论，即刺激-反应联结理论（教学方法—学习刺激—预期的学习结果）。依据在实现预期学习结果中的作用，学习刺激可分为A、B、C、D四种，据此相应地归类为四种基本的或普通的教学方法（表3-1）。

表 3-1 拉斯卡四种基本教学方法比较

方法	学习过程的假设	教师作用	提供学习刺激	学生作用	运用的特定方法
呈现	基本上无意识地学习，不需要学生特别努力，大脑是容器，知识来自外部	选择并运用适当顺序呈现学习刺激	A 种刺激（前反应）	消极	讲授、图片、校外考察、示范等
实践	学生逐步达到预期目的，逐步完成学习任务，需要实践	确定学习题目和组织实践活动	B 种刺激（前反应）	积极	朗诵、训练、笔记本作业、模仿等
发现	学生经过努力突然发现预期学习成果，知识来自内部	组织和参与学生的发现活动	C 种刺激（前反应）	积极	苏格拉底法、讨论、实验等
强化	学生表现对学习结果的特定行为后，给予奖励或强化	提供系统的强化	D 种刺激（后反应）	积极	行为矫正、程序教学等

9. 威斯顿和格兰顿的教学法分类

依据教师与学生交流的媒介和手段，把教学方法分为四大类。

（1）教师中心的方法　主要包括讲授、提问、论证等方法。

（2）相互作用的方法　包括全班讨论、小组讨论、同伴教学、小组设计等方法。

（3）个体化的方法　如程序教学、单元教学、独立设计、计算机教学等。

（4）实践的方法　包括现场和临床教学、实验室学习、角色扮演、模拟和游戏、练习等方法。

综上所述，在对国内外教学方法的分类研究中，有分类前提的具有代表性的观点有以下几类。

——根据教学目的的不同，可将教学方法分为：增进知识、启发思想的方法，涵养情操的方法，养成技能法和适应个性法。

——按照教学方法的外部形态和这种形态下学生认识活动的特点划分：以语言传递信息为主的方法，以直接感知为主的方法，以实际训练为主的方法，以欣赏活动为主的方法和以引导探究为主的方法。

——根据师生共同活动的性质，可将教学方法系统分为：师生认识活动方法系统、师生实践活动方法系统、师生评鉴活动方法系统和师生交往活动方法系统。

——以教育者的哲学观划分：启发式教学类方法和注入式教学类方法。

——按照学生获得的各种学习结果划分：与获得知识信息有关的教学方法，与习得动作技能有关的教学方法、与习得智力技能、认知策略有关的教学方法、与巩固、运用知识技能有关的教学方法和与习得态度有关的教学方法。

——按学生掌握知识的深度划分：第一程度是能使学生掌握信息的方法；第二程度是能使学生具有运用知识的技能和技巧的方法；第三程度是使学生善于探究创造性活动的方法。

——按层次划分：操作性教学方法、原理性教学方法和技术性教学方法。

——综合分类：按教学方法对应的教育阶段，分为小学、中学和大学教学方法；按教学方法的功能和目标，分为德育、智育、体育、美育和劳动技术教育教学方法；按学科，分为社会科学、自然科学和其他学科的教学方法；按学生获得的学习结果，分为获得认知方面发展的、获得技能方面发展的和获得情意方面发展的教学方法；按教学方法操作主体，分为教师为主的、学生为主的和师生合作的教学方法；按教学方法适用对象的范围，分为个别、伙伴、小组和班级教学方法；按教学方法传递教学信息的流向，分为单向传输、双向对话和多向交流的教学方法；按教学方法的不同形态和性质，分为语言性、直观性、实践性、陶冶性和探究性教学方法。

第二节　果蔬花卉生产技术专业基本教学方法简介

职业教育的教学方法非常丰富，有适应理论教学需要的方法、适应实践教学需要的方法、适应生产实习教学需要的方法和适应创新与培养创业能力的方法等，这里主要介绍一些基本教学方法，如讲授法、讨论教学法、演示教学法、练习法、实验教学法等。

一、讲授法

（一）讲授法的概念

《现代汉语词典》将"讲授"解释为"讲解传授"。可见，在这个解释中，无论是"讲解"，还是"传授"都离不开教师，是教师讲解，教师传授。英语中"讲授"是"lecture"，这一词由古拉丁语"lecture"派生而来。意思是"大声朗读"。讲授全过程是指大家跟着一位解说员朗读课文。在英语解释中，同样可以看出，讲授是在教师的领导下，通过语言来传递和学习知识的。

讲授法，概括地说，就是教师运用语言向学生传递知识的一种方法。这种方法应用简便，容易被教师掌握，是果蔬花卉生产技术专业教学中常用的一种方法。

（二）讲授法的特点

1. 讲授法的优点

（1）利于发挥教师的主导作用　　教师可以经济有效、系统地传递信息。由于教师在讲授法教学中占主导地位，因此教师在课堂上利用讲授法进行教学时，能够在相对短的时间内传递大量系统化信息，有利于学生系统地接受和继承人类文化遗产。又由于教师可以同时面对许多学生讲授，使讲授法成为一种非常经济的传承手段。教师能够有效地控制课堂。教师在传授知识时，由于能够主动驾驭知识，对课堂教学的全面管理有较强的控制力，信息的传递可以由易到难、由浅入深，教师可以及时发现课堂进程中的问题，针对有关情况随机应变，对内容、方法及进程都可以做出相应的调整，以保证教学目标的实现和促进学生的发展。

（2）应用范围极其广泛　　一是不受学科、年级的限制。讲授法能适用于各层次、各年级、各学科的教学之中，其他各种教学方法实际上都是在讲授的基础上，或围绕讲授而结合进行的，并由讲授居主导地位。例如，演示法必须伴有讲授；实验法进行必须在教师讲授指导下进行等。因此，讲授技能是教师运用教学方法的基本功，也是提高课堂教学质量的重要手段。二是不受地域的限制。不管是在现代化信息技术高度发达的城市学校，还是在偏远落后的山区学校，教师都可以利用现有的条件进行较为有效的讲授。

2. 讲授法的缺点

（1）不利于发挥学生的主动性　　由于在讲授法教学中，教师占主导地位，教师对课堂有极强的控制力，学生很容易处于被动的地位。因此，教师与学生、学生与教材、学生与学生之间的交流极少，不利于发挥学生的学习积极性和主动性。同时，由于教师运用讲授法教学，面向全体学生，较难照顾学生的个别差异。因此，不利于发挥个体的学习积极性和主动性。

（2）操作不当容易走向"填鸭式、注入式、满堂灌教学"的误区　　讲授法自问世至今，对它的批评、指责和否定始终不断，究其原因，皆因历史上讲授法的确出现过严重的缺陷，诸如"填鸭式、注入式、满堂灌"等做法的讲授法教学，已经和这种方法的真正意义相差甚远。尤其在我国长期的教育实践中一直奉行的是原"苏式"的"五段教学法"，将其机械地照搬和运用作为教师上课的必备原则，致使一部分教师的教学逐渐走向极端，一切课堂中的活动皆以教师为中心，学生渐渐失去学习的主动性和热情，被当作容器接受教师的"知识奉献"，最终是"知识灌输"。所以，对每一位教师来说，在充分运用讲授法教学时，要尽可能地采取一切可能的措施来避免讲授法的缺点，以便发挥它在教学中的优势。

（三）讲授法的运用要点

1. 教学内容必须具有科学性、思想性和系统性

讲授必须紧扣教学内容的主题，选准教学内容的逻辑起点；从教学内容的逻辑起点开始，按照教学内容的内在逻辑关系递次推进、逐层展开，直至到达逻辑终点为止。

2. 在讲授过程中要突出教学内容的重点并注意语言的运用

对于需要学生做笔记或对学生的理解具有启示作用及对知识体系起框架支撑作用的教学内容，在讲解时要放慢语速并注意配合板书，做到讲写同步。语言要有条理性、准确性、简练性、生动性、启发性和节奏感、韵律感、亲切感。特别是对为了引起学生注意需要格外强调的教学内容和语句中的关键词、逻辑重音字及语气词，一定要发音洪亮，显出力度，富有情调。

3. 注意使用教辅手段

为了使教学内容具有直观性，可适当地使用教学挂图、投影图片、幻灯图片、电子课件（如多媒体课件）等辅助教学手段，但不能疏于讲解或忽视讲解的作用。在讲解教学挂图、投影图片、幻灯图片、电子课件（如多媒体课件）的过程中，一定要讲到哪指到哪，做到指示准确到位。

二、讨论教学法

（一）讨论法的概念

讨论法又称课堂讨论，是在教师指导下，由全班或小组成员围绕某一中心问题发表自己的看法，从而进行相互学习的一种方法。讨论教学法是根据知识要点拟定讨论课题，大家研究探讨，切磋琢磨，集思广益，共同提高的一种教学方法。

（二）讨论法的特点

1. 给学生以更大的自由度

以往的教学只引导学生遵循同一标准、同一途径、同一模式，以求达到同一目标。这种方法，在教育心理学上称为"求同式"，或者称为"集中式"。如果是同一标准，那只能按学生的平均程度进行"同步"讲授，根本做不到因材施教，更谈不到创造性的能力的培养。与此相反的方法，那就是引导学生"求异"。"求异"式或者称为"开放"式，它给学生以更大的自由度，为学生创造一个适于他们各自发挥其独特才能的机会与场所，使学生能够成为学习的主人。

2. 突出教学相互作用

在学生集体学习和讨论中，每一个学生既是主体，又是客体。在整个教学过程中，教学目标能否实现，教学目的能否达到，最终取决于这个主体内的相互作用。在教学过程中，讨论式教学的主体只能是学生，教学的焦点必须放在学生身上。教师与学生之间也存在着人与人之间的相互作用。作为教育者，尽管在与学生之间的相互作用中处于客体的地位，但教师始终是实际教育目标的组织者和领导者。在教学过程中，教师应该想方设法来创造符合教学要求的学习环境和条件，发挥学生主体作用，让学生通过自己阅读、讨论，甚至是争论，开展积极的思维活动。学生学习越主动，表明教师的主导作用发挥得越好。

（三）讨论法的应用程序

1. 创设情景

这一环节是课堂教学的开始，或称为准备阶段。创设情境，巧妙地导入新课，引导主体参与到情境中去，调动其学习上的自觉性、主动性。教师在引入新课时，要注重情感引导，要充满热情，满怀激情地面向全体学生，营造平等、民主、和谐的教学氛围。

2. 设计问题

学生的思维一般是从对知识的质疑问难开始的，即意识到问题的存在是思维的起点，而创造力正是从发现问题开始的。教学过程本身是一个不断提出问题、分析问题、解决问题的动态变化过程。以问题的不断出现与解决作为组织课堂教学的主线，作为推动学生对历史知识的认知内驱力，诱发其探索与求知的欲望，调动其思维的积极性。在课堂教学中教师可根据学生的水平差异，引导学生自己探究，从多角度、多层次发现问题，创设思维情境，或教师依据教学重点、难点构建一系列由浅入深的阶梯形问题，让其既符合引导学生思维向纵深发展，又在探求方面、思维深度诸方面取得异乎寻常的突破。

3. 合作讨论

教师从突出重点、解决难点教学目标出发，将学生划分为若干小组，让学生结合课前预习，带着问题阅读教材，收集信息，开展集体讨论。在讨论中人人畅所欲言，各抒己见，互相启发，拓宽思想，取长补短，从而激发学生的主动性、创造性。在讨论的基础上，由小组推出一名代表作中心发言或修正补充，这样，学生就由单纯、机械地接受知识，转变为知识的传播者。生动活泼的学生语言较之教师的语言、思维，更能为学生所接受。在课堂讨论中，教师不再是知识的传播者，而是聆听者、课堂教学的观察者。教师要通过鼓励性的言行对学生给予正面回应，充分挖掘每一个学生的潜力，鼓励学生自我表现，大胆创新，以确保大多数学生真正参与教学全过程。经过课前充分准备、课上讨论，学生对教材的把握比以前更深入准确，而课堂讨论又锻炼了学生的口才，活跃了思维。同学之间在讨论中互相探讨，共同磋商，取长补短，既增强了互相间的团结合作意识，又提高了分析问题、解决问题的能力，也有助于形成科学的历史观和人生观。这是一个充分发挥学生主体地位的最佳时机。

4. 点拨释疑

在分析现象、探究原因中，各人观点不同，可以说是仁者见仁，智者见智。教师对于学生的讨论、质疑必须进行适当、明确的点拨和讲解，引导学生掌握正确的立场、观点、方法来分析问题，有一个正确的思路。教师教给学生一种学习策略，鼓励学生积极参与，因势利导，调整教学效果，以便把学生对知识的探索引向既定目标，从而启迪学生思维，更深入地掌握、理解知识。在尊重学生思维的基础上，教师也可适当介绍当前学界对此的争议、不同的观点，以提高学生的兴趣，开拓学生的思路，发展学生的发散思维，真正做到教学相长，使学生成为学习的主人。点拨释疑的过程正是培养学生发散思维能力的过程，也是教师的教学才能充分展现的过程，又是教师通过循循善诱的启发，引导学生步步深入知识殿堂的过程。释疑过程中教师要胸有成竹，统揽全局，控制课堂气氛，及时调整自己的教学方式，追求最佳教学效果。

5. 反馈总结

学习的效果，体现在会不会运用，会不会创造。在教学活动中，教师应及时了解学生学习的情况，精心设计新颖灵活的题目，力求题型多样，难易适度，既要注重对基础知识的巩固，又要注重学生的迁移能力、创新能力的训练，从而掌握课堂教学效果，适时调整补充，不失时机地总结概括评价，使学生对教学内容形成一个整体有序的认识系统。教师要从知识大环境、大背景出发，居高临下，才能使学生看得更远，想得更深，培养学生观察认识问题和独立思考的能力。同时还需重视运用基本观点、方法分析教材，引导学生把感性认识上升到理性认识。

三、演示教学法

（一）演示教学法的概念

演示教学法是指教师在课堂教学中以教科书或讲义为主要教学材料，运用教具或教学仪器进行表演和示范操作，利用样品、标本、模型等实物和各种挂图、音像资料向学生提供感性材料，并指导学生进行观察、分析、归纳以获得知识与技能的一种教学方法。演示教学法的最大优点是特别有利于对学生的发现意识和观察能力的培养。在演示过程中通过教师的引导，还可以使学生逐渐掌握科学研究的一般方法。

（二）演示教学法的特点

1. 使学生获得感性认识，形成正确概念

人们认识客观世界是从感觉和知觉开始的，没有正确的感知觉，就不可能认识事物的本质和规律，也就不可能获得任何知识。教师结合教学内容采用演示教学法，向学生出示有关的直观材料，使学生通过直接和间接直观材料的感知而获得感性认识，并上升

到理性认识，形成正确的概念。

2. 唤起学生学习动机，提高学生学习兴趣

学习动机是指直接推动学生进行学习活动，达到某种目的一种内部动力。学生对知识的兴趣，是唤起学生学习动机的重要因素，要使学生产生学习兴趣，必须使学生在学习中得到乐趣，因为一个对学习兴趣浓厚的学生，在学习过程中能贯注全部热情，津津乐道。教师演示各种直观手段时，直观手段的鲜明性、生动性、真实性，有助于集中学生的注意力，提高学生的兴趣。

3. 利于学生观察力、思维能力、想象能力的培养

演示教学法为学生提供了大量观察物体的条件，并要求学生认真、仔细观察，积极思考，使学生学习到观察物体的具体方法。例如，植物的外形、内部结构的观察法，种子剖面图的观察法，比较植物体的器官间、组织间的区别观察方法等。挂图、模型演示了生物体的真实描绘，使学生从中认识真实的生物体，从而培养学生思维能力和丰富的想象力。

（三）演示教学法的要求

教学内容必须具有可演示性，即便于进行模型化处理，或者说能够运用实物、几何模型、物理模型、逻辑模型、计算机数字仿真模型、计算机图形仿真模。对于不适用演示教学法的教学内容，必须运用文字说明或口语讲解的方式加以补充，以确保教学信息的完备性。运用演示教学法要特别注意引导学生以发现者的心态和眼光，观察在演示过程中出现的各种形态、现象、性状和特征；对演示过程的讲解、阐释或说明不仅限于演示过程本身，更应注重于启发学生积极发现问题、思考问题和寻求解决问题的途径；演示结束时，还应对在演示过程中出现的各种形态、现象、性状和特征进行深入的相关分析，然后通过归纳与综合概括出反映事物本质的运动规律。

四、练习法

（一）练习法的概念

练习法是指学生在教师的指导下，依靠自觉的控制和校正，反复地完成一定动作或活动方式，借以形成技能、技巧或行为习惯的教学方法。其方式主要有问答练习法、作业练习法、实践操作法等。练习法对于巩固知识、引导学生把知识应用于实际、发展学生的能力及形成学生的道德品质等方面具有重要的作用。

（二）练习法的特点

练习法以实践活动为主要特征，不仅有利于知识的巩固、形成技能，而且可以培养学生认真负责的工作态度和克服困难的精神。练习法适应性强、应用广泛，是培养基本技能的主要途径，是训练学生手脑结合、发展智力技能和动作技能的重要方法。练习过程在学生的学习活动中是把知识化为技能、技巧的过程，是把单一的知识内容经过思维训练和能力培养变成综合能力的过程，有助于学生将理论与实践相结合，提高学生的综合能力。

（三）练习法的基本要求

教师要让学生明确练习目的，掌握练习的步骤和方法，以调动参与练习的积极性、自觉性、主动性。在学生进行练习前，教师要讲清练习的方法步骤并提供示范，使学生获得生动的表象，然后让学生亲自实践，反复体验，形成技能。教师要对练习的结果及时进行评价。及时评价有利于在课堂信息的传播中形成反馈回路，便于学生及时调控和纠错，使学生的印象更为深刻。此外，在学生练习时，教师的巡回指导和检查十分重要，可以发现个别问题并及时加以纠正，对于出现的共同性问题教师要当堂讲清。

五、实验教学法

（一）实验教学法的概念

实验教学法通常是指学生在教师的指导下，使用一定的实验设备和实验材料，采取一定的操作步骤，在操作过程中引起实验对象发生某些变化，观察这些变化的现象，从中获取新知识或验证已经学过的知识的行为方式。

实验教学法有利于培养学生的职业能力和综合素质。由于实验教学法在实验设计的过程中，强调以任务为主线，以工作岗位为基础，将学生置身于一种与他们未来所从事的工作相一致的教学环境中，使得学生能够更真实地认识和了解未来的工作环境，在实践中，提高学生的实践操作能力。同时，由于整个实验组织形式是以学习小组为单位，使得学生在团队合作中更好地理解在工作中的分工协作，找准自己的位置，从而更有利于培养学生的职业能力和综合素质。

实验教学法也有利于培养学生的学习兴趣和主动参与意识。在整个实验教学中，由于整个实验过程主要由学生自主参与完成，给学生提供了一个自主学习的空间，更充分地体现了以学生为主的自主学习。因而，极大地激发了学生的主动参与意识，使学生从中享受到自主学习的乐趣。

（二）实验教学法的特征

实验教学法通过课内外的练习、实习等一系列以学生为主体的实践活动，使学生巩固、丰富和完善所学知识，培养学生解决实践问题和多方面的实践能力。

实验教学法第一个重要特征就是强调学生的主动参与。学生在一定条件下自主进行实验，在整个实验过程中，特别强调学生的自主参与意识和自主参与行为。我国古代思想家、教育家孔子曾经说过："讲给我听，我会忘记；指给我看，我会记住；让我去做，我会理解。"

实验教学法另一个重要特征就是，在实验设计中，强调以工作任务为主线，一个实验设计本身就是一个工作岗位上的实际任务，因此，实验教学的过程也是对职业岗位再认识的过程，通过一项实验过程培养和提高学生在某项岗位的工作能力，提高其实践动手和动脑的能力，即关键的综合行为能力。

实践教学第三个重要特征是，允许学生在实验中犯错误。即使实验失败了，也可以寻找错误的根源（基本假设或实验误差等），分析造成误差或错误的原因。这样有助于增强学生的记忆，加深对实验的认识和理解。

（三）实验教学法的实施过程

在以行动导向为理念的职业教育教学中，实验教学法不仅注重培养学生的实践操作、专业能力，还注重教会学生分析问题、解决问题的方法。按照德国行动导向法的解释，现代实验教学法在实施的过程中包含以下6个步骤。

1. 提出问题

即对问题的定位和阐明。给定一个任务，本过程以教师为主，主讲教师要根据自己所讲授的课程要求与其他课程的联系，在限定的教学时间内，设计相应的实验内容；同时，主讲教师还要收集与实验内容相关的材料，给学生讲解并提供背景知识。对学生而言就是获取任务，确定目标。研究表明，实验教学的效果取决于初期定位和引导问题，否则将达不到一个比较好的教学效果。

2. 提出假设

把期待的结果描述成准备检验的假设。本阶段是一个比较特殊的阶段，主要由学生来完成。学生根据实验任务，以及教师介绍的背景知识，来查找资料、分析问题、提出假设。假设是设定一个现象存在的情形，同时去判断现象存在的原因。

3. 制订实验计划

设计实验方案，计划工作步骤，解释并介绍实验装置、实验场地等。

4. 实施任务

按照计划准备实验装置、完成实验并书写实验报告。根据小组制订的实验计划，各小组成员分工协作，完成各自的工作任务，在执行的过程中有时也会出现一些不协调或者技术上的问题，小组成员要在一起讨论、分析、共同拟定解决问题的方案，最后完成实验，写出实验总结或实验报告。

5. 检查验证

通过最后的实验结果对最初的假设进行验证、修正和评价。在本阶段，可以根据学生不同的能力，设计不同的验证方法。例如，可以用数学的方法来验证实验结果，也可以把实验结果归纳成为理论，但是，这个过程有一定的难度，可以根据具体情况在教师的指导下完成。

6. 效果评估、评价

本过程由两部分组成。一部分由教师来完成，主要是对小组成员在整个实验过程中的综合表现进行评价，如小组成员的组织配合、个人表现等，当然也包括整个实验过程中的技术问题，如实验设计的程序、实验实施过程等。另一部分由小组内成员来共同完成，主要是对小组成员在整个实验过程中的技术程序进行评估和评价，如假设提出的可信度、实验设计的合理性、实验操作过程的技术性、实验结果的可靠度等。效果评价，评价只针对实验结果本身，而不是对学生进行分数评价。

第三节 果蔬花卉生产技术专业的教学媒体

一、教学媒体的概念、分类及作用

（一）教学媒体的概念

媒体是指承载、加工和传递信息的介质或工具。当某一媒体被用于教学时，则称为教学媒体。教学媒体作为教学内容的载体，是教学内容的表现形式，是师生间传递信息的工具。教学媒体有广义和狭义之分。广义的教学媒体是指承载和传递教学内容的介质，包括教师、黑板、教科书、教具和模型等传统教学媒体，同时也包括幻灯、电影、广播、教育电视、计算机、多媒体、网络等现代教学媒体，即一切可承载和传递教学信息的人、物和技术都属于教学媒体；狭义的教学媒体是指可承载和传递教学信息的现代电子媒介和技术，主要包括幻灯、电影、广播、教育电视、计算机、多媒体、网络和虚拟现实技术等，即现代教学媒体。

（二）教学媒体的分类

随着科学技术的发展，教学媒体的种类越来越多，性能也越来越好。由于出发点不同，对媒体的分类也不同，归纳起来，大致有以下几种情况。

1. 根据接受信息的感觉器官分类

（1）听觉型媒体　　如口头语言、录音、广播等。

（2）视觉型媒体　　如教科书、板书、板画、挂图、模型、标本、幻灯、投影等。

（3）视听型媒体　　如配录音的幻灯、电影、电视等。

（4）交互型媒体　　如程序教学机、计算机辅助教学系统等。

2. 根据教学组织形式的需要分类

（1）课堂展示媒体　　黑板、投影、录像等。

（2）个别化学习媒体　　印刷品、录音带、教学软件等。

（3）小组教学媒体　　图片、投影等。

（4）远程教育媒体　　广播、电视、计算机网络等。

（5）根据印刷与否可分为　　印刷媒体（指各种印刷资料，如教科书、图表、辞典、报纸、杂志等）与非印刷媒体（泛指各类非印刷的视听材料，如幻灯片、投影片、录音带、电影片、录像带、计算机软盘等）。

（6）根据媒体发展先后顺序分为　　传统教学媒体与现代教学媒体。

（7）根据传播过程中信息流动方向分为　　单向传播媒体与双向传播媒体。

（8）根据媒体的物理性质分为　　光学投影教学媒体、电声教学媒体、电视教学媒体与计算机教学媒体。

（三）几种常见教学媒体及其优缺点的比较（表3-2）

表3-2　几种常见教学媒体及其优缺点的比较

媒体	教学中的优势或在教学中的积极影响	教学中的不足或消极影响
非投影视觉媒体	（1）学生可以自定步调进行学习。课程材料可以按不同的方式进行设计，以便进行个别化教学或自学 （2）使用方便。学生可以自由选择，从容研读，并可在材料上做出标记、注释以便日后查阅。教师和学生都可以随时用来复习和参考 （3）制作成本低，易于分类，保存、修改和分发 （4）教科书、学术著作的出版，通常都经过严格的审定，一般具有较高的水平，学术上可以信赖，信息量大	（1）印刷制作的周期较长，信息不能及时迅速传播 （2）不能表达运动的画面 （3）主要用文字表达，抽象程度较高，需要一定的阅读基础

续表

媒体	教学中的优势或在教学中的积极影响	教学中的不足或消极影响
投影视觉媒体	(1) 价格便宜，重量轻；易于操作、管理和贮藏 (2) 便于大量复制、分发 (3) 编制简单，易于掌握	(1) 幻灯片易污损 (2) 室内光线会影响画面的清晰度
听觉媒体	(1) 听觉媒体是比较便宜的教学媒体 (2) 听觉材料容易得到，使用简单 (3) 因失明或没有阅读能力的学生，可通过听觉媒体来学习 (4) 听觉媒体可以提供比印刷材料更富戏剧性的口头信息 (5) 许多学生都有自己的录音机，而且可以用电池供电，便于各种场合的学习 (6) 便于复制，需要多少就可复制多少	(1) 听觉材料的表述顺序基本上是固定的 (2) 单纯听录音，没有视觉材料相配合时，不容易使学生较长时间地集中注意力 (3) 如果学生的听觉技能和经验背景同学习材料相差很大时，不容易确定一个合适的提供信息的步调 (4) 由教师来制作听觉材料，质量难以保证
视听觉媒体	(1) 可以将运动画面和声音结合在一起，同时作用于两种感觉器官，可促进更有效地学习 (2) 采用特殊的视觉语言，能增强学习效果，克服学习中的局限性，在表达感情的材料中更能增加对学生的感染力 (3) 可重现过去、展示过程 (4) 提供了连续动作，将思想与行动结合在一起	(1) 信息是单向传播的 (2) 学习者不能在行为上参与教学活动，比较被动、消极 (3) 所有的学生都接收相同的信息，并按计划严格安排 (4) 设备价格较昂贵
综合媒体	(1) 使用计算机教学有利于激发学生的学习动机 (2) 色彩、音响、动画图形和图像能够增加真实性，并能够使练习、实验、模拟等教学活动具有更大的吸引力 (3) 对学生的行为激发高速的个别化反应，能产生高比率的强化 (4) 利用计算机的储存能力能够将学生过去的操作行为记录下来，在计划下一步学习时使用 (5) 计算机所设计的耐心的、个性化的教学方式为学生提供了一个积极有效的气氛，特别是对那些后进的学生作用更大 (6) 计算机能够进行个别化教学 (7) 更多的信息资源很容易由教师和学生使用和支配	(1) 购置硬件的费用比较贵 (2) 计算机的种类繁多，各有差异，造成计算机的使用及保养的困难 (3) 缺乏高质量的教学软件 (4) 在计算机辅助教学中，学生按照计算机所安排的程序学习，不利于培养学生的创造性及解决问题的能力 (5) 进行计算机辅助教学，教师必须事先接受有关计算机技术的培训

（四）教学媒体在果蔬花卉生产技术专业教学中的作用

随着现代信息技术与课堂教学整合的深入发展，教材的类型及其载体形态发生了巨大的变化，印刷方式的课本不再是唯一的教学信息载体。新兴的数字化教材以其信息表现的多元性、集成性、可控性，信息内容的开放性、共享性，以及通达手段的交互性、非线性，从根本上改变了"教材"的传统定义。教学媒体的变化，不仅提高了教学信息的质和量，而且使教学信息本身的组织结构、传播方式、加工处理、授受过程发生了变化。这种变化对中职课堂教学带来了根本性变革。果树花卉生产技术专业教学过程中大量运用以计算机多媒体技术、信息技术和网络技术为核心的现代教学媒体，能提高教学质量和教学水平，提高学生认知水平的发展。

1. 充分发挥学生的主体作用，活跃课堂气氛，激发学习兴趣

现代教学媒体在中职教学中的广泛应用，从根本上改变了传统教学中的教师、教材、学生三点一线的格局，学生面对的不再是单一枯燥的文字教材和一成不变的粉笔加黑板，呈现在学生面前的是图文并茂的音像教材、视听结合的多媒体教学环境，使得传统教法中抽象的书本知识转化为学生易于接受的立体多元组合形式。例如，在应用技术类课程中引用一些人为的符号、图形和思维方式，有助于学生形象思维能力和空间想象能力的培养。因此，在整个教学过程中运用多媒体技术，充分调动学生视觉与听觉功能，对大脑产生多重刺激，才能达到较好的学习效果。又如在介绍种子萌发生长过程时，其生长时内部情况是看不到的，此时采用多媒体课件进行演示，可看到胚芽内部在生长时的情况，观察胚芽生长、叶片形成、出土、展开的各个过程变化情况，学生看到了平时难以触摸的内部情况，达到身临其境、栩栩如生的效果。由于多媒体技术能够灵活、动态地进行图形、图像的变换，因此利用多媒体进行诸如植物在四季生长的实境、生殖系统的形成和发展、果实的逐步形成、季节交替变换等教学内容的演示，进行图片分解演示分析或动漫展示，都能方便地多次重复再现整个生长过程，使学生一目了然，改变理论教学中存在的枯燥乏味现象。

2. 多方位地提高学习效果

现代教学媒体集声音、图像、动画为一体，传递教学信息量大，能大大提高教学效率。此外，对于果蔬花卉生产技术专业教学中一些操作性较强的课程，现代教学媒体发挥着传统媒体难以起到的作用。例如，利用计算机仿真教学软件，可以模拟现实，以形象生动、身临其境的效果，达到教学、训练双重目的。学生可以在这一虚拟的现实环境中进行交互作用，其交互作用的结果与学生在相应的真实环境中所体验的结果是基本相似或相同的。例如，运用电脑设计一个虚拟农场的园艺作物生产作业过程，有一台电脑和一套仿真软件就相当于有一个设备先进的虚拟的生产实训基地或者实验室，利用虚拟实践过程和实验，让学生可以直观地感知生产实际过程，可学习掌握耕地、打垄、作畦、浇水、播种、镇压、苗期管理、施肥喷药、中耕锄草、收获等一系列农业生产技术理论，做虚拟实践生产实验，进行作业方案设计，生产农具的展示与应用。还能提供园艺产品的再加工和包装、运输、销售等情景，这些特有的生产过程直观性教学演示，能使学生加深对果蔬花卉生产全过程的理解。

3. 切实解决教与学的时空限制

现代远程教育手段赋予了教与学的概念新的内涵，给教育带来深刻的变革，促使教育突破时空的限制。随着网络宽带的提高，在中职教学中，充分利用学校已建立的网站、网络教材、良好的界面进行网络教学，利用电子教室、网上图书馆、远程仿真实验、电子公告栏、聊天室、电子邮件等方式加强学生之间的互动、师生之间的信息沟通，达到合作学习的效果。在教学中教师可根据教学的需要或学生感兴趣的内容开设一些讨论专题和聊天室，让学生进行讨论，以加深对课程内容的理解。将一些较好的学习软件、练习、测试题目保存于服务器中，让学生能根据不同的学习内容和学习目标随时调出来进行学习，以弥补课本内容的不足。

二、果蔬花卉生产技术专业教学中媒体的选择与运用

（一）教学媒体选择的基本原则

从黑板、粉笔、教材到多媒体计算机、互联网，随着科学技术的发展，教学媒体的种类越来越多，功能也越来越强大。面对丰富多彩、功能各异的教学媒体，至今还没有一个简单明了的公式或表格能将任何特定教学媒体和某一具体课程目标相配合。但经过专家研究和教师应用，提出了教学媒体选择时应遵循的几条基本原则。

1. 发展性原则

发展性原则就是要求选择教学媒体时，遵循教学目标的要求，从学生身心发展需要的角度出发，科学地选择教学媒体，促进学生各方面的发展。同时应注意每种媒体有一套充分发挥其功能的固定法则，如果使用不当，不但会影响教学媒体教学功能的发挥，还有可能会影响学生身心的健康发展。

2. 综合性原则

所有媒体都有其长处和短处，没有某一种媒体永远优于其他媒体，也没有哪一种媒体能解决所有的教学问题。综合性原则要求在选择教学媒体时，要避免单一，应综合、多样，互相补充使用。综合使用多种教学媒体就可以取长补短，充分发挥教学媒体的整体功能，满足教学的需要。

3. 经济性原则

选择教学媒体时应考虑教学媒体的投资效益，尽量降低成本，少花钱，多办事。价格昂贵、构造复杂的媒体不等于教学效果好。应选用那些能达到所期望的教学目标且最便宜的媒体。对此，联合国教科文组织21世纪国际教育委员会曾郑重提出，虽说书籍不再是唯一的教学工具，但它在教学中仍保留着中心地位；它辅助教师上课，同时又能使学生复习所学的知识和获得独立自主的能力，它仍是最便于使用和最经济实惠的载体。

4. 教学最优化原则

教学最优化原则要求把选择教学媒体的过程放在整个教学设计中，对教学的各个方面进行充分系统的分析。包括明确教学目标和任务；分析教学内容的特点、结构、逻辑联系、重点和难点及其教学意义；了解学生的年龄特征、学习习惯和个性特点；认识教师个人的教学风格和教学能力；熟悉学校的教学设备和教师的环境条件。其次是充分认识各种教学媒体的特征、功能及其发挥积极作用的主客观条件。协调教学媒体与教学的其他方面的关系，使教学媒体的功效服从于整体教学设计，以取得最佳教学效果。

（二）教学媒体选择的依据

每一种媒体都有其独特的特点和作用，大多数媒体选择模型的提出者都认为，不存在一种普遍优于其他媒体的媒体，也不存在一种对一定学科和目标十分有效的媒体，最优媒体的选择只能针对具体的教学目标和教学情境。

1. 教学目标

选择教学媒体时，首先要考虑教学所要达到的目标和任务，媒体间最显著的差异在于媒体与学生相互作用的性质，教学目标是侧重于认知、情感或是动作技能，所适用的

媒体就会不同。比如，具有呈现文字或声音的言语材料功能的媒体适用于陈述性知识的学习，而当学习涉及空间安排或时空顺序的具体概念时，图片、图形则是有效的教学媒体；学习动作技能需要能给学生提供反应正误反馈的仪器，而态度学习和改变的教学选择媒体时，包括有人活动的影视和动画媒体将成为主要考虑对象。

2. 学习者的特征

选择媒体时学生变量是必须考虑的，具有不同学习方式、不同学习能力倾向和不同个性的学生，可从适合的媒体中受益。其中阅读理解能力和阅读倾向偏好是选择教学媒体必须考虑的重要因素，对阅读能力较差、无阅读偏好的学习者，图片、图形、图表或画面比书面语言表达能更迅速、更有效地传递学习内容。

（三）果蔬花卉生产技术专业教学过程中媒体的运用

现代教学媒体之所以能在教学中发挥重要作用，是因为它们较之传统教具具有独特的功能。各种教学媒体既有共性，也有各自的特性。媒体应用是灵活的、可替代的，同样的教学目标可通过不同的媒体实现。每种媒体都有各自的优势和劣势，使用效果最好的"超级媒体"是不存在的，各种媒体在不同的教学环境里，对不同的学习者而言，其效果也不尽相同。因此在教学中要应用好媒体，就必须首先了解和掌握各种媒体的基本特性。

鉴于各种媒体具备不同特点，各自都有自己的适应性和局限性，且往往一种媒体的局限性又可用其他媒体的适应性来弥补，因此，在可能的条件下最好采用多种媒体进行组合教学，以使各种媒体扬长避短，互为补充。例如，电视录像在表现动态情景上占有独特的优势，但在表现静态放大画面时却不如幻灯投影，若二者结合使用，便既能表现动态场景，又能表现静态放大画面。

第四章 果蔬花卉生产技术专业教师的基本教学技能

> 【学习目标】
> 1. 理解教学设计的内容和程序,结合课堂学习经历,分析教师的课堂教学设计。
> 2. 理解课堂导入的作用和原则要求,掌握课堂教学导入的基本方法。
> 3. 理解课堂强化的功能,学会把握课堂强化的时机,能进行课堂强化类型的应用。
> 4. 理解课堂组织和结束的作用、原则,能结合实际进行课堂组织和结束的应用。
> 5. 理解教学评价的功能、类型,掌握教学评价的方法。

第一节 教学设计技能

教学设计是教学理论向教学实践转化的中间环节。一般认为教学设计就是运用有关理论知识和经验,根据教学对象的特点和要求,来分析教学中的目标与任务,系统、优化地安排教学诸要素,形成教学方案的系统过程。

教学设计的一般程序主要包括 4 步:第一步为"现在在哪里?"即学习者已有水平;第二步为"要去哪里?"即教学目标的设计问题;第三步为"如何去那里?"即教学方法与媒体的选择问题;第四步为"是否到达了那里?"即教学评价问题。这是完整的课堂教学设计的环节,更是相互联系、相互制约的逻辑序列,如图 4-1 所示。

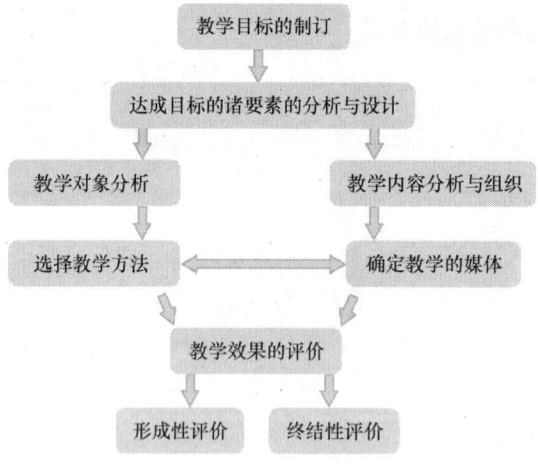

图 4-1 教学设计程序

教学设计的内容有:学习者的分析,教学目标的分析、制订与陈述,教学内容的分析,教学方法的确定,实施教学评价。

一、对学习者的分析

1. 对学习者分析的内容

一般来讲,教学对象分析就是确定学生的学习准备和起始状态。学生的学习准备和起始状态是学习的内部条件，是教学的起点，确定学习者的学习准备是教学设计的一个必要环节。一般来说学习者分析包括学习态度、起始能力和知识背景的分析等因素。

（1）学习态度分析　　学习态度是指学习者对学习较为持久的肯定或否定的行为倾向或内部反应的准备状态。在学习中，往往表现出趋向与回避、喜爱与厌恶、接受与排斥等，如"该学生学习目的明确"或"学习主动积极"。国内外学者的研究表明：学习态度与学生的学习效果密切相关。教师可以通过观察、查阅资料、问卷调查、开座谈会等方法对学生的学习态度进行分析和了解。

（2）起始能力分析　　任何学习者都会把原有的技能代入新的学习过程中，学习者原有的技能称为起始能力。学习者的起始能力是教学的起点，是教学设计的重要依据。有关教学任务的分析中，教师要明确教学目标属于哪一层次的学习结果，为得到这样的结果，学生必须具备哪些次一级的能力。

（3）知识背景分析　　同样，学习者进行新的学习活动都离不开已有的知识基础，学习者已有的知识基础称为知识背景。新的学习结果的达成要依赖于学习者已有的知识背景，通过认知结构中新旧知识的相互作用而获得。分析学习者的知识背景，主要是分析认知结构中原有知识的稳定性、清晰性和可利用性。

2. 对学习者分析的应用案例

例如，在"园艺植物病虫害防治"课程设计中学习者的分析可以表述为：本课程授课对象为果蔬花卉生产技术专业的学生，学生的文化基础知识薄弱，缺乏学习兴趣，目标不明确，没有养成良好的学习习惯，学习的自制力差，在上一阶段的教学中已初步养成上课积极参与讨论、踊跃回答问题的学习习惯，能围绕给定问题积极思考，但是阐述问题和发现问题的能力稍差。本课程以植物、土壤肥料等先导课程为基础，为植物栽培养护、花卉生产技术、苗木生产技术等后续课程提供依据。

二、教学目标的分析、制订与陈述

（一）教学目标的分析、制订

教学目标是预期学生通过教学活动获得的学习结果。在教学设计中，教学目标要着眼于学生的行为而不是教师的行为，要描述学生的学习结果而不是学习的过程。

心理学家从不同的角度出发对教学目标进行分类。我国教育心理学家潘菽在他所著的《教育心理学》一书中，将学校中学生的学习分为知识学习、技能学习、能力学习及行为规范学习四种类型，这四种学习类型长期以来在我国的教育实践中被认为是基本的教学目标。现在看来，这种分类侧重于当时条件下我国学校教育教学实践的要求，忽略了学生全面发展的情感和个性目标，在教学实践中难以具体操作。

在国外，西方心理学家关于教学目标的研究值得借鉴，加涅和布卢姆（B.S. Bloom）是这方面的代表人物。加涅从心理学的角度出发，把学生学习的结果分为五类：言语信息、智慧技能、认知策略、态度和动作技能。这种分类已对学校教学产生了重要影响。

美国教育学家和心理学家布卢姆对教育目标进行了系统的分类研究，将教育目标分为认知、情感、动作技能三大领域，每一领域的目标又可由低级到高级分为若干层次。教学设计就是要把教学任务具体落实到某一等级上，并以此作为具体的教学目标，而且后一级的教学目标必须以前一级教学目标的完成为基础。布卢姆、克拉斯沃尔等关于教育目标分类的研究已成为许多教学设计理论的基础，下面介绍布卢姆和加涅的教学目标理论。

1. 布卢姆的教学目标理论

（1）认知目标　　布卢姆主要对认知领域的教学目标进行了研究，他把认知领域的教学目标分为识记、领会、应用、分析、综合和评价六个层次，形成由低到高的层级水平。认知领域教学目标分类见表4-1。

表4-1　认知领域教学目标分类表

等级	目标	心理意义	具体表现
1	识记——对已学习过的材料的保持	记忆，是最低水平的认知学习	能回忆具体事实、过程、方法、理论等一定的组织、沟通和协调能力
2	领会——把握所学材料的意义	超越了记忆，但仍是较低水平的理解	能解释，即能够概述和说明所学材料；能转化，即能用自己的话或方式表达已学的内容；能推断，即能够估计预期的后果
3	应用——将学习所得应用于新的情境	已达到较高水平的理解	能应用概念、方法、规则、规律、观点、理论
4	分析——既能理解材料内容，又理解材料结构	一种比应用更高的智能水平	能从整体出发把握材料的组成要素及其彼此关系
5	综合——能将先前所学的材料或所学的经验组合成新的整体	产生新的认知结构，故特别需要有一定的创造能力	能制订一项操作计划，能概括一些抽象关系，能（口头或用文字）表明新的见解
6	评价——评定所学材料的合理性（如材料本身组织是否合乎逻辑）和意义（如材料对社会的价值）	最高水平的认知学习	能对有关材料，如记叙文、小说、诗歌、报告等作出价值判断

1）识记。识记是指学习者对所学材料的记忆，包括对具体事实、方法、过程、概念和原理的记忆，这是最低水平的认知学习。例如，关于"无土栽培"这一概念的学习，学生能背出它的定义即"无土栽培是指不用土壤，而用营养液和其他设备栽培植物的方法"，就是识记层次的目标。

2）领会。领会是指学习者能把握所学材料的意义的能力，学习者可以借助三种形式表明对材料的领会：一是转换，即用自己的语言或不同于原先表达方式的方法表达所学内容；二是解释，即对一项信息加以说明或概述；三是推断，即预测发展的趋势。领会目标超越了单纯的记忆，代表了学习者对学习材料最低水平的理解。例如，对"无土栽培"这一概念，领会不是指学生能够背出它的定义，而且指理解它的含义，能用自己的话表达出来，对它进行应用。

3）应用。应用是指学习者能将所学材料应用于新的情景中，包括概念、规则、方法、理论的应用,应用目标代表较高水平的理解。例如,对"无土栽培"概念的掌握,学习者能够运用无土栽培的技术种植草莓,就是对"无土栽培"概念的应用。

4)分析。分析是指学习者能将学习内容的整体材料分解成其构成成分并理解组织结构,包括对要素的分析和对关系的分析。分析目标代表了比应用更高的智力水平,因为它既要理解材料的内容,又要理解材料的结构。例如,前述学习者对"无土栽培"的学习,如果学习者能在完成前一级目标的基础上,还能对"无土栽培"进行分类,并能指出各种类之间的关系,则表明学习达到了分析层次的目标。

5)综合。综合是指学习者能将所学的零碎知识整合为知识系统,包括三个水平:用语言表达自己的意见时表现的综合;处理事物时表现的综合;推演抽象关系时表现的综合。综合是知识学习的质变阶段,强调新旧知识的整合和创造能力,以及新的认知结构的产生。比如关于"无土栽培",学习者能够把该概念和"常规栽培"、"无土育苗"等概念联系起来,弄清楚这些概念之间的联系与区别,从而建立起新的认知结构,这种学习就是综合层次的目标。

6)评价。评价是指学习者对所学材料作价值判断的能力,包括按材料的内在标准和外在标准进行的价值判断。评价目标是最高水平的认知学习结果,因为它要求超越原先的学习内容,并需要基于明确标准的价值判断。例如,学习者能对无土栽培的理论基础作出评价,指出这种理论的优点和不足,以及它在教学实践中的意义,则表明学习者对无土栽培的学习达到了最后,也是最高层次。

(2)情感目标　　心理学家克拉斯沃尔(D. R. Krathwool)在布卢姆研究的基础上,根据价值内化的程度把情感领域的教学目标分为五个等级,每一级又由若干连续的子类别构成。

1)接受。接受是指学习者对环境中的事物予以注意,愿意关注特殊的现象或刺激,包括三个水平:知觉到有关刺激的存在;有主动接受的意愿;有选择的注意。这是最低级的价值内化水平,如对于打扫公共卫生、进行义务劳动这种行为,某一学生表示愿意参加,说明该学生对这种活动的情感处于接受水平。

2)反应。反应是指学习者主动参与某种活动并从中得到满足。在这一水平上,学生不仅注意某种现象,而且以某种方式对它作出反应,在反应中得到满足。这类似于平常所说的兴趣,强调对特殊活动的选择和满足。反应是一种超出单纯注意某一现象的行为,它意味着积极观察某种现象并做出主动的行为。例如,学生自愿打扫公共卫生,进行义务劳动,属于这一级水平。

3)形成价值观念。形成价值观是指学习者将特殊对象、现象或行为与一定的价值标准相联系,对所学内容在信念和态度上表示正面肯定。价值观念的形成包括三个水平:接受某种价值标准;偏爱某种价值标准;为某种价值标准作奉献。这一水平的学习结果是将所学内容的价值肯定变成一种稳定的追求,相当于通常所说的态度和欣赏。例如,学生通过讨论和思考认识到,保护环境是每一个公民的责任和义务,打扫公共卫生,进行义务劳动,不仅对社会有益,而且可以锻炼个人的意志和技能,做这样的事情是有意义的。在这里,学生认识到了行为的"责任"、"义务"、"意志"等价值。

4)组织价值观念系统。组织价值观念系统是指学习者将许多不同的价值标准组合起来,消除它们之间的矛盾和冲突,开始建立内在一致的价值体系。价值观念系统的组织可分为两个水平：价值概念化和组成价值系统。价值概念化是指对所学内容的价值在含义上予以抽象化和概括化，形成个人对同类事物的一致看法；组织价值系统是指将所学的价值观汇集整合，加以系统化。与人生观有关的教学目标属于这一级水平。例如，学生认识到，保护环境不仅是指打扫公共卫生，保护野生动物、保护自然资源也是保护环境。一个人可以通过保护环境对社会作出贡献，也可以通过助人为乐、做好本职工作为社会作出贡献，总之，一个对他人、对社会有贡献的人才是有价值的人。

5）体系个性化。价值体系个性化是指学习者通过学习和内化所得的知识观念已经成为统一的价值观，并融入人的性格结构之中，成为人个性的一部分。价值体系个性化可分为两个水平：概念化心向和性格化。概念化心向是指学生对同类情境表现出一般的价值取向；性格化是指学生将一定的系统化的价值观念纳入自己的个性中，变成习惯化的稳定的行为方式。这种行为内外一致，持久不变，具有普遍性、一致性，并且是可以预期的。比如，如果一个人认为个人的价值在于对他人、对社会作出贡献，那么，这种信念就会成为他个人的生活方式和行为模式，即人格特征，他就会在任何情况下乐于奉献、勤于工作、与人为善，在家庭、工作和人际交往中表现出高度一致的行为。又如在花卉栽培课程的教学目标的表述中，形成爱岗敬业、忠于职守的职业道德；具有脚踏实地、吃苦耐劳、团结协作的精神等。

（3）动作技能目标　动作技能教学目标指预期教学后学生在动作技能方面应达到的学习结果。心理学家哈罗（A. J. Harrow）和辛普森（E. Simpson）等对动作技能教育目标作了分析，认为动作技能教育目标分为六个层次。

1）知觉。知觉是指学习者通过感觉器官对动作、物体和环境信息的认识及进行心理、躯体和情绪等的预备调节能力。动作技能与知觉密不可分，知觉是动作技能的组成部分，知觉的缺失会造成某些动作技能的完成变得不可能。因此，知觉测验往往是专业能力测验的重要内容，如视觉、动觉、平衡知觉、距离知觉及手眼协调能力等是学习篮球运动技能的必要因素。

2）模仿。模仿是指学生能重复教师示范动作的能力。例如，学生在教师讲解、示范或在观看录像后，能操作盆栽花卉的上盆与换盆。

3）操作。操作是指学生能按教学要求自己做出动作的能力。它和模仿的主要区别是，学生不必按示范或演示动作去做，可以进行独立的操作。例如，经过一段时间的练习后，学生能够独立地进行盆栽花卉培养土的配制操作。

4）准确。准确是指学生的练习能力或全面完成复杂作业的能力。学生通过练习把错误减少到最低程度，有控制地、正确地、精确地完成动作。例如，通过系统的学习，学生学会花卉的盆栽技术。

5）连贯。连贯是指学生能按规定顺序和协调要求去调整行为、动作的能力，即按一定程序和方式把局部动作协调地、流畅地表现出来构成一个动作整体。例如，学生掌握花卉的分球、分株技术。

6）习惯化。习惯化是指学生自动或自觉行动的能力，即操作的熟练化，动作成为协调性运动模式，不需要或很少需要意识控制，能在条件变化尤其是在不利条件下完成操作。在这一阶段，学生能下意识地、有效率地、各部分协调一致地完成操作。例如，达到习惯化目标层次后，学生熟练运用花卉的分球、分株技术在温棚中操作。

2. 加涅的教学目标分类理论

加涅认为学习结果是一种习得的性能，这种习得的性能"近似地代表了教学目标"。学习结果与教学目标的区别仅仅在于教学目标提出于教学之前，学习结果实现于教学之后。所以，加涅的学习结果分类理论即是一种教学目标分类理论。

加涅在1965年出版的《学习的条件》中提出了八类学习，即信号学习、刺激-反应学习、连锁学习、言语联想、辨别学习、概念学习、规则学习、问题解决学习。在《学习的条件》1985年的修订版中，他将八类学习中的前四类作为学习的基础形式，总称联想学习，从而形成了五类学习。在五类学习的基础上出现五种学习结果，即智慧技能、言语信息、认知策略、动作技能、态度，这里把它看成五类教学目标。

（1）智慧技能　智慧技能是指学生应用概念使符号与环境相互作用的能力，是学习解决"怎么做"的问题。例如，通过学习，学生能够进行花卉生产的成本核算。智慧技能不是一种简单的某一刺激对应某一反应。其典型的形式是规则，即运用规则的过程。智慧技能所表现出来的行为只能用规则而不能以刺激-反应模式来描述。智慧技能包括四个亚类，即辨别、概念、规则和高级规则。

1）辨别。辨别是对在一个或多个物理维度上互不相同的刺激作出不同反应的能力。基本的辨别是最简单的智慧技能，它是在生活早期习得的，如颜色、大小的辨别等；复杂的辨别需要利用概念，如辨别有性繁殖和无性繁殖一系列基本的概念。

2）概念。概念是个体把事物或事件归类并将该类的任何一个例证看作该类的一分子作出反应而产生的学习结果。概念与辨别不同之处在于，辨别是对事物的集合加以区分，而概念则是将事物归类并把其中任意一个看作该类的一分子。概念可分为具体概念和定义概念。具体概念能通过被指认的方式来体现，即可观察到的概念，如猫、椅子、树、房子等。定义概念是抽象的，通过演示一些特定类别的客体、事件或关系的意义来体现，如质量、温度、正义等。

3）规则。规则是一种规律性，当学习者在各种情况中的行为有"规律性"时他就习得了规则。也就是说，当规则支配个体行为时，个体就具有称为"规则"的性能。习得"规则"并不意味着能用言语陈述"规则"，能陈述"规则"也并不意味着习得了"规则"。加涅认为，定义概念是一种特殊的规则，它的目的是将客体和事件分类，属分类规则。但规则还包括除分类之外的其他类别，它们涉及相等、相似、大于、小于、之前、之后等关系。

4）高级规则——问题解决。高级规则是个体通过学习将规则结合形成的更为复杂的规则。复杂的规则是与解决一个或一类实际问题相联系的，能解决问题也就表明获得了新的高级规则。例如，在实践中应用露地花卉栽培的技术。高级规则具有较高的概括性，所以这类规则与构成它们的简单规则相比，可应用于更为广泛的情境。

（2）言语信息　言语信息即人们通常所称的"知识"。它是陈述性知识，包括三个亚类，即名称或符号、单一命题或事实和大量命题。

1）名称或符号。即某个物体或一类物体的名称。在学习概念时，符号与概念通常是一同习得的，如记住名称"遗传和变异"。

2）单一命题或事实。表示两个或多个有名字的客体或事件之间关系的言语陈述。例如，遗传是生物亲代与子代之间、子代个体之间相似的现象。

3）大量命题。在意义上已加以组织的大量命题，这是由相互联系的事实构成的知识体系。例如，花卉种类的识别知识、播种知识等。

（3）认知策略　　加涅认为，认知策略是一种内部控制过程，是学生赖以选择和调整他们的注意、学习、记忆和思维等的内部过程。认知策略可分为五个亚类。

1）复述策略。即出声或不出声地重复材料，如反复背诵遗传和变异的概念，或采用划线技术画出重难点知识等。

2）精加工策略。学习者精心地将要学习的项目与其他容易提取的材料进行联系。精加工活动包括分段、概括、做笔记或自我提问等方法。

3）组织策略。将要学习的材料形成组织结构，学习者将要记忆的内容根据意义分类，或将事实之间的关系用表来组织，或利用空间线索来回忆材料，或是找出文章中的主要观点，并为这些观点概括出新组织。例如，对"遗传育种"课程作出每一章的组织结构图。

4）理解监控策略。这种策略也可称为"元认知策略"，是学习者建立学习目的、评价是否成功地达到目的、选择其他策略来达到目的的能力。

5）情感策略。学习者用以集中和维持注意、控制焦虑、有效使用时间的策略。

（4）动作技能　　动作技能表现为平稳而流畅、精确而适时的动作操作技能。动作技能不仅指完成某种规定的动作，而且指这些动作组织起来构成流畅、符合规则和准确的整体行为。动作技能又可分为运动型和职业型。例如，打网球属于运动型，驾驶收割机属于职业型。

（5）态度　　态度表现为影响着个体对人、物或某事件的选择倾向。

（二）教学目标的陈述

在分析教学目标的类型和层次之后，如何表述教学目标称为一项技术问题。传统教学目标的主要弊端表现在两个方面，一个是表述上的含糊性和描述性；另一个是以教学要求代替教学目标，教学目标提出的不是对教师教学行为的要求，而是对学生学习后要达到的学习结果的要求。作者认为，教学目标既要能反映学习者的学习结果，又要能被观察和测量。

1. 行为目标

行为目标是指用可观察和可测量的学生的具体行为来陈述的教学目标，是用学习之后学生的行为变化来陈述的目标。美国俄亥俄州立大学的泰勒（Tyler）首先提出行为目标的概念，美国行为主义心理学家马杰（Mager，1962）则是这一观点的代表人物，他系统地提出了用行为术语陈述教学目标的理论和技术，认为应从以下三个方面表述教学目标。

（1）具体目标——可观察的行为　　行为目标是用行为动词描述学生通过教学形成的可观察、可测量的具体行为，用可以观察的行为表述教学目标。在用行为表述教学目标时要避免使用描述内部心理过程的词汇，如掌握、理解、知道等，尽量使用行为动词，如"列出"、"写出"、"解答"、"举例"等，旨在说明做什么。

（2）产生条件——行为发生的条件　　即规定学生行为产生的条件，指出学习者在什么情况下表现出所要求的行为，在什么情况下去评定学习者是否达到教学目标，如

"按照已知条件"、"根据参考书"、"在三人一组时"、"按课文内容"等,旨在说明在什么条件下做。条件的表述一般包括行为情境、设备和工具的利用、手册和资料的辅助、时间的限制及他人的帮助和合作等。

（3）行为标准——可接受的行为标准　即提出符合行为要求的行为标准,行为标准是衡量学习结果的行为的最低要求,是通过学习测验的可以接受的一个标准,它使行为目标具有可测性的特点,如"80%正确"、"30min完成"、"字数达到500字"、"误差在2cm之内"等,旨在说明行为有多好才是合格的。

2. 心理与行为相结合的目标

行为目标强调行为表现而忽略学习者内部心理过程的变化,容易使教学目标局限于某种行为训练或表现出机械化倾向,而且在教学过程中确有一些教学目标无法用行为来描述。同时,根据认知学习理论,教学活动中学生学习的实质是内部心理发生的变化,但内在的心理变化无法直接观察到。因此,以美国心理学家格伦兰德（Gronland）为代表的一些心理学家提出用内部过程与外显行为相结合的方式表述教学目标。

用这种方法陈述的教学目标由两部分构成：第一部分为一般教学目标,即基本的教学目标,用一个动词描述学生通过教学所产生的内部心理变化,如记忆、知觉、理解、创造、欣赏等；第二部分为具体教学目标,列出具体行为样例,即学生通过教学所产生的能反映其内在心理变化的外显行为,使一般教学目标进一步明确和具体,作为判断学生是否达到一般教学目标的依据。

心理与行为相结合的教学目标陈述既强调了学生学习结果的内在变化,又克服了传统教学目标陈述上含糊不清和不可操作的弊端,因此,这种观点和技术获得了许多心理学家的支持和普遍的认可。

（三）教学目标陈述的应用案例

1. "园艺植物病虫害防治"课程设计的教学目标表述

（1）知识目标

1）说出植物病虫害的形态、类群和生物学的基本知识。

2）应用植物病虫害综合治理原理并提出主要措施。

3）比较植物上常用农药的性能、应用作用原理与方式。

4）归纳常见植物病虫的危害特点、发生发展规律,并总结相关防治技术。

（2）能力目标

1）能鉴别本地常见的植物病虫种类。

2）能完成植物病虫害的调查、分析。

3）能完成植物病虫标本采集和制作。

4）能正确应用常用农药和药械的使用方法。

5）能依据植物病虫的特性科学制订和实施治理方案。

（3）情感目标　养成严谨的学习态度,形成良好的学习习惯。

2. "花卉栽培"课程设计的教学目标表述

（1）知识目标

1）列举花卉的分类方法。

2）归纳花卉对外界环境条件的要求。
3）比较花卉栽培设施的使用。
4）概括各类花卉栽培技术要点。
（2）能力目标
1）能鉴别常见的花卉。
2）应用播种、扦插、分株、嫁接和组培的方法生产种苗。
3）使用花卉的修剪、整形等技术。
4）应用花卉的经营与管理知识。
（3）情感目标
1）形成辩证思维的能力，能够运用哲学思想解释客观现象。
2）树立良好的职业道德意识及爱岗敬业的精神。
3）具有实事求是的学风、创新精神和创业能力。

三、教学内容的分析和教学方法的选择

（一）教学内容的分析

科学有效地选取课堂教学内容，需要遵循的原则有很多，其中既有教育学的要求（如科学性、基础性、思想性、开放性等），也有心理学的要求。

1. 心理学上的要求

（1）可接受性　　可接受性是指立足于目标，把高难度和量力性有机结合起来，使内容的难度符合学生的"最近发展区"。如果难度太大，学生认为他们的能力不足以达到目标，那么对成功的期望值就会降低，他们也就不会全身心地投入到学习中。此外，虽然丰富的教学内容可能对学生很有吸引力，但并不是所有的知识都适合教给学生。所以，教师在选择课堂教学内容时应该考虑知识与学生本身的认知发展水平的关系，课堂教学内容是否符合学生的心理年龄特征。

（2）发展性　　发展性是指课堂教学内容蕴涵了培养学生能力的显著成分与价值，通过课堂教学活动能明显地促进学生各方面的发展。教学内容的发展性已经成为世界各国在教学内容选择上的一种趋势。知识是课堂教学的显性内容，但传授知识并不是课堂教学的唯一目的。通过知识的教学能够促进学生能力的发展，能够促进学生的自我学习能力的发展。尤其是在当今科技发展和竞争日趋激烈的时代，能力的培养显得更为重要。根据发展性标准，那些实用性不够强但对学生能力发展特别有效的知识应该作为教学的重要内容。

2. 教学内容分析的表现

教学内容的分析具体表现为分析教学任务、分析该内容在教学体系中的地位和作用、分析教学中的重难点、合理组织教学内容四个方面。

3. 组织教学设计应注意的问题

1）教学内容的深广度要恰当，既要有利于发展学生的"潜在水平"，又要与学生的"现有水平"相衔接。

2）教学容量合适。

3）教学内容重点突出，难点有突破措施。

4）教学内容的组织、排列、呈现方式要恰当；练习的配置、练习的方式和方法都要精心设计。

5）在传播知识的同时，要充分挖掘教材中蕴含的智力因素和情意因素，培养学生的能力和非智力品质。

（二）教学内容分析应用案例

"植物病虫害防治"课程设计的教学内容的分析。

1. 课程性质与地位、作用

"植物病虫害防治"是一门专业必修课程，同时又是一门应用性较强的课程。本课程以园林植物、土壤肥料等先导课程为基础，为植物栽培养护、花卉生产技术、苗木生产技术等后续课程提供依据。

2. 课程内容

"植物病虫害防治"是研究植物发病和虫害的原因、环境因素与病虫害发生发展与流行的关系、病虫害防治的方法的一门课程；它是植物病理学和昆虫学的一个分枝，属于应用科学的范畴；其内容共分为两部分，一是昆虫、病害防治的基础知识，二是各类病虫害的调查及防治知识。目的在于引导学生从事园林植物养护、生产及管理等工作，掌握和了解植物病虫害防治的基本技能和方法，为生产服务。

（三）教学方法的选择

教学活动是教师和学生为了达到教学目标，在教学理论与学习理论指导下，借助教学手段（工具、媒体或设备）和教学方法而进行的师生交互活动。在教学活动中，选择与运用恰当的教学方法和教学媒体是达到优化教学的重要前提。教学实践中创造出来的教学方法是相当多的，而且随着教学理论、教学媒体的发展，新的教学方法还将继续出现。

1. 选择教学方法的依据

有关课堂的教学方法不胜枚举，因而教师就面临着这样一个重要而又很困难的问题，那就是如何选择合适而有效的课堂教学方法呢？教师在选择教学方法时，应考虑以下一些因素。

（1）教学方法本身的因素　任何一种教学方法都不是万能的，每一种教学方法都有其适用范围和局限性，在具体教学中也有利有弊，可以为达到某一目标很好地服务，但同时又可能妨碍另一个目标的实现，在选择的时候要扬长避短。发现法可以很好地启发学生的思维，发展其创造力，但有费时费力的缺点；讲授法对概念教学很有用，但却很难发挥学生的主动性。所以教师在选择教学方法的时候，要考虑到该方法的优势和短处，选择最能发挥其作用、能够达到最好教学效果的方法。所以，教师必须了解各种教学方法的优缺点，用其所长，避其所短。比如，近年来小组讨论法在课堂教学中被广泛运用。它的优点很多，若设计合理、组织得当，则能充分调动全体学生参与课堂教学的积极性，培养学生的合作意识；但若组织不好，小组讨论就可能演变成少数人漫无边际的争论，这种所谓的讨论常常是无结果的、低效的。教师只有在了解各种教学方法优缺点的基础上，才能根据具体的教学情境作出最佳选择。

（2）学科特点和教学内容　　学科性质不同，其适合的教学方法也不同。即使是同一学科，也有不同的教学内容，所以教师在选择教学方法时还要考虑教学内容的差别。认知领域的教学内容比较适合采用发现法和讲授法，而动作技能领域的教学内容采用示范模仿法和练习反馈法较好，情感领域的教学内容则更适合用欣赏法和强化法。

（3）学生的实际情况　　教师选择教学方法的目的是为了促进学生更好地学习，所以要选择那些适合学生实际情况的教学方法。不同的学生，其智力、能力、学习态度、学习习惯，以及所在班级、学校的班风、校风各不相同，教师要从学生实际出发，选择那些能促进学生学习、发展学生的智力和能力、培养学生良好学习习惯和正确学习态度的教学方法。

（4）教师本身的素养和个性特征　　教师和学生一样也是千差万别的，不同的教师，其知识水平、专业素质，以及性格气质各不相同。由于自身的差异，不同的教师使用同一种教学方法其效果显然也不同。一个和蔼可亲、平常与学生打成一片的教师使用游戏法、角色扮演法进行教学，可以使课堂气氛很活跃，让学生在愉快的心情和环境中学习，达到良好的效果；但如果是一个平常总是板着脸、表情严肃的教师用这种方法进行教学，那么学生可能根本无法放开手脚投入到活动中去，当然就无法达到预期的效果了。所以教师要正确认识自己的特点和风格，善于扬长避短，根据自己的特点选用能分发挥自己优势的教学方法。

（5）教学时间和现有的实验设备　　课堂教学时间是有限的，教师需要在规定的教学时间内完成课程标准所规定的教学任务，达到教学目标。即使是教授同一内容，若采用不同的方法，所花费的时间也是不同的。因此，教师在选择课堂教学方法时应该考虑到教学时间的限制。同时，实验设备是选择教学方法的物质基础，也在一定程度上限制着教学方法的选择与实施。例如，在讲解园林植物昆虫知识时，最好使用演示法，这就需要有幻灯机、投影仪或是电脑等设备；若是用实物演示，也要有实际的物体，如昆虫标本、模型、挂图等实验器材。如果没有这些设备，就无法实施这种教学方法。

2. 教学方法选择的应用案例

"植物病虫害防治"课程中的教学方法与教学手段可以表述如下。

（1）教学方法

讲授法：基础知识，如各种植物病虫害基础知识的讲授。

讨论法：基础知识的联系与区别，如辨别各种病虫害的形态、类群等。

案例法：列举各种病虫害的防治等。

项目教学法：按照病虫害发生、发展的顺序，防治的顺序把教学内容分成不同的教学项目，穿插在不同的学期进行。

现场教学法：本课程部分教学内容直观性强，适宜采用现场教学。将学生带到校园、公园进行"现场教学"，使学生对各种园林植物病虫害的特征、危害特点、发生规律、防治方法有了直观的了解，把许多课堂上难以理解的内容通过现场观察更直观更形象地解决，从而达到良好的教学效果。

（2）教学手段　　传统教学手段：黑板＋粉笔。现代教学手段。

第二节　课堂教学实施技能

课堂教学实施技能主要包括：课堂导入技能、课堂强化技能和课堂教学组织技能。

一、课堂教学导入技能

课堂导入技能是指教师在课堂教学中处理导入这一教学环节时，利用各种教学媒体、创设学习情境、激发学生学习兴趣、启迪学生思维，集中学生注意力，使其主动学习新知识的一种技能。

课的开始如同定调，一定要好。一堂课若一开始就没上好，讲得索然无味、如同嚼蜡，那么，学生就难以进入意境，就不会兴趣盎然地投入后面课的学习。德国教育家第斯多惠在《德国教师教育指南》一书中指出："教学艺术本质不在于传授，而在于激励、唤醒、鼓舞。"上课伊始，学生的心理准备难免不充分，注意力还没有充分集中起来，如何进行有效的调整，使之适合于教学的需要，则是一个十分重要的问题。

（一）课堂教学导入的作用

1. 集中注意

巧妙地导入新课，可以起到先声夺人、先声服人的效果，紧紧地吸引住学生的注意力，使学生一上课就把兴奋点转移到课堂上来，维系在教学的内容上。在这样的情况下开始讲课，才能"箭无虚发"，句句入耳，点点入地；教者轻松愉快，听者心倾神往。

2. 激发兴趣

精彩的导入会使学生如沐春风、如饮甘露，进入一种美妙的境界。教育家第斯多惠说："教育成功的艺术就在于使学生对你所教的东西感到有趣。"巧妙的导入，会使学生产生浓厚的兴趣。爱因斯坦说："兴趣是热爱的先导。"而热爱是最好的老师。

3. 启迪思维

富有创意的导入，可以点燃学生思维的火花，开阔学生的视野，增长学生的智慧，使之善于思考问题，以及培养学生的定向思维。因为教师有重点地导入新课，能使学生的思维迅速定向，集中探索知识的本质，为进一步学习打好基础。

4. 明确目的

研究表明，当学生事先知道教师期望他们做什么时，教师对学生的行为影响最大。当学生的积极性调动起来、思维处于活跃状态时，教师就要适时地讲明学习的目的意义，从而激发学习动机，使其能持久地保持注意力，并自觉地控制和调节自己的学习活动。

（二）课堂教学导入的原则与要求

一般地说，导入新课、设计导语，应遵循以下原则与要求。

1. 符合教学的目的性和必要性

课堂教学导入，一定要根据既定的教学目标来精心设计导语，与教学目标无关的不要硬加上去，不要使导语游离于教学内容之外。教学伊始的导语，一定是完成教学任务的一个必要而有机的部分。

2. 符合教学内容本身的科学性

导语的设计要从教学内容出发，有的是教学内容的重要组成部分，有的是教学内容的必要补充，还有的虽然从内容上看关系不大，但它能激发学生兴趣，吸引学生注意力，对于教学内容的讲授和学习也是一个有机组成部分。这一切，都应从教学内容的科学性出发，违背科学性的导入，尽管非常生动、非常精彩，也不足为取。

3. 从学生的实际出发

学生是教学的主体，教学内容的好坏，要通过学生的学习来体现。因而导语的设计要从学生的实际出发，要照顾到学生的年龄、性格特征。

4. 从课型的需要入手

导语的设计要因课型的不同而不同。新授课要注意温故知新、架桥铺路，讲授课要注意前后照应、承上启下，复习课要注意分析比较、归纳总结。不能用新授课的导语去讲复习课，也不能用复习课的导语去应付新授课，否则就起不到导语应起的作用。

5. 导语要短小精悍

导语的设计要短小精练，一般 2~3min 就要转入正题，时间过长就会喧宾夺主。

6. 形式要多种多样

开头导入的方式很多，设计导语时要注意配合交叉运用。不能每一堂课都用一种模式的导语，否则就起不到激发学生兴趣、引人入胜的作用。

（三）课堂教学导入的基本方法

由于教学内容和教师个人的素质不同，因而导入的方式也多种多样，下面介绍几种较为常用的导入法。

1. 复习旧知识导入法

这是最常见的课堂教学导入方法。其特点是以复习已经学过或学生日常生活中已经了解的知识为基础，将其发展、深化，引导出新的教学内容。各学科的教学内容，章节之间都有一定的内在联系。由已知到未知也是学生认知发展的一条规律。复习旧知识的导入重在恰到好处地选用与新授课内容关系密切的知识。这种导入有四种具体的方法。

（1）检查提问旧课，导入新课　　其运作方法和要求是：教师在讲课之前，先面向全班学生提出几个前节课学过的富有启发性的问题，引起全班学生的回忆思考，再找几个学生（一般找中等程度以上的学生）回答问题，在个别学生回答、教师作出订正和补充的基础上，带动全班学生复习旧课，进而导入新课。

（2）总结旧课，导入新课　　又称为归纳导入式。其运作方法与要求是：教师提出要讲授的新课题之后，首先对上课新讲的内容概括地小结一下，扼要复述出与此有关的新知识，讲课时使学生把新旧知识连贯起来思考。这样既能起到承上启下的作用，又能较好地巩固已学过的知识。例如，"整地作畦和播种技术"教学设计中的导入可以设计为，"提问学生：①生产蔬菜的一般过程有哪些？②育苗时需要做好哪三个方面工作？③什么是'畦'？什么是间苗、分苗、炼苗？它们各起什么作用？④在蔬菜生产过程中，需要哪些播种技术呢？学生回答后，引出今天的课题（板书：整地作畦和播种技术）"。

（3）多种活动复习旧课，导入新课　　其运作方法和要求是：在讲授新课之前，先让学生以听、写、板书、朗读、翻译、练习等活动方式复习旧课，使学生再现已学过的知识，然后导入新课。

（4）启发思考，导入新课　　该方式又称联想式导入。其运作方法和要求是：教师在讲授新课之前，提示学生回忆前节课讲过的几个问题，或让学生提出与新课有关的事情、知识。学生经过回忆思考，在头脑中再现提问的内容，不经由学生直接回答即转入新课。例如，在"苗期管理"的教学设计导入部分可以设计为，"提问学生：①蔬菜生产的一般过程有哪些？（确定项目→选种→育苗→定植→田间管理→收获）②在蔬菜生产的过程中，育苗时要进行苗期管理，苗期管理是育苗过程中时间长、技术性强的一项工作。苗期管理包括控水、控温、控光、控肥、间苗、分苗、炼苗等多项工作。今天我们就来详细地了解一下苗期管理知识和技术"。

无论采用哪种具体方法，都要注意两个问题：一是要精选复习内容。要根据当前所学知识与旧知识的联系编排习题、提问，使之与新的知识之间有密切的联系，并把握好旧知识与新知识之间相互联系的"支点"，从复习到授新课过渡得连贯自然；二是要提示学生或明确告诉学生新旧知识之间联系的"支点"，引导他们思考，明确新旧知识之间的联系。

2. 衔接导入法

这也是一种较常见的导入方法。它主要是根据知识之间的逻辑联系，找准新旧知识的联结点，通过对旧知识的复习过渡，自然引出新知识。也可以说这是一种温故而知新的导入方法。这种方法使学生在感知新知时，既有思想准备，又有知识基础，学生感到亲切，能在轻松愉快中学习新知识，使新旧知识连贯。运用此法要注意以下三点。

（1）找准新旧知识的联结点　　联结点的确定建立在对教材认真分析和对学生深入了解的基础上。

（2）搭桥铺路、巧设契机　　复习、练习、提问等都只是手段，一方面要通过有针对性的复习为学习新知识做好铺垫，另一方面在复习的过程中又要通过各种巧妙的方式设置难点和疑问，使学生思维暂时出现困惑或受到阻碍，从而激发学生思维的积极性，造成传授新知识的契机。

（3）因课施教，方式多样　　学科不同、内容不同，衔接的方式也应有所变化。例如，在"设施蔬菜栽培"豆类蔬菜生产技术——豇豆导入部分可以设计成，"在前面的课程中，我们以总论的形式对蔬菜栽培做了讲解，从今天开始，我们将对具体的不同蔬菜栽培品种的栽培做详细的介绍。"问题一：我们平时的饭桌上，最常见的豆类蔬菜有哪些？学生会回答：豇豆、梅豆等。问题二：大家知道这些豆类蔬菜是怎样生产出来的吗？由此引出豆类蔬菜，从而进行新课。

3. 设疑导入法

根据课堂要讲授的内容，设计有关问题向学生提出，以引起学生急欲所知的好奇心和求知欲。例如，在"无土栽培"导入部分可以设计成，"营养液配方和浓度的配制取决于植物营养生理，所以在讲述营养液之前有必要先介绍一下植物体的元素组成和必需营养元素。植物所需的营养元素通过化学试剂来提供，这些化学试剂有 $Ca(NO_3)_2 \cdot 4H_2O$、KNO_3、$NH_4H_2PO_4$、$MgSO_4 \cdot 7H_2O$、$Na_2Fe\text{-}EDTA$、$ZnSO_4 \cdot 7H_2O$、$CuSO_4 \cdot 5H_2O$。同学们可以看出这些化学试剂中许多会发生化学反应，而生成难溶的沉淀，那么我们应该怎么办呢?"

4. 情境导入法

情境导入法就是利用语言、设备、环境、活动、音乐、绘画等各种手段,制造一种符合教学需要的情境,以激发学生兴趣,启发思考,使学生处于积极学习状态的技法。苏霍姆林斯基说:"任何一种教育现象,孩子们越少感到教育的意图,它的教学效果就越好。我们把这条规律看成是教育技巧的核心。"情境导入法如运用得当,则会使学生身临其境,意识不到是在上课,从而在潜移默化中受到教育,获得知识。运用此法应注意两点。

(1) 善于创设情境　教师虽然可以利用现有的环境、条件,通过引喻、阐释导入新课,但是,现成的情境毕竟很少,因此,教师必须从教学内容出发,精心组织,巧妙构思,创设良好的符合教学需要的情境。

(2) 加强诱导,激发思维　教师设置情境应有明确的目的或意识,或以此激发学生的情感,或因之引发学生的思维,或借此陶冶学生的情操等。创设情境不能单纯为激发兴趣,一般来说,应以激发思维为主。但是,情境本身有时并不能启人深思或内涵比较隐蔽,这时就需要教师的启发和诱导。例如,在"作物遗传育种"的教学中为了引入作物育种学的概念,可以设置这样的语境:当前,我国人口不断增长、耕地不断减少,人口增长与粮食生产的矛盾将长期存在的事实,说明增加粮食产量的必要性。而作物新品种的应用是增产的重要途径,为此,我们讲授一个新概念"作物育种学"。

5. 演示导入法

演示导入法,是指教师通过实物、模型、图表、幻灯、投影、电视等教具的演示,引导学生观察,提出新问题,从解决问题入手,自然地过渡到新课学习的技法。此法有利于形成学生生动的表象,由形象思维过渡到抽象思维。

运用此法应当注意:①直观演示的内容必须与新教材有密切的联系并能为讲授新教材服务;②要让学生明确观察的目的,掌握观察的方法;③教师要善于抓住时机提出问题并引导学生积极思考。例如,在"植物的矿质营养"导入部分可以设计成如下。

1)展示栽培园艺作物,果树、蔬菜、花卉施肥的多媒体图像。学生观察,情景熟悉,开始讨论,营造教学氛围。

2)(提问)图中农民施用的肥料通常有哪些?在植物营养中属于哪一种营养成分?学生分组抢答,提升教学气氛。

3)学生回答完毕,教师补充后引入新课。

二、课堂强化技能

在教学中,学生学习的进步,一方面依赖于教师和学生集体的赞赏等外部强化;另一方面依赖于尝试性预想被证实的内部强化,即教师对学生的反应并不直接进行评价,而是提供线索帮助学生将他的反应与客观要求进行对照检验,促进学生的预想被证实而得到内部强化。

强化技能是塑造行为和保持行为强调不可缺少的关键,所谓的强化技能是指教师在教学中的一系列促进和增强学生反应与保持学习力量的方式。

强化技能方式多种,如鼓励的眼神、会心的微笑、为学生创设学习的最佳环境、增强情感的感染力、强化学生的学习情绪。

（一）课堂强化技能的功能

强化分正强化和负强化。如果教师给出的"刺激"能使学生心情愉快，引起学习的兴趣，改变了不良习惯，这种刺激是正强化；如果能够消除学生一个不愉快的"刺激"，从而增强学生的某种行为，如教师规定如果上课注意听讲，就可以免除一学期的值日，这种刺激是负强化。强化在教学中经常应用，其功能如下。

1. 激发学习兴趣

孔子曰："知之者不如好之者，好之者不如乐之者。"说明激发兴趣是教学成功的基础。通过正强化，学生知道他们的努力可以得到教师或其他同学的认可，更激发了他们进一步努力学习的愿望和对学习的浓厚兴趣，能聚精会神地投入课堂学习。

2. 集中注意力

在课堂教学中，有时学生的神经系统处于高度兴奋状态，这种状态只有在学生感受到对学习具有极大的兴趣，专心致志时才能得到。教师对认真听讲的学生给予肯定和表扬，对学生的正确反馈给予鼓励和奖赏，都能对学生的兴奋状态实现正强化；若教师对学生的各种学习行为不作任何反馈强化，不注意学生表情和眼神中所流露出来的各种正面或反面的信息，只顾自己在台上讲，则学生的思维可能是涣散的。这时教师通过强化可防止或减少非教学因素的刺激所产生的干扰。

3. 巩固正确行为

任何人顺利地完成了任务，都会有一种成就感，学生也不例外。当学生作出正确的反应，如回答正确、思维敏捷、见解独特等，符合甚至超过了教师的期望时，教师采取恰当的强化方式给予肯定和赞许，会使学生因自己的努力得到教师的承认而在心理上获得满足感。促使学生得到内部强化，增强学生的自学热情和克服学习困难的坚强毅力。

4. 鼓励学生参与

学生是教学过程的主体，教学活动是师生双边活动。教学过程只有学生的积极参与才能取得真正意义上的学习实效。而教师的主导作用不仅体现在是知识的传授者，还体现在是学生参与教学、发挥主体作用的调动者和组织者。在课堂上教师对作出正确反应的学生给予肯定和赞赏，学生受到强化手段的刺激后，不仅能保持注意力，还会进一步强化他们积极学习的主体意识，按照教师设计的教学活动，积极参与，如期完成教学任务，而且还会使学生逐渐明确，要想体验学习的快乐，要想得到肯定和鼓励，就必须积极主动地参与教学活动，用心观察和思考。这就进一步调动了他们参与教学活动的积极性。

5. 统一学生认识

强化技能的功能体现了教师对教学过程的控制，是师生相互作用的一个关键环节。学生在课堂上作出反应后，若教师不进行任何反馈强化，学生得不到来自教师的反馈信息，他们的认识活动就失去了方向，教学在这一环节就失去了控制。所以，强化不仅有促进学生个人认识活动的作用，而且还有统一全班认识、控制教学过程按教学计划进行的作用，使班集体中大多数学生的认识活动，步调一致地沿着教学计划的路线进行。

（二）课堂强化学生的最佳时机

所谓把握激励学生的最佳时机，具体是指充分利用学生所处的那种积极情绪状态，或运用适当的方式和手段，促使学生内心的消极情绪转化为积极情绪，并使其化为行为，去实现预定目标。一般说来，下列几种情况，可称为激励的最佳时机。

1. 学生进入新的情境时

人的思想、情感、行为等，是人们所处客观环境与人们的主观意识活动相互作用的结果。学生所处的环境对学生的效能自然也有着极大的影响。当学生由一个旧情境转入一个新情境时，如转入一个新学校，调入一个新班级，进入新学期、新学年时，便有一种强烈的新感受，加之内心潜伏的自尊心的催化作用，这时总是暗暗警告或提醒自己要干出个新样子来。这种朴素的出自内心的动机，能使学生产生一种按新情境的要求调整自己的态度和行为趋向。

2. 学生获得成功时

人的行为都是在某种动机的策动下，为达到一定的目标而有目的活动。活动的结果又能反过来作用于行为的动机。众所周知，当行为结果有利于个人时，行为就会重复出现，这就起到了强化、激励作用。如果一种良好的行为长期得不到积极的强化，动机的强度就会减弱，甚至消失。美国著名教育家布鲁姆就曾说："要让大多数学生在每门学科中都有少量的高峰体验，都得到成功的欢乐。"

3. 学生处于困境时

虽常说中学生是"少年不知愁"，但他们仍常常会体验到生活的艰辛。学生在遇到失败、受到挫折、遭到打击时，稚嫩的心灵要承受巨大的压力，有时就好像是掉进了深渊一样。处于这种情形的学生希望他人理解，求得同学、老师支持帮助的愿望特别强烈，班主任若能及时表示关怀与理解，伸出热情之手，在力所能及的范围内为他们排忧解难，必然会产生平时难以获得的良好效应。事实证明，同样一次坦诚的交谈，一次假日的家访和一个亲昵的动作，对于在正常情况下和陷入困境的学生在心理上的作用存在着巨大差异。俗话说："受人一餐，终生难忘"，讲的正是这个道理。

4. 学生对过错有悔悟之意时

"人非圣贤，孰能无过"，况且"圣贤唯以改过为能，不以无过为贵"。可见，过错、过失就如同大小疾病一样在人生中较难避免。身心尚处迅速发育成长中的中学生，更容易出现这样那样的不是，但只要不是自甘堕落，一意孤行，学生有了过错之后，在各种因素的影响下，经过思想斗争，往往又会出现某种悔悟之意，这种"悔悟"是学生知错改过的开端，也是班主任进行激励的大好时机。

5. 学生某种强烈愿望未能实现时

愿望体现了人的需要，需要是影响行为动机的决定因素。人的需要是多方面的，呈现出一定的层次性。在一定时期内，某种需要表现得特别强烈，成为支配人们该时期内行为的主导力量，如果这种需要长期得不到满足，就会极大地挫伤人们的工作热情。学生在各种活动中常常会不自觉地流露出自己的某种强烈的愿望。倘若缺乏正确的方法和充分的条件，这种愿望又很难在短时间内得以实现。这时，学生易产生焦虑、懊恼的情绪，影响活动效率。教师应把工作落实到每个学生身上，清楚地了解班上各个学生各个时期最强烈的愿望,尽可能地给他们指出解决理想状态与现实状态之间矛盾的途径;鼓励他们积极创造条件实现那些具有现实可能性的愿望;帮助他们分析形势和认清自身条件,摆脱不合实际的幻想;支持他们确立新的奋斗目标。

(三)课堂强化的类型

1. 小组强化

教师使用教学强化技能可以对单个学生,也可以对全班或小组。人在社会化过程中,坚定的信念、浓厚的兴趣、顽强的意志等良好的非智力因素是造就人才的原动力。又能通过这些非智力因素来诱导和激励学生的智力开发,不断完善社会化过程。对全校来讲,班级是大集体;对班级来说,小组也是集体。在集体中有助于学生形成良好的行为准则和道德规范,学生之间可以互相模仿,互相影响,进一步促进学生的社会化。

小组强化内容包括言语、动作、标志及活动等几部分。例如,分部分朗读,表扬最符合要求的小组;分角色朗读,某个小组集体扮演某角色,教师在活动后用言语、动作或标志实行强化。对表现出色的小组口头表扬,或者给小组贴红旗,或者鼓掌表示祝贺等。小组强化有助于教师培养积极活跃的课堂气氛和荣誉感,调动全体学生参与课堂教学活动。

(1)语言强化　教师用语言对学生的反应表明自己的态度和判断,以达到强化的目的,称为语言强化。语言强化可以简明准确地表明学生反应中正确的成分或错误的成分,使学生对自己的反应认识清楚,以便将正确行为巩固下来,将错误的行为加以改正。

(2)活动强化　活动强化是指教师安排一定的活动,对学生在活动中的参与和贡献给予奖励,使学生在活动中不断巩固正确的行为,得到自我强化。活动强化的途径主要如下:有针对性地让学生参与课堂练习等活动;分组让学生一起做实验;让学习优秀的学生介绍学习经验和体会;课前安排学习有特长的学生代替老师完成一节课的教学;适当开展学科竞赛性活动。竞赛中要根据学生的实际进行科学的分组,使每一个学生都能获得不同程度、不同方面的成功。

通过有针对性的活动,为学生营造民主、和谐、愉快的教学氛围,让学生自己说、自己实验、自己讲解、自己探索、自己查资料、自己研究、自我评价、互相评议,给他们足够的空间来展示自己、表达自己、肯定自己。通过有针对性的活动发挥他们的最大潜能,培养他们的综合能力,增强学生的自信心。培养他们站起来能说、坐下来能写、走出去能做、静下来能思的能力。

(3)动作强化　动作强化是指教师运用非语言的身体动作,对学生的行为表现,表示自己的态度和情感。有时非语言行为能产生很好的教育效果。动作强化要注意以下几点:微笑,对学生表示赞许;点头和摇头,对学生表现表示肯定或否定;鼓掌、举手,对学生的表现表示强烈的鼓励等;拍拍肩、抚摸头、握手、接近等,传递暗示、关心、友好等情感。

(4)标志强化　标志强化是指教师运用各种象征性的标志、奖赏物,对学生的成绩或行为进行肯定或鼓励,使学生获得成就感,更有效地激发学生的学习热情。

2. 即时强化

即时强化是指教师在学生给出理想反应时马上进行的强化。

3. 延时强化

在课堂教学中，延时强化似乎没有即时强化有效，但也不能忽视其作用。有时在课堂教学中，由于环境不允许（如学生集中注意某一问题或兴趣集中在某一点）或来不及强化时使用延时强化；有时是需要学生某种行为保持一定势头，而还未施行强化，或强化得还不够时使用延时强化。延时强化可用解释等言语作"桥梁"，如"刚才"等言辞。

4. 符号强化

符号强化又称标志强化，是指老师用一些醒目的符号、色彩的对比来强化教学活动。例如，教师在写板书时，用颜色不一样的粉笔勾勒上重点，讲解重点时用彩笔进行勾画，以引起学生的注意，在演示实验中，在观察的重点处加标志、说明等，强化实验的目的。

三、教学组织技能

教学组织技能是在课堂教学过程中，教师不断地组织学生注意、管理纪律、引导学习，建立和谐的教学环境，帮助学生达到预定教学目标的行为方式。这个技能的实施，是使课堂教学得以有效地动态调控，与教学顺利进行和促使学生思想、情感、智力的发展有密切的关系。课堂秩序井然，组织方法得当，学生的注意力集中，教师循循善诱，必然会使课堂教学取得好的效果。

教学组织技能是课堂活动的"支点"，它决定了课堂进行的方向。教师和学生都可以参与教学组织，而其中教师在组织行为中是起主导作用，据有关资料显示占整个课堂组织行为的 95% 以上。组织行为贯彻课堂教学的始终，有时可能是占课堂上的一段时间，也可能是简单的一两个字，有时也和其他教学行为同时出现。但教学组织技能必须贯穿于整个课堂教学活动的始终。

（一）教学组织的作用

1. 组织和维持学生的注意

为了有效地组织学生的学习，教师必须重视随时唤起学生的注意。正确地组织教学，严格地要求学生，对唤起有意注意起着重要作用。它既有利于学生有意注意习惯的养成，也有利于意志薄弱的学生借助外因的影响集中有意注意。因此，教师向学生提出正当合理的要求，建立正常的课堂常规，都有唤起和维持学生注意的作用。

2. 激发学习兴趣和动机

采用多种教学组织形式是激发学生兴趣，形成学习动机的必要条件。在教学中，教师根据学科特点、知识特点和学生的年龄特点，采用不同的教学组织形式，能够调动学生学习的积极性，使他们情趣盎然地参与到教学中来。学生的学习兴趣和学习愿望，总是在一定情境中发生的。离开了一定的情境，他们的兴趣和愿望就会成为无源之水、无本之木。

3. 增强学生的自信心和进取心

在课堂秩序管理方面，采用不同的组织方法对学生的思想、情感等方面会产生不同的影响。当学生出现课堂纪律问题时,是斥责、罚站、加大作业量等给予惩罚,还是分析原因,启发诱导,实事求是、合情合理地进行解决。如能激发学生的积极性,促使其奋发努力,可以产生积极的效果;如果惩罚不当,就会增加他们的失败感、自卑感,挫伤他们的积极性,他们还会对教师、家长产生反感。

任何学生都有自己的特点和长处。教师在组织课堂教学的时候,对于个别学生既要严格要求,认真管理,又要看到他们的长处,并肯定他们的长处,因势利导地进行教育。只有这样,才能逐渐增强他们的自信心和进取心,克服缺点错误,向好的方面转化。

4. 帮助学生建立良好的行为标准

良好的课堂秩序,要靠师生的共同努力才能建立。有时中职学生的行为并不一定符合学校或社会对他们的要求。这时就需要教师在讲清道理的同时,用规章制度所确立的标准来指导他们,培养他们,使他们逐渐懂得什么是好的行为,为什么要有好的行为,形成自觉的行为,养成良好的习惯。帮助学生履行规则,实现自我管理,树立良好的行为标准,是教师在课堂上对学生进行思想教育的一个重要方面,是课堂组织的任务之一。

5. 创造良好的课堂气氛

课堂气氛是整个班级在课堂上情绪和情感状态的表现,只有积极的课堂气氛才符合学生求知欲的心理特点。师生之间、同学之间的关系融洽和谐,才能促进学生的学习和思维的发展。从教育的角度来看,良好的课堂气氛,是一种具有感染力的、催人向上的教育情境,使学生受到感化和熏陶,产生感情上的共鸣。从教学的角度来看,生动活泼的课堂气氛,会使学生的大脑皮层处于兴奋状态,易于全身心地投入学习,更好地建构知识。并且能够使所学知识掌握牢固,记忆长久。

（二）教学组织的原则

根据学生心理发展的特点及课堂教学任务的要求,教师要使课堂形成融洽的气氛,培养学生良好的品质和习惯,应注意以下几项基本原则。

1. 明确目的、教书育人

育人是课堂教学的重要任务。通过教学组织,使学生明确学习目的,热爱科学知识,形成良好的行为习惯,是教学组织技能的特有功能。在各科教学中,都渗透着大量的德育因素,在传授科学知识时对学生进行学习目的等思想教育,最有吸引力和说服力。同时,在教学中教师严谨的治学态度,精湛的教学艺术,高度的责任感,对学生都有言传身教、潜移默化的作用。这些不仅会影响学生的学习态度,而且会影响他们的纪律行为。

2. 了解学生、尊重学生

每个学生都有自己的兴趣、爱好和个性特点。在课堂上,教师只有了解学生才能根据每个学生的不同特点,提出不同的要求,用不同的方法进行教育和管理。例如,对于不善于控制自己的学生,要多督促与指导,帮助他们从小事做起,逐步学会管理自己;对于身体欠佳或有思想情绪的学生,要采取提醒、鼓励的方法。在对学生进行管理的时候,要尊重他们的人格,坚持正面教育,以表扬为主,激发积极因素、克服消极因素。因此,有经验教师发现学生注意力不集中时,不是斥责、挖苦讽刺,而是通过多种方式给予暗示或引导。即使对个别学生,也不要在课堂上怒斥他,而是课上冷处理,留有余地,课下再解决问题。要想了解学生,就要以平等的姿态和学生多接触,把学生当成朋友一样多交心，遇到问题多从学生的角度思考，才能看到他们的真实情况，听到他们真实的声音。

3. 重视集体、形成风气

集体的舆论是公正的，有威力的。良好的课堂风气一旦形成，可使学生在集体中得到熏染和教育。先进班主任刘某某认为他的班里有一种特别的空气，这种空气就像雨后田野上的春风，清新、温暖、令人振奋。那些不守规矩的孩子一走进教室，就情不自禁地有所顾忌和收敛，受熏陶的时间久了，就逐渐被教育和转化过来。

集体的精神世界和个体的精神世界是相互影响的。每个人从集体中汲取有益的东西，从集体中得到关心和帮助，在集体的推动下不断进步。每个人丰富多彩的精神世界，又使得集体生动活泼，显示出无限的生机。

4. 灵活应变、因势利导

灵活应变、因势利导一般被称为教育的机智。教育机智是指教师对学生活动的敏感性，以及能对学生所发生的意外情况快速地作出反应，及时采用恰当措施。其主要体现在机敏的应变能力，因势利导地处理问题，把不利于课堂的学生行为引导到有益学生或集体活动方面来，恰到好处地处理个别问题。或根据实际情况，灵活地运用多种教育形式和方法，有针对性地对学生进行教育。

5. 不焦不躁、沉着冷静

遇事不焦不躁是教师的一种心理品质。它是以对学生的热爱、尊重与理解及高度的责任感为基础的。只有这样，教师才能公正地对待每一个学生，尊重和维护学生的自尊心，耐心地引导他们进行学习。也只有这样，才能在遇到意外情况时沉着冷静，不为一时的感情所冲动。处理问题时，随时意识到自己对社会、对学生所承担的责任，考虑自己的行为后果，从教育的根本利益和目标出发，处理好所面临的各种复杂的、棘手的问题。

6. 要求合理、发扬民主

教师在一开始时总会在学生之中有一定的权威，这是建立在学生对教师职业一贯尊重与信任的基础上的。如果滥用这种权威，必然会使教师的威信荡然无存，教学的组织工作也将陷入困境。因此教师在教学工作的起始阶段，就要维护好、使用好自己的威信。首先教师应当利用权威提出合理的教学要求，建立必要的制度。所谓合理就是对学生既不过分严厉，使学生疲于应付，也不过分宽松而达不到管理的目的。

（三）教学组织的类型

在国外的研究中，课堂组织从其基本特征出发，可归纳为 10 个行为方面，即行为的作用、方法、活动、题目、认知过程、参加人、时间、陈述、教学辅助和规则确定。在实际课堂运用中，每个行为方面又有各自的构成要素。根据我国的课堂组织情况，作者提出以下几个方面，作为教师课堂组织的基本行为。

1. 管理性组织

管理性组织是进行课堂纪律的管理。其作用是使教学能在一种有秩序的环境中进行。对于课堂纪律的衡量标准，过去和现在有着不同的看法。以前认为一个班级纪律好坏的基本尺度，是看上课时是否安静。在上课的时候，学生不能有一点声响，连一个图钉掉在地上都能听到声音。而现在，人们主张课堂不能像过去那样令人感到压抑，教师不是独裁者,要充分发挥学生学习的积极性和主动性。课堂是学习的场所,既要使学生生动活泼地进行学习,又要有纪律作为保障。因此,教师在进行课堂管理组织的时候,既要不断地启发诱导,又要不断地纠正某些学生的不良行为,保证课堂教学的顺利进行。

(1)课堂秩序的管理　　在课堂上可能会出现迟到、看课外书、做其他功课、交头接耳、东张西望、吃零食等不专心学习的行为。其原因是多方面的,如教师课前准备不足,上课无情绪,讲课时东拉西扯远离主题,缺乏系统而导致学生不专心;或学生考试成绩不理想,同学之间闹矛盾,以致家庭矛盾等,使学生心情欠佳而不能专心学习;社会的不良影响,使学生对学习不感兴趣、厌学等。有时课程的安排也会影响学生的情绪。

要解决这些问题,教师首先必须从关心、爱护学生出发,了解他们的问题,倾听他们的心声,和他们成为朋友。然后"对症下药"提出要求,用课堂纪律约束他们。只有这样,他们才能心悦诚服地听从教师的指导。

如何处理一般课堂秩序问题,教师可用暗示的方法。如用目光暗示,或在暗示的同时配合语言提示:"个别同学刚才恐怕没听见我说的话吧"、"我的话是不是每个人都听到了呢,我有点怀疑"。在这种暗示还不能起到作用的时候,教师也可以边讲解边走向不专心的学生,停留在他的身旁或拍拍他的肩膀,以非语言行为暗示或提示,不影响其他学生的学习。也就是说,当个别学生注意力不集中而又没有影响到其他同学时,教师不宜停下来公开批评学生。

(2)个别学生问题的管理　　无论课堂规则制订得多么切合实际,教师多么苦口婆心地诱导教育,也难免个别学生会出现一些问题。但是,教师应该认识到,个别学生的不良行为,大多数不是他们道德观念上的产物,不是不可改变的,一般是出于好奇或不正常心理的表现。教师应当创造一种互相信任、自然、亲切的气氛,在没有暴力、厌恶的情况下,对他们施加教育影响。对个别学生的问题,教师可使用以下三种方法。

1)做出安排,使他们不能从不良行为中得到奖赏,从而自行停止不良行为。这种方法是当个别学生的不良行为在课堂上出现时,只要不影响大局,不会对他周围的学生造成大的干扰,就不予理睬。在可能的情况下,安排其他学生进行一些有益的活动,抵消他的干扰。例如,引导学生观察挂图、标本、模型等,或讲述一个生动的事例,用幽默的语言活跃一下课堂气氛等,来吸引学生的注意。这种方法教师可能一时难以接受。但是,应该认识到,如果教师能学会对不良行为不作出反应,就能更恰当地驾驭学生的课堂行为。教师对个别学生斥责、恼怒等表现,他们会认为教师无能为力,反而强化了他们的不正当行为。对这种行为不予理睬,排除了对他的奖赏,使他感到灰溜溜的没有趣味,从而削弱了不良行为。

2)奖励与不良行为相反的行为。其意思是:教师为有不良行为的学生提供的一种合乎需要的替换行为,这种行为会给他带来一定的奖赏。例如,有的学生在课堂讨论时总爱打闹,影响讨论的正常进行。教师可指定他专门思考一个讨论要点,在小组讨论中发言,或做小组记录等。如果在小组发言较好,让他在全班讲,并给予表扬和鼓励。如此,使个别学生在不良行为和替换行为之间做出选择,从替换行为中得到心理的满足。为了取得预期效果,对替换行为的奖赏必须是强有力的,足以抵消不正当行为,促使其选择替换行为。

3）教育与纪律约束相结合。对于一些消极的、严重影响课堂纪律的行为，适当执行纪律约束是必要的。但是对个别学生执行纪律约束不是目的，而是一种教育的手段，是为了能够矫正不良行为。如果在约束之前，帮助学生明辨事理，明白了矫正的目标，认识到对他执行纪律是合理的，就可能产生更好的效果。假如一个学生无意或不小心打破了窗子的玻璃，教师对他讲明了利害关系和爱护公共财物的重要性，让他把碎片收拾起来，并适当赔偿损失，学生就会接受纪律要求而没有怨言。在学生明白道理以后，会产生一种内疚感，认识到这是他不良行为所造成的必然结果。苏霍姆林斯基认为："假如你只是从教室的讲台上观察学生，假如学生仅仅因被点名才走近你，假如他跟你的交谈只限于回答你的问题，那么，无论什么心理学的知识也帮不了你的忙。应当像对待同伴和直言规劝的朋友那样跟孩子打交道，同他们一道分享胜利的喜悦和失意的忧伤。"

（3）非正式群体的管理　　有一些学生会因为兴趣爱好相似而组成一个个小团体，因为并不是像班级、小组那样正式的编制，在此称为非正式群体。有时候，非正式群体的行为与学校要求是不一致的，如果这样的群体中再出现几个"刺儿头"，就会非常难以管理，使课堂教学不能顺利进行，让教师大伤脑筋。对于这样的情况，任课教师应该与班主任积极配合，共同努力。一方面全面了解学生情况，耐心做好学生的思想转化工作，避免一味简单粗暴的批评、指责的消极处理方式。另一方面，根据他们的兴趣、爱好、特长、可培养的潜能，给他们布置一定量的任务（如课外实验、课堂实验的准备工作、小调查等）让其完成，指定"刺儿头"负责，再给予一定的指导，保证任务顺利完成。让学生在实践中体会到成就感和学习的重要性，逐渐改正不足。

2. 诱导性组织

诱导性组织是在教学过程中，教师用充满感情、亲切、热情的语言引导、鼓励学生参与教学过程，用生动有趣、富有启发性的语言引导学生积极思考，从而使学生顺利完成学习任务。其组织方式有以下两种。

（1）亲切、热情、鼓励　　这种组织方式，不仅适用于好学生，更适用于成绩较差或不善于表达思想的学生。比如教师在让学生回答问题时，后两类学生一般都比较紧张。这时教师应该用亲切柔和的语调告诉他们："不要慌，胆子大些，错了没关系。"当学生回答得不准确或词不达意时，教师应首先肯定他们的优点及正确的回答，然后鼓励说："我知道你心里明白，就是语言还没组织好。"接着给予适当的提示，使他们能较好地表达自己的思想。对于不能回答问题学生，要比较委婉地进行处理。比如说："如果你再仔细考虑一下，我相信你能回答这个问题，请坐下再考虑一下。"经过这样不断地鼓励和引导，他们一定会积极参加到教学过程中来。当他们正确地回答了问题时，教师应该用高兴的语气给予表扬，鼓励他们继续进步。在教师亲切热情的诱导下，学生会乐于接受教师的指导，顺利完成学习任务。

（2）设疑点善激发　　激发学生产生疑问，引起学习的欲望，是调动学习积极性，深入思考问题的一种好办法。首先教师要善于提出问题。特别是对一些重要的教学内容，而学生的理解又比较肤浅时，要激发学生产生疑问。当学生要求解决矛盾的积极性被调动起来之后，紧接着是使学生会思考，学会运用理论，运用科学的思维方法去求得矛盾的解决。其意是说，教师要启发学生学习，是引导不是生拉硬拽，是激发不是压抑，是诱导不是代替。也就是说，教师除了通过提问激发学生学习的积极性之外，还要启发诱导掌握科学的思维方法。

四、课堂结束技能

结束技能是教师在完成课堂教学活动时，对教过的知识进行归纳总结，使学生对所学过的知识形成系统，并转化、升华而采取的行为方式。一堂生动活泼的具有教学艺术魅力的好课犹如一支婉转悠扬的乐曲，"起调"扣入心弦，"主旋律"引人入胜，"终曲"余音绕梁。导入是"起调"，结束是"终曲"，完美的教学必须做到善始善终，故结束技能与导入技能一样，是衡量教师教学艺术水平的重要标志之一。

课堂教学的结尾，要依据本节课的教学内容，将学生所学的分散的知识集中起来，进行系统的教学总结，帮助学生完成由感性认识到理性认识的飞跃。课堂教学的结尾，如同聚光灯一样，收拢学生纷繁的思绪，帮助他们理清思路，梳成"辫子"，使学生对所学知识了然于胸，变瞬时记忆为长期记忆，永志不忘。课堂教学的结尾，又好像推进器，它指引学生在旧知的基础上向新知进军，激励学生不断向新的高度攀登。所以，结束技能是课堂教学必不可少的一个环节，也是教师展现智慧的环节。

（一）结束技能的目的

1. 巩固知识

每节课的知识内容都包含了一定的信息量。这些信息不是孤立的，而是有一定的联系，是按照一定的逻辑组合而成的。运用结束技能对一节课或一单元课所学的知识信息进行及时的系统化总结、巩固和应用，使学生对新的知识更加清晰，能理顺一条逻辑结构主线，经过这种及时的小结、复习，可以将知识信息从原来的瞬时性记忆转化为短时记忆或长时记忆，起到复习巩固的作用。

2. 及时反馈

运用结束技能可以及时反馈教与学的各种信息。当教师按原先备好的教学计划完成了教学任务后，可以利用最后一段时间，通过完成各种类型的作业、练习、操作、判断评价等活动方式，检查教的效果及学生掌握知识的程度，为下一步的调整改进及时提供了反馈信息。

3. 承前启后

知识往往是前后连贯的，既有纵向的联系，又有横向的关系。好的结束有利于为以后的知识学习做好准备，为讲授以后的新知识提前创设教学情景，起到课与课之间、知识与知识之间的承前启后作用。

4. 促进思维

教师通过课的结束，可以留下悬念，埋下伏笔，促进学生的思维活动深入开展，进一步诱发学生继续学习的积极性，也便于学生在课后有针对性的复习。

（二）结束技能原则与要点

1. 要及时小结和复习巩固

心理学研究表明，记忆是一个不断巩固的过程，由瞬时记忆到短期记忆再到长期记忆，有一个转化过程，实现这个转化过程最基本的手段是及时小结，周期性地复习。因此在讲授新知识接近尾声时要及时小结和复习巩固，尤其讲授那些逻辑性很强的知识更应该及时小结，复习巩固。

2. 课堂小结要紧扣教学内容的目的、重点和知识结构

针对学生的知识掌握情况及课堂教学情境等，采取恰当方式，把所学新知识，及时归纳到学生已有的认知结构中。小结要精要，要有利于学生回忆、检索和运用。

3. 课的结束时，应概括本单元或本节知识的结构，深化重要事实、概念和规律

经过精心加工而得出的系统化、简约化和有效化的知识网络，能帮助学生把零散孤立的知识"串联"和"并联"起来，了解概念、规律的来龙去脉，这样，知识才学得融会贯通。

4. 要安排适当的学生实践活动

如练习、口答和实验等。通过思维和实践活动，促进学生的思维发展（如集合思维和创造性思维等），培养抽象、概括能力和口头与书面表达能力。

5. 布置作业应要求明确

应要求明确，数量恰当，使每位同学都能记录下来。

6. 结束的时间要掌握紧凑

结束环节的时间安排要紧凑，不能拖堂，以免引起学生反感。

（三）课堂结束技能的应用案例

1. "玉米高产栽培技术"教学设计的结束部分应用案例

1）总结：这节课学到什么内容？

2）社会实践：到农田进行一次实地观摩，并动手实践，参与玉米的种植实践。

3）视频观摩：观看玉米育苗技术的视频。

2. "蔬菜栽培"豆类蔬菜生产技术——豇豆教学设计的结束部分应用案例

1）教师总结，并对相关内容提出问题，随机请学生回答。

2）教师主动与学生沟通，初步建立关系，了解学生的学习结果与需求。

第三节　教学评价与反馈技能

一、教学评价的功能、类型

（一）教育评价的基本概念

教学评价是指系统地收集有关学生学习行为的资料，参照预定的教学目标对其进行价值判断的过程。

（二）教学评价包含的工作

教学评价主要包括以下几方面的工作：一是必须对学绩测验数据所表明的教学成效作出确切的诊断。诊断教学成效即依据教学目标，运用学绩测验数据，判明学生知识、技能、规范的掌握程度及能力与品德的形成状况。二是必须对教学的成败原因进行分析，并对今后教学工作的改进方面作出明确的规定。教学评价不仅要了解学生能力与品德的形成状况，而且更重要的是要找出以往学习中的断裂点和断裂带，分析其成功与失败的原因，并提出改进措施。三是教学评价的目的是对课程、教学方法及学生培养方案作出的决策。四是教学评价包括的步骤。教学评价是一种系统化的、持续的过程，包括确定评估目标、搜集有关的资料、描述并分析资料、形成价值判断及作出决定等步骤。

（三）教学评价的功能

教学评价是检验教学成效、确定学生学习结果和教师教学效果的有效手段，它的根本作用在于了解学生的学习状况，改进教师教学，从而促进学习效果的提高。

1. 诊断功能

对教学效果进行评价，可以了解教学各方面的情况，从而判断它的质量和水平、成效和缺陷。全面客观地评价工作不仅能估计学生的成绩在多大程度上实现了教学目标，而且能解释成绩不良的原因，并找出主要原因。可见教学评价如同身体检查一样，是对教学进行的一次严谨、科学的诊断。

2. 激励功能

评价对教师和学生具有监督和强化作用。通过评价反映出教师的教学效果和学生的学习成绩。经验和研究都表明，在一定的限度内，经常进行记录成绩的测验对学生的学习动机具有很大的激发作用，可以有效地推动课堂学习。

3. 调节功能

评价发出的信息可以使师生知道自己的教和学的情况，教师和学生可以根据反馈信息修订计划，调整教学的行为，从而有效地工作以达到所规定的目标，这就是评价所发挥的调节作用。

4. 教学功能

评价本身也是种教学活动。在这个活动中，学生的知识、技能将获得长进，智力和品德也有进展。教学评价的方法：测验、征答、观察提问、作业检查、听课和评课等。

（四）教学评价的分类

教育评价的种类因不同的分类标准而不同，直到目前尚无统一的分类标准，下面介绍六种主要分类方法。

1. 诊断性评价、形成性评价和总结性评价

根据教育评价在教学活动中的不同作用，可以将教育评价分为诊断性评价、形成性评价和总结性评价。

（1）诊断性评价　　在教育、教学或学习的计划实施的前期阶段进行，重在对学生已形成的知识、能力、情感等发展状况作出合理的评价，为教学计划的有效实施提供可能的信息资源。

（2）形成性评价　　在教学和学习过程中进行，一般以学习内容的一个单元为评价点，采用及时的反馈，并根据学生个体的差异进行有针对性的矫正。相比较于其他两种评价类型，它测试的次数比较频繁，概括的水平较低。

（3）总结性评价　　在教学和学习后进行，是对教学和学习的全过程的检验，评估距离最终目标的程度，并对学生进行必要的区分，一般在学期中和学期末进行。相较于其他两种评价类型，它测试的次数较少，概括的水平也较高，测验内容和范围都要高于前两种的要求。

2. 相对评价、绝对评价和个体内差异评价

根据教育评价的价值标准不同，可以将教育评价分为相对评价、绝对评价、个体内差异评价。

（1）相对评价　　根据所要评价的对象的整体状态确定评价标准，以被评价对象中的某一个或若干个为基准，通过把各个被评价对象与基准进行对照比较，判定出每个被评价对象在这一集体中所处位置的评价。

（2）绝对评价　　在被评价对象的整体之外，确定一个客观标准，将被评价对象与这个客观标准进行比较，以判断其达到标准的程度的评价。

（3）个体内差异评价　　以被评价对象的自身某一时期的发展水平为标准，以判断其发展状况的评价。

3. 实证化评价与人文式评价

根据心理与教育研究方法中有关实证与思辨的特色，可以将教育评价分为实证化评价与人文式评价。

（1）实证化评价　　用实际的证明来判断事物属性或发展变化规律的评价。

（2）人文式评价　　侧重于个体的主体意识和心理活动规律，强调评价者与评价对象的交流，对评价对象作出价值判断的评价。

4. 定量评价与定性评价

按照评价的分析方法，教育评价分为定量评价和定性评价。

（1）定量评价　　这是将评价对象进行数量化的分析和计算，从而判断出它的价值。它有助于一些概念精确化，加强评价的区分度，降低评价的主观性和模糊性，增加评价的说服力。

（2）定性评价　　这是将评价对象作出概念、程度上的质的规定，然后进行分析评定，以说明评价对象的性质或程度。这种评价比定量评价简便易行，但不如定量评价精确具体。但是，在实际评价工作中，有些可以量化，有些不能量化或不易量化，所以应该将定量评价和定性评价结合起来。

5. 自我评价与同伴评价

根据参与教育评价的主体不同，可以将教育评价分为自我评价与同伴评价。

（1）自我评价　　是指被评价者依据指标，参照一定的标准，对自己的工作、学习、品德等方面的表现进行评价。

（2）同伴评价　　是同学之间依据一定的标准评价某一同学的表现。

6. 以活动为对象的评价、以人员为对象的评价、以管理为对象的评价和以区域教育为对象的评价

（1）以活动为对象的评价　　教育是一种复杂的活动，包括教学活动、德育活动、体育活动、勤工俭学活动、课外活动等。其中，教学活动包括各科教学、教学过程、课程教学、课外辅导、作业批改等，德育活动包括德育教学、社会服务、共青团、学生会活动等。对这些活动的状态或成效进行评价，就是这种评价的内容。

（2）以人员为对象的评价　　教育活动实施有许多人员参与，有校长、职工、教师、

学生、行政领导和管理人员等。对这些人员的素质、工作态度和成绩进行评价，就属于这一类的评价。其中，对校长、教师和学生的评价，在教育评价中占重要位置。因为校长是一所学校的领导者、组织者和全校师生员工学习与工作的带领者，一所学校办得好坏，在很大程度上取决于校长的政治思想水平、文化素质、计划决策和组织管理能力。同时，教师的素质和工作态度也影响和决定着教育质量。另外，学生是学习的主体，是教育质量的具体体现者，"衡量任何学校工作的根本标准不是经济效益的多少，而是培养人才的数量和质量"。因此，对校长、教师和学生的评价是非常重要的。

（3）以管理为对象的评价　　教育管理包括教学管理、班级管理、财务管理、学生管理、生活管理、人事管理和行动系统管理等，这是开展教育活动、提高教育质量的重要保证，因此，必须进行这方面的评价。

（4）以区域教育为对象的评价　　这是对一个区域（乡或县、市、省）整个教育状况的评价，包括对教育结构、师资力量、教育经费投入、与当地经济社会发展水平的适应情况等评价。

当然，也可将教育评价分为静态评价和动态评价。对在相对稳定状态下的评价对象进行评价称为静态评价。对着眼于考察对象发展变化的评价，称为动态评价。如要评价某些学校经过一段时间的努力，取得了怎样的成绩，即属于动态评价。此外，还可以根据评价主体的不同把教育评价分为自我评价与他人评价、个体性评价与群体性评价等。

（五）教学评价应用案例

1. "植物病虫害防治"的课程考核评价

（1）考核方式　　形成性评价+终结性评价。

（2）形成性评价　　每个项目（或任务）结束后要组织学生自评、组长评价和教师评价。该项目成绩为学生自评（30分）+组长评价（30分）+教师评价（40分）。所有的项目（或任务）完成后，各项目（或任务）成绩取平均值的70%作为总成绩的第一组成部分。

（3）终结性评价　　包括技能考核和期末考评。

技能考核：学期末由教师组织技能操作考核，每位学生以随机抽签的形式确定考核内容，教师综合评定后给出技能考核成绩，占总成绩的10%。

期末考评：工作过程知识的测试（试卷、网上测试、口试），占总成绩的20%。

总成绩=形成性成性评价（70%）+终结性评价（30%）[技能考核（10%）+期末考评（20%）]

2. "园林植物栽培"课程"四位一体"实践性教学评价体系（天津市信息工程职业学校）

"四位一体"评价体系就是学生自评、小组测评、项目指导教师评价、企业师傅评价的"四位"，学生整个实训过程的总体表现为"一体"。采用"四位一体"的实践性评价体系可以使学生更加注重对每个实训项目要求的理解，对实验操作技能的掌握，也可以使课程任课教师较为全面地了解学生的学习成效和实践动手能力。

（1）"四位一体"实践性教学评价体系的主要内容　　"园林植物栽培"课程在教学过程中理论与实践教学时数的比例为4∶6，重点以实践性教学为主，课程总教学时数为

72个学时。在教学过程中学校会安排各专业学生到校企合作公司进行1个月的校外专业教学实习，其中"园林植物栽培学"课程校外实习时间为1周。"四位一体"的实践性教学评价体系全方面覆盖课程教学过程中学生的整个表现，再现了学生各个方面的表现，使教学评价从单一的考试考核转变成为整个学习阶段全过程的评价体系。

1）学生自评。课程实践性教学过程中每个实训项目都要求学生个人撰写实训实习报告，把实训过程中的操作步骤、技能要求、动手训练、个人体会进行叙述，重点阐述个人的体会和感想，以及操作过程中的得失。在学期结束之前把所有实训报告进行汇总，由学生个人进行自评得出成绩。

2）小组测评。在实训过程中每5个学生分成一组，让每个小组成员之间进行测评，即从服从安排、团队协作、吃苦耐劳、主动参与、态度认真等方面进行打分，按照小组其他成员实际打分情况进行平均，即得出测评成绩。

3）项目指导教师评价。指导教师根据学生平时实训过程中的表现，从学生平时出勤率、上课是否认真、回答问题是否积极、实训作业是否及时上交、操作过程是否细心、动作是否规范、是否遵守实验场所纪律规定及实验过程是否自我创新等方面进行评价。总体上把学生整个课程学习过程都包含在内，进行综合评价打分作为教师评价成绩。

4）企业师傅评价。每个学期的教学过程中学校会安排学生到园林绿化、园林苗木种植、园林植物养护等相关企业进行为期1个月的专业教学实习，让学生实地了解园林绿化相关的知识，体验与专业有关的职业技能操作要求。在这个过程中实习企业会安排实习师傅进行传授和帮带，指导学生完成1个月的专业实习。对实习学生的敬业精神、学习的自主性或求知欲、团队协作、纪律意识、文明礼仪、个人操守等方面进行综合打分，即为企业师傅评价成绩。

（2）采用"四位一体"实践性教学评价体系的优势　　在"园林植物栽培"课程教学过程中采用"四位一体"的实践性评价体系，让学生自始至终都注重自己的学习态度，不会出现松懈或懈怠的现象，使其逐步养成一个良好的学习态度和行为习惯。克服了传统评价方式的弊端，改变了以往学期结束前考试考核的方式，彻底扭转了学生考前突击复习、强化技能操作的做法，使学生形成了一种平时用功学、认真练以获得较好学习成绩的习惯。这种做法大大提高了学生平时学习的兴趣和效果，真正实现了教中学、学中做、做中教的职业教育模式。

二、教学评价的一般方法、内容

教学是培养人才、实现教育目的的基本途径。教学评价就是根据教学目的和教学原则，利用所有可行的评价方法及技术对教学过程及预期的一切效果给予价值上的判断，以提供信息改进教学和对被评价对象作出某种资格证明。

（一）教学评价的一般方法

1. 客观题评价法与主观题评价法

客观题评价法是指问题给出较为明确，答案唯一，可较为客观地评分的一类测验。如考试或测验中的选择题、判断题、匹配题、填空题等。主观题评价法是指要求学生针对问句或陈述句，用自己的语言写成较长的答案，允许学生自由表达观点，但要求言之有理的一类测验,如考试或测验中的简答题、论述题、案例分析和设计题等。大多数学业成就测验结合运用这两种题型。

2. 表现性测验评价

表现性测验指的是客观测验以外的一类以行动、作品、表演、展示、操作、写作、制作档案资料等更真实地表现来展示学生口头表达力、文字表达力、思维表达力、随机应变力、想象力、创造力、实践能力及学习成果与过程的测验(评价方法)。表现性测验在学生学业考评过程中常用的测验题型与方式有：口头测验、辩论、短文题考试、写作测验、过程反应题、实验技能教学考试评价。表现性测验的类型丰富多彩,且因不同的学科而有所区别。

3. 评定量表评价法

评定量表示运用于对评价对象进行量化观察的一种测量工具。评定量表具有收集接近客观实际情况资料的功能,尤其适合对学生表现性行为或作业的评价。评定量表常用的形式有数字等级评定量表、图示等级评定量表、图示描述评定量表、检选式评定量表和脸谱图形评定量表。等级评定量表适用于过程评价和成果评价。

4. 行为检核表评价法

行为检核表评价是依据教学目标或评价目标,将学生应有的、可观察的具体特质、行为或技能,依照发生的先后顺序或其他逻辑规则逐一详细分项,并以简短、明确的行为或技能描述语句表达,逐条列出行为或技能标准,而后请教师、家长或学生等检核者就被评学生的实际状况依序勾选,以逐一评定被评学生行为或技能是否符合标准。检核表用以记录与评价学生行为和技能,较为方便和具体,尤其适用于动作过程、操作程序等有结构的行为历程的评价；适用于对低年级学生的行为评价。

5. 同伴评定法与轶事记录评价法

同伴评定法是指同学之间依据一定的标准评价某一同学表现的评价方法。同伴评定可以修正教师的评价结论或增加教师评定的自信心。同伴评定常用方法是人物推定法或社会关系评价法。轶事记录评价法是指教师在对学生活动的观察过程中,发现发生在学生身上的有效事件,将其如实记录,并加以解释。轶事记录描述的是自然情境中的实际行为,对于描述学生最本质的行为特性颇有助益。将同伴评定法与轶事记录评价法用于对学生在"个体-社会"发展诸方面的评价,会使评价更有说服力。

6. 成长记录评价法

它以一个文件袋的形式收藏每一个学生具有代表性的学习成果(作业、作品)和反思报告,它可以督促学生经常检查他们所完成的作业,在自主选出比较满意的作品过程中,反思他们的学习方法和学习成果,培养他们学习的自主性和自信心。成长记录评价法能够记录学生成长过程中的成功与挫折,让学生体验成长与进步。另外,它可为教师、家长和其他人提供多样的评价材料。

(二)教学评价的主要内容

教学评价是对"教育现象及其效果进行的价值判断",表明教育评价的对象涉及教育的全部领域,其内容非常丰富。

1. 学生评价

学生评价是以学生为对象的教育评价,是依据一定的价值标准对学生的学业成就、个性发展、品德状况、体质体能等方面进行价值判断的过程。

（1）学业成就评价

1）学业成就评价概念。学业成就评价就是按照一定的标准，对学生的学习成果进行价值判断的过程。在学业成就评价中，获取评价信息的主要手段是进行学业成就测验。这是对学生学习成果的数量测定。学业成就测验只是学生成就评价的一种重要手段。通常，学业成就测验主要用于检查学生在知识和技能方面的情况，故也称为学业成绩测验，简称学绩测验。学业成就评价为教师改进教学提供反馈；为学生学习提供帮助；为学生家长和各级教育管理者提供反馈信息。

2）学业成就评价的主要工具。

A. 标准化考试。这是指具有规范的标准，对各个环节按照系统的科学程序加以组织，对误差作严格控制的考试。

优点：一是比较全面地考虑了能给考试带来误差的各项因素，将各方面的误差控制在尽可能小的范围内；分数具有可比性。二是标准化考试具有统一参照标准，使同一考试内容的不同考试之间分数可以相互比较；可以校准其他考试。

标准化考试是一个系统化、科学化、规范化的施测过程，它包括制订考试大纲、试题编制标准化、考试管理标准化、评分、记分标准化、分数解释标准化等全过程的标准化。

B. 教师自编测验。这是教师自己根据教学的需要，设计和编制试题、确定评分标准并进行评分的测验。

基本特点：一是针对性和适应性较强；二是比较灵活，简单易行；三是人力、物力、财力的投入较少；四是测验的科学性不易保证，且不具备可比性。

教师在自编测验时应注意：一要做好测验的总体规划；二要按照测验编制程序进行；采用标准参照测验时，应使测验题目具有较大的覆盖面，且紧扣教学目标及标准。标准的确定要符合教学目标和教学大纲、结合教材内容和教学实际。

（2）学生品德评价

1）品德评价的涵义及作用。品德评价就是在一定的思想指导下，运用科学、合理的方法，对学生的品德进行测定、评定，并对其价值作出判断的过程。

品德评价有效地保证了学校教育的正确方向，可以促进学生的全面发展，可以为学校教育提供有价值的反馈信息，可以保证德育，有效地促进社会进步。

2）品德评价的主要工具。

A. 总体印象法。这是评价者根据自己平时对学生情况的了解及已形成的总体印象进行价值判断的方法。这种方法简便易行，概括性强。但缺乏统一标准，主观随意性大，可靠性差。

B. 评语鉴定法。这是评价者根据自己对评价对象的长期观察与了解，参照有关标准，用陈述句形式对学生品德水平和状况作出鉴定的方法。较之总体印象法在准确性、可靠性等方面有所进步，但受主观因素影响的成分仍较大。

C. 等级测定法（又称操作等级评定法）。这是按照一定标准对评价对象的品德水平和状况给予总结性的等级评定的方法。

D. 积分测评法。这是把品德评价分为若干项目，每项均有分数及评分要求，平时定期测评,期末计算累积分数的方法。

　　E. 加权综合测评法。这是根据品德评价指标体系,采取自评与他评相结合的方式,先确定单项分值,然后进行加权求和,算出综合值的方法。

　　F. 评等、评分、评语综合测评法。这是对若干种评价方法的综合,是对学生品德进行等级和分数评定之后再辅之以评语的说明和补充,以解释等级和分数意义的方法。它是定性与定量相结合的方法。它融合了诸多方法的优点,比较客观、具体,因而应用较广。

　　G. 知识行为测评法。这是一种将品德行为测评与相关品德知识测评结合起来的方法。一般是把品德测评与思想品德课成绩结合起来进行评价。

　　(3) 学生质量综合评价

　　1) 学生质量综合评价概述。学生质量综合评价是指评价内容、形式、方法及实施程序上的综合性。从内容上,要对影响学生发展的因素,包括德、智、体、美、劳等各个要素进行评价;从形式上,设计出多因素、多层次、多指标的评价指标体系,实施多指标综合评价,力求从多角度、多侧面,客观全面地反映学生的实际;从方法上,发挥多种评价方法的优势,进行综合评价;从实施程序上,先按评价标准的要求逐项评定,然后将评价结果从部分回到整体,再逐级综合,最后经过分析、解释,作出价值判断,得出整体的评价结果。

　　学生质量综合评价的目的是促进每一个学生的全面、和谐、健康发展,促进教育价值观及教育质量观的转变,可以实现各种教育力量的结合,可以促进教育教学过程不断得到优化,使教育质量不断提高。

　　2) 对学生质量综合评价的内容要求及使用方法。学生质量综合评价的内容必须具备:一是导向性,即评价内容必须符合社会主义性质和国家的教育方针;二是系统性,即评价内容要从整体出发确定评价子系统及子系统内的整体性;三是针对性,即评价内容要符合学生整体特点,要针对不同年龄学生的特点设置;四是激励性,即评价内容要使学生产生积极的行为,并提高这种行为重复出现的概率。

2. 教师评价

　　(1) 教师评价的涵义及目的　　教师评价是在正确的教育价值观指导下,根据教育目标及教师的根本任务,按照规定程序,运用科学的技术、方法,对教师工作的状态与绩效进行的价值判断活动。教师评价的目的是:提高教师素质,调动教师提高教学质量的积极性,加强教师队伍管理,促进教师管理科学化,促进全面实施素质教育。

　　(2) 教师评价的内容

　　1) 教师基本素质。其是教师承担并完成各项任务所应具备的基本条件。主要有:政治素质、职业道德素质、文化素质(教师应具有基础文化知识、专业知识、教育理论知识,对所教学科的内容应精通,对本学科发展的历史、现状和新的趋势有所了解,要通晓心理学、教育学的一般理论知识,并要具有相应合格的学历)、能力素质(教育加工能力、表达能力、实验能力和实际操作能力、教育组织能力、观察与研究学生的能力、研究能力)。

　　2) 教师工作过程。

　　A. 工作数量。一是教学工作量,即教师的周课时工作量,教学辅导工作、批改作业、教研活动、教学计划总结等工作量;二是思想教育工作量,如组织班会、指导团队活动、家长工作等;三是职务工作量,担任班主任、教研组长及其他社会工作量;四是其他活动量，如参加政治学习、参观调查等。

　　B．工作质量，包括教学工作质量、教育工作质量、其他社会工作质量。

　　3）教师工作绩效。

　　A．教育效果。教育效果是指在教育教学工作及日常生活中，教师通过思想教育及自身的思想品德、人格风貌、工作作风、言行举止等对学生的思想品德、行为习惯所产生的有利于学生成长，为教育目标所要求的结果。

　　B．教学成绩。包括课堂教学成绩，学期、学年、学段成绩，学生原有基础、发展情况及学生学业成绩等。

　　C．教科研成果。包括教学研究成果和教育科学研究成果。

　　（3）教师评价注意事项

　　1）评价目的是为了奖励还是促进教育教学工作的改进，应淡化前者，强化后者。

　　2）评价指标体系依主观经验而定还是应进行实证性研究，应重视实证性研究。

　　3）评价过程中教师是主动参与者还是被动评价对象，应重视教师的主动参与。

　　4）评价者必须要专业化还是什么人都可以作为评价者，应使评价队伍专业化。

　　5）教师教学质量评价指标是否需要更新、完善，应进行更新、完善。

　　（4）教师评价应用案例

山东某职业学校《教师量化考核办法》（修订稿）

　　为适应教育教学改革，加强教学管理，充分调动教师的工作积极性，进一步提高教育教学质量，体现多劳多得，奖勤罚懒的原则，立足本系（中心）实际，制订本试行办法。

　　量化考核办法分为师德、工作量、教学常规、教学成绩、考勤、其他等几方面。

　　1）师德（占10%，记为A）。

　　教师必须忠于党的教育事业，积极参加教学改革，热爱学校，关心学生，为人师表，教书育人。

　　A．不服从工作安排或拈轻怕重，扣5分。

　　B．不按时完成工作任务或其他违纪失职行为，扣5分。

　　C．有违法乱纪行为，打人骂人现象，造成不良影响，扣10分。

　　2）工作量（占30%，记为B）。

　　工作量计算单位为课时，教师工作量等于教师备课工作量＋上课工作量＋自习辅导工作量＋作业批改工作量。系（中心）主任任课（一半）工作量加管理工作量，学科（教研）组长每周加1课时。

　　A．备课工作量＝学期教案数×0.5单位。

　　B．上课工作量＝学期上课节数×1单位。

　　C．自习辅导工作量＝学期辅导节数×0.5单位。

　　D．作业批改工作量：语文课＝语文班作业次数×1.2×0.25×班级数；其他课＝作业次数×1×0.25×班级数。

　　E．因公外出，按平均工作量计算，请假、休假按学校规定执行，实习指导教师按指导节数计算工作量。最后按B＝（30/最大课时数）×个人课时数计算。

　　3）教学常规（占25%，记为C）。

　　教学常规包括备课、作业、上课及自习辅导、教研活动四部分。

A. 备课（30分）。备课评价计分表见表4-2。

表4-2 备课评价计分表

项目		要求	标准分
教案完整		每堂课教案完整度高无缺备现象	10
备课内容	环节	有课题、教学目标、重点、难点、教学方法、教学内容、小结、作业布置	5
	教材处理	程序清楚，体现"三备"，重点突出，难点和教学内容安排恰当，理论联系实际	5
	教法	教学方法设计周密	6
	书写	书写规范、字迹工整	4
备注		1. 以旧教案代替者，作无备课处理 2. 周教案数低于班开课节数1/2，本项得分×80%；低于班开课节数1/3，本项得分×60% 3. 备课环节中每缺一项扣0.2分，扣完为止 满分为30分，各项最高得分不得超过该项标准	

B. 作业（30分）。作业评分表见表4-3。

表4-3 作业评分表

项目	要求	标准分
批阅次数	按照学校教学常规管理制度执行	10
批阅质量	批阅及时，对错误之处能明确指定；以分数或等级作出评价，并写明批阅日期；作业批改记录次数与作业次数等同，能体现作业优缺点及解决方法	20
备注	1. 每少批阅一次扣2分，扣完10分为止 2. 满分为30分，本项最高分不得超过该项标准分	

C. 上课及自习辅导（20分）。

a. 如发现教师有以下行为：上课无教案，课堂教学无板书及板书极为马虎；课堂内或实习课不管学生或管理效果极差；有严重体罚学生行为等，每项扣2分/次。

b. 未经特许坐着上课，上课写教案，批改作业等，每项扣2分/次。

c. 上晚自习检查时不在教室，扣2分/次。本项扣完为止。

D. 教研活动（20分）。

a. 每学期听课15节，每少一次扣2分。

b. 听课本使用不规范，不认真，扣1~5分。

c. 每学期举行的公开课少于一次，扣10分。

d. 不重视教育理论学习，扣1~10分。

e. 应参加的各类教研活动，缺一次扣2分。

本项扣完为止。最后按C＝（25/最大得分）× 个人得分计算。

4）教学成绩的定性考核（25分，记为D）。

定性考核包括学生评教、教师互评、系（中心）主任评价，通过测评量化赋分，其计算公式为：

定性考核分＝学生评教分×20%＋教师互评分×50%＋系（中心）主任评价分×30%

A．学生评教（满分 100 分）。每学期组织两次学生评教活动，每班随机抽调 20% 的学生，对任课教师的教学进行测评和量化赋分。

学生评教分＝学生评教累计总分÷学生数

B．教师互评（满分 100 分）。教师互评由被考核教师的 10%、班主任和学科（教研）组长组成，教师之间通过互相听课和平时了解的情况，量化赋分，每学期测评一次。

教师互评分＝教师互评累计总分÷参评人数

C．系（中心）主任评价（满分 100 分）。系（中心）主任评价由系（中心）管理人员组成，通过听课、座谈、巡查、参加教研活动等途径，了解教师的教学情况，作出评价，每学期测评一次量化赋分。

系（中心）主任评价分＝系（中心）主任评价累计总分÷参评人数

最后按 D＝（25/最大得分）×个人得分计算。

5）考勤（10 分，记为 E）。

考勤采取定点考勤和值日抽查考勤两种形式。

A．请假批准权限按学校规章制度要求。统一组织的会议和学习期间，请假均由系（中心）主任批准。请假应办理请假手续，签发假条，无请假条者一律按旷工处理，病假需持相应医院证明，特殊情况需报请学校研究决定。

B．考勤时限：学校制订的作息时间表所规定的工作时间，均为考勤时间。

C．婚、丧、产、探亲假均按国家文件和学校有关规定规定执行。

D．旷工一天扣 5 分，空堂一节扣 1 分，事假一天扣 0.5 分，病假一天扣 0.2 分，迟到早退（包括上课、辅导、坐班）一次扣 0.5 分。

本项满分为 10 分，在此基础扣分，可得负分。

6）其他（本项得分为 F）。

A．教育教学论文、课件。

a．凡在国家正式出版社发行的教育教学刊物上发表的论文，字数在 2000 字以上者，国家级奖 2 分，省级奖 1 分，市级奖 0.5 分。

b．在上级教育部门组织的论文评选中，获国家、省、市奖励的分别奖 2 分、1 分、0.5 分。

c．在上级教育行政部门组织的课件评选中获国家、省、市奖励的分别奖 2 分、1 分、0.5 分。

本大项取最高分，不重复记分。

B．优质课。凡在国家、省、市级优质课比赛中获奖的分别奖 3 分、2 分、1 分。凡在国家、省、市级获得优秀教育工作者、优秀教师、优秀班主任等称号的教师，分别奖 2 分、1 分、0.5 分。

C．课题研究。经校、系（中心）审批，教师承担县以上课题研究项目，并按计划认真研究，通过相应的鉴定验收，认为课题取得成功，给予特别奖励分。

D．辅导教师奖励办法。该奖项用于各学科在市级（含市级）以上学生竞赛（比赛）获奖的辅导奖励，奖励办法如下。

a. 团体奖：获团体第一名或一等奖，国家、省、市分别奖 5 分、4 分、3 分；获团体第二名或二等奖，国家、省、市分别奖 4 分、3 分、2 分；获团体第三名或三等奖，国家、省、市分别奖 3 分、2 分、1 分；其余等次不发奖。

b. 学生代表学校参加市以上竞赛或技能比赛，获国家级、省级、市级的辅导教师奖 3 分、2 分、1 分。

E. 评分。按学期初、学期末学生数计算，辍学率在平均以下的，任课教师得 2 分，班主任得 4 分；辍学率最低的 5 个班级，任课教师得 3 分，班主任得 5 分；辍学率最高的 3 个班级，任课教师扣 2 分，班主任扣 3 分；任课教师最后得分为所任班级平均分。

F. 教学改革突破奖。凡在专业建设、学科建设或教学改革的其他方面锐意进取，取得突出成绩者，经校、系（中心）审批给予特别奖励分。

7）终结成绩考核处理办法。

A. 个人总分：Z＝A＋B＋C＋D＋E＋F。

B. 该考核成绩作为评优树先、年度考核、职称评聘的重要依据。

C. 终结性成绩是实行末位淘汰的依据。

本办法经教务科发布后由系（中心）负责解释并组织实施。办法中未尽事项，参照学校有关规定。

（三）教学评价

1. 教学评价的概念

教学评价是依据教学目标和标准，利用可行的评价技术，对教学过程及预期的教学效果予以价值判断，以提供信息改进教学过程，是教育评价的一个重要方面。

2. 教学评价的功能

教学评价有利于师生调节教学活动、有利于加强教师队伍管理、有利于激发师生教与学的积极性。

3. 教学评价的依据

教学评价主要依据：教学目标、教学大纲、教师教学工作的特点、学生的年龄特点、教育目标分类学等。教育目标分类学是教学评价的重要理论依据。美国著名心理学家、芝加哥大学教授布卢姆的教育目标分类学，在各国教育界具有广泛的影响。他认为整体的教学目标一定体现在教学活动中，并且把各种教学活动的目标分为认知、情感和动作技能三个领域，并认为这三个领域都可有层次再分解。

三、教学评价结果反馈

（一）反馈的条件、获取反馈信息方式

1. 同级信息反馈

同级信息反馈就是教师对教师、学生对学生进行的评价，以提出改进的建设性意见。实验证明，同伴的评语和建议能使教师、学生发现自己存在的问题，是整个教学的有机组成部分。一般情况下，教师应该鼓励学生开展同级反馈。通常学生在互相观摩同伴的实验操作，并对其进行信息反馈时，教师要组织学生开展两人小组活动或多人小组活动，

以便学生积极地投入讨论中，并对其他同学的操作提出自己的意见和看法，从而促进相互学习，提高学生的参与积极性。组织教师、学生进行书面对话，交换反馈信息是另一种形式的同级反馈。教学中教师、学生分成两人小组，让小组中的每个教师、学生对自己进行评论。然后每组中的两人将评论的内容与同伴互换，给同伴写出评论。

2. 教师-学生会谈式信息反馈

教师-学生会谈式信息反馈，是一种学生直接从教师那里得到对自己的反馈信息的方式，是师生间的信息交换。该方法的一大优势就是教师和学生之间的互动。在面对面的信息互换过程中，教师成为教学过程中的一个参与者。会谈时，学生可以表达自己的观点、也可以问教师问题并和教师一起对问题进行探讨。实践证明这种方法很奏效，一方面学生的学习主动性增加了，另一方面通过与教师面对面的交流，学生对自己的沟通更有信心。当然，师生会谈也可以在教师和4~5个学生之间进行。

进行会谈前，教师可以事先给学生准备问题检测单，列出一些问题让他们准备。最好先问一些与内容有关的问题，在会谈时，教师可以就学习内容进行解释。教师应该使用微笑、点头等体态语言来表示自己赞同或接受学生的观点。经过这样的会谈之后，学生备受鼓舞，写作的自信心更强了。最后教师可以让学生对会谈的要点进行总结。

3. 教师的书面反馈

教师的书面反馈是学生从教师那里获得的最常见的反馈方式。通常情况下，学生都期待着教师对他们学习的评价。教师恰当的反馈意见不仅可以使学生增强自信心，而且在学生的一生中起着相当重要的作用。在用问题的形式进行信息反馈时，应该确保给学生提供足够多的信息。在具体教学中为了能够使所反馈的信息对学生有用，教师可以运用信息分析系统和教师-学生间书面对话等方法。

在实际教学中，把三种信息反馈方式结合起来，可以满足教学过程中不同阶段的不同侧重。为了保证反馈评改的有效性，对教师、学生在不同阶段灵活运用不同的信息反馈方式，提高学生发现问题、分析问题和解决问题的能力，最终达到提高教学效果的目的。

（二）常用反馈方法及反馈信息处理

1. 收集评价信息的常见方法

（1）观察法　　观察法是教育评价收集信息的基本方法，它是有目的、有计划地按照评价标准的要求，对评价对象进行观察，以获取评价信息的一种方法。观察法又可以分为三种：在自然状态下对评价对象进行观察，称为自然观察法；对评价对象有选择地进行观察，称为选择观察法；在控制条件下对评价对象进行观察，称为实验观察法。

（2）调查法　　调查法是间接了解评价对象的一种重要的评价方法。当要收集的评价对象的信息范围很广，时间长，不宜直接观察时，可以采用这种方法。调查法也分三种：通过与评价对象谈话收集信息，称为谈话法；通过设计问卷向评价对象了解书面信息，称为问卷法；通过口头或书面汇报获取评价信息，称为汇报法。

（3）文献资料法　　文献资料法是通过书面材料获取评价信息的方法。比如评价教师的教学业务情况，可以查阅教师的作业本批改、教案、教学总结、发表的论文等，以收集教师业务情况的信息。

（4）测试法　　测试法是根据评价目标设计测试题，通过评价对象的书面或口头回答，以获取评价信息的方法。对学生学习质量的评价，通常采用这种方法收集信息。测试法又分为考试法和测验法，比如高考，它是考试法；心理测验，它是测验法。此外，还有个案法、实验法、人物推定法、投射法等。

2. 反馈信息处理

进行反馈时，可以直接反馈给教育评价对象，这是主要的反馈。一般来说，评价组织在评价结束后还要将评价结论反馈给教育主管部门，以便作为决策依据。有些项目的评价还可以在一定范围内以一定的方式公布。反馈可以采取口头传达和书面送达等方式。由于口头传达缺乏严肃性和正规性，因此，一般采取书面送达评价报告的方式进行反馈。

第四节　教师说课技能

一、说课的概念、范围

（一）说课的概念

说课是教师面对同行和专家，以先进的教育理论为指导，将自己对课标、教材的理解和把握、课堂程序的设计和安排、学习方式的选择和实践等一系列教学元素的确立及其理论依据进行阐述的一种教学研究活动。

说课与授课既有相同点，又有不同处。其相同点在于二者都是同一活动的教材。不同处在于：第一，目的不同。授课的目的是将教材内容转化为学生的理解，进而培养能力，进行品德教育，即"使学生会学"；说课的目的则是向听者介绍一次活动的活动设想，"使听者听懂"。第二，内容不同。授课的主要内容在于让学生理解哪些内容，怎么教。说课则不仅要讲清上述的主要内容，还要讲清"为什么这样做"。第三，对象不同。授课的对象是学生，说课的对象是领导、同行或专家、评委。第四，方法不同。授课是教师与学生的双边活动，说课则以教师自己的解说为主。

（二）说课的范围

说课应该说一门课与说一节课相结合，即课程说课与课时说课相结合。

1. 课程说课是对人才培养方案设计的考察

课程建设与改革是整个教学建设与改革的核心，也是影响人才培养质量的关键因素。在人才培养工作评估中不仅要剖析专业，更要剖析课程，只有剖析课程，了解课程设置理念、教学内容选择依据、教学组织安排、教学方法选择、教学资源配置、教学效果等，才能考察专业人才培养方案是否科学、优化。

2. 课程说课是对人才培养方案落实的考察

课程教学大纲的目标要求需要落实到每一个教学环节和每一节课。强调的是"学校的实际工作状态与确定的目标符合程度"，教师授课的实际情况是否符合课程设置、教学改革思路的要求，必须通过剖析一节课来考察。

3. 课程说课与课时说课相结合相辅相成，相得益彰

说一门课与说一节课，是整体与局部的关系，但侧重点不同，说一门课是侧重介绍课程的整体设置及设计，说一节课是侧重如何贯彻落实教学大纲的要求。说一门课更多的是考察课程教学团队的教育教学思想和教学改革思路；说一节课，更多的是考察教师个人的教学能力。

因此，两者结合起来互为补充，互为印证，从整体到局部，从理论到实践，从团队到个体，全面而深入地了解学校在课程建设与改革方面的真实状况。

二、说课的意义和原则

（一）说课的意义

1. 说课有利于提高教研活动的实效

以往的教研活动一般都停留在组织几次活动，再请几个人评议，组织活动的教师处在一种完全被动的地位，听课的教师也不一定能理解授课教师的意图，导致了教研实效低下。通过说课，让授课教师说说自己组织活动的意图，说说自己处理教材的方法和目的，让听课教师更加明白应该怎样去教，为什么要这样教，从而使教研的主题更明确，重点更突出，提高教研活动的实效。另外，还可以通过对某一专题的说课，统一思想认识，探讨教学方法，提高活动效率。

2. 说课有利于提高教师备课的质量

很多教师的备课笔记从总体上讲都是很认真的，但是教师都只是简单地备活动的目的、准备、过程等，至于此活动的目的、教法、学法的理论依据是什么，却探索得很少，导致备课缺乏理论依据，只流于形式，使备课质量不高。通过说课活动，可以让教师在活动中既"知其然"，也"知其所以然"，这就能从根本上提高教师备课的质量。

3. 说课有利于提高活动的效率

教师通过说课，可以进一步明确活动的重点、难点，理清活动的思路，这样可以克服活动中重点不突出、引导不到位等问题，提高活动的效率。

4. 说课有利于提高教师的自身素质

一方面，说课要求教师具备一定的理论素养，这就促使教师不断地去学习学前教育的专业理论，提高自己的理论水平；另一方面，说课要求教师用语言把自己的活动思路及设想表达出来，这就在无形中提高了教师的组织能力和表达能力，提高了自身的素质。

（二）说课的原则

1. 科学性原则

科学性原则是教学应遵循的基本原则，也是说课应遵循的基本原则，它是保证说课质量的前提和基础。科学性原则是说课的基本要求。

2. 理论联系实际原则

说课是说者向听者讲述其对某节课教学设想的一种方式，是教学与研究相结合的一种活动。因此在说课活动中，说课人不仅要说清其教学构想，还要说清其构想的理论与实际两个方面的依据，将教育教学理论与课堂教学实践有机地结合起来，做到理论与实践的高度统一。

3. 实效性原则

任何活动的开展，都有其鲜明的目的。说课活动也不例外。说课的目的就是要通过"说课"这一简易、速成的形式或手段在短时间内集思广益，检验和提高教师的教学能力、教研能力，从而优化课堂教学过程、提高课堂教学效率。因此，"实效性"就成了说课要求的核心。

4. 创新性原则

说课是深层次的教研，是教师将教学构想转化为教学活动之前的一种课前预演，其本身也是集体备课，是说课活动的一个组成部分。尤其是研究性说课，其实质就是集体备课。在说课活动中，说课人一方面要立足于自己的教学特长、教学风格；另一方面更要借助同行、专家参与评说，众人共同研究，树立创新的意识和勇气，大胆假设，小心求证，探索出新的教学思路和方法，从而不断提高自己的业务水平，进而不断提高教学质量。只有在说课中不断发现新问题、解决新问题，才能使说课活动永远"新鲜"、充满生机和活力。

三、说课的程序内容

（一）说教材

说课，首先教者要说明自己对教材的理解，因为对教材理解透彻，才能制订出较完满的教学方案。说教材包括三个方面内容。

1. 教材简析

任何一门课程的教材，从其知识内容到编排形式，都会构成一个系统。要说出对教材的整体把握，就需要明确本课题或章节内容在整个学段、一个学年的教材系统中所处的位置及其作用。只有明确了这一点，才能在教学中重视前后知识的内在联系，准确地认定教材的重点和难点，从而提高课堂教学效率。

2. 提出本课时的具体明确的教学目标

教学目标是课时备课中所规划的课时结束时要实现的教学结果。课时目标越明确、越具体，反映教者的备课认识越充分，教法的设计安排越合理。确立教学目标的依据，一是教学大纲的规定，二是单元章节的要求，三是课时教学的任务，四是教学对象的实际情况。要把这四点结合在一起通盘考虑，再来确定教学的起点和终点，从而明确提出本课时的具体教学目标。

3. 分析教材的编写思路、结构特点及重点、难点、关键

说清楚本课教学内容包含哪些知识点，教材是如何展示教学内容的，教材叙述语言与例题怎么搭配，按什么顺序展开的例题与习题的分布类型，其中的重点、难点内容是什么。

此外，在以上"说教材"的常规内容基础上，可以增添教师的个人思维亮点。例如，对教材内容的重新组合、调整及对教材另类处理的设计思路。

（二）说教法

主要说明"教什么"的问题和"为什么要教这些"的道理，即在个人钻研教材的基础上，说清本节课的教学内容的主要特点，它在整个教材中的位置、作用和前后联系，并说出教者是如何根据大纲和教材内容的要求确定本节课的教学目的、目标、重点、难点和关键的。例如，为完成教学任务所采用的课堂教学模式及其理论依据，为突出重点和突破难点采用的手段和理由，为处理某个习题所采取的策略和措施等。选择何种教学方法，关键在于教师对教材特点和学生认知规律的把握，但无论采用什么样的方法，都要始终贯彻"具有启发性"、"突出主体性"、"注重思维性"的原则。因此，说课者要从实际出发，选择恰当的教学方法。而且，随着教学改革的不断深入，还要创造性地运用新的教学方法。

（三）说学法

说学法不能停留在介绍学习方法这一层面上，要把主要精力放在解说如何实施学法指导上。主要说明学生要"怎样学"和"为什么这样学"的道理。要讲清教者是如何激发学生学习兴趣、调动积极思维、强化学生主动意识的；还要讲出教者是怎样根据年级特点和学生的年龄、心理特征，运用哪些学习规律指导学生进行学习的。特别在当今的新课程改革中，转变学生的学习方式，倡导以"主动参与，乐于探究，交流与合作"为主要特征的学习方式，是 2001 年新课程改革的重中之重，这也将成为所有教师教学中的"指挥棒"。要说好学法，首先必须深入研究学生，处理好课堂教学中的师生关系，重新摆正师生的位置。要改变陈旧的师者在讲台上滔滔不绝、面部表情呆板、"我讲你听"，学者在下面正襟危坐、目不斜视的"你问我答"的教学模式。其次，要注意对某方法指导过程的阐述，如教师是通过怎样的情境设计，学生在怎样的活动中，养成哪些良好的学习习惯，领悟出何种科学的学习方法，即不但让学生"学会"，还要让学生"会学"、"乐学"。

（四）说教学程序

教学程序的基本内涵是课堂结构，从教师的整个说课过程来说，应该是精华、高潮所在。说教学过程是说课的重点部分，因为通过这一过程的分析才能看到说课者独具匠心的教学安排，它反映着教师的教学思想、教学个性与风格。也只有通过对教学过程设计的阐述，才能看到其教学安排是否合理、科学，是否具有艺术性。通常，教学过程要说清楚下面几个问题。

1. 教学思路与教学环节安排

说课者要把自己对教材的理解和处理，针对学生实际，借助哪些教学手段来组织教学的基本教学思想说明白。说教学程序要把教学过程所设计的基本环节说清楚。但具体内容只需概括介绍，只要听讲人能听清楚"教的是什么"、"怎样教的"就行了。不能按教案像给学生上课那样讲。另外注意一点，在介绍教学过程时不仅要讲教学内容的安排，还要讲清"为什么这样教"的理论依据（包括大纲依据、课程标准依据、教学法依据、教育学和心理学依据等）。

2. 说明教与学的双边活动安排

这里说明怎样运用现代教学思想指导教学，怎样体现教师的主导作用和学生的主体活动和谐统一，教法与学法和谐统一，知识传授与智能开发的和谐统一，德育与智育的和谐统一。

3. 说明重点与难点的处理

要说明在教学过程中，怎样突出重点和解决难点，解决难点运用什么方法。

4. 说明采用哪些教学手段辅助教学

什么时候、什么地方用，这样做的道理是什么？

5. 说清楚课题的板书设计和设计意图

说教学程序，还要注意运用概括和转述的语言，不必直接照搬教案，要尽可能少用课堂内师生的原话，以便压缩实录篇幅。

6. 说教学效果

学生能力、素质培养目标的实现，同行、督导、学生等对本课程的教学评价，学生学习本课程所取得的成绩、职业资格考证通过率等。

7. 说课程特色

本课程在课程开发设置、教学设计、资源建设等方面的改革与成效，工学结合、"教、学、做"一体化等方面的创新与探索。

8. 说改革思路

针对课程建设中存在的问题及发展热点等，提出课程改革目标与思路。

四、课程说课案例

某学校"花卉栽培"说课稿

各位领导、老师：大家好！我今天说课的课程是"花卉栽培"。本门课程主要从课程目标与定位、内容、课程的教法与学法、课程教学条件与资源及课程单元教学设计五部分来阐述。

（一）说教材

1. 课程目标与定位

（1）课程目标　　包括素质目标、知识目标和职业能力目标三部分。

素质目标：强烈的进取心与团队合作精神、交际沟通销售能力、快捷的获取信息与知识的能力与爱岗敬业乐于奉献的职业操守。

知识目标：花卉识别、花卉繁殖、花卉栽培养护要点及花卉的应用。

职业能力目标包括专业能力、社会能力和方法能力。专业能力是知识目标衍生的能力，社会能力是素质目标的体现及分析解决问题能力和创造能力。

从以上的表述可以看出素质目标、知识目标和职业能力目标不是相互独立的而是三位一体、互相支撑的。由这三个目标组成的课程目标，以就业为导向，具体岗位指向主要有：园林果蔬花卉生产技术企业的产业化生产技术岗位、管理营销岗位、园林工程中的植物设计岗位、种植工程岗位与后续的养护管理岗位等。

（2）课程定位　　以人才市场需求和岗位技能要求为依据，确定果蔬花卉生产技术专业的培养目标为培养掌握本专业基础知识和操作技能、拥有相应文化水平和职业素质、具备创新和创业能力的高级技能型人才。"花卉栽培"是果蔬花卉生产技术技术专业的一门职业核心能力课程，课程定位属于专业技能平台。本门课程是果蔬花卉生产技术技术专业二年级开设的课程，与其相关的前导课程有植物学、植物生理学、果蔬花卉生产技术植物保护和土壤肥料学等，同时"花卉栽培"也为后续课程园林规划与设计、插花与花艺、果蔬花卉生产技术植物造型打下坚定的理论和实践基础。另外，"花卉栽培"还是国家职业技术资格证书花卉果蔬花卉生产技术师三级和高级插花员考核的主要考核模块。

明确了课程目标与定位，我们就要选择具体的课程教学内容。

2. 课程内容

（1）课程设计的理念与思路　课程设计理念：紧紧围绕"双证融通，工学结合"的创新人才培养模式，设计课程。

课程设计思路：按照课程定位—课程内容—教学项目—技能训练的思路来设计课程。

以岗位需求为目标：明确课程定位——与职业岗位（群）对接。

以工作任务为线索：确定课程内容——工作过程构建学习领域。

以生产过程为载体：设计教学项目——实施项目教学法。

以技能考核为参照：强化技能训练——实现教、学、做一体化。

（2）教学内容选取的依据　教学内容包括理论教学与实践操作。理论知识以"必需、够用"为度，根据企业实际工作过程操作要求，参照行业标准选择实践教学内容。无论是理论教学还是实践教学都要与职业资格证书考核的知识点相结合，体现教学内容的"职业性"。这就要突出每一教学模块的应用性，只有这样才能实现我们所说的教学目标与职业岗位设置相对接，突出职业院校技能培养特点。

（3）课程教学整体设计　具体包括以下四点。

1）能力模块教学。

2）工作任务驱动。

3）具体项目支撑导入。

4）分组合作、过程性考核。

所谓能力模块教学是将本门课程的教学内容分为四个模块，分别是花卉的识别、繁殖、栽培与养护及花卉的应用。按照基础技能—操作技能—管理技能—拓展技能四个层次构建课程体系。所谓任务驱动就是每一模块的教学内容都设置相应的学习任务，与岗位实际工作任务相对接。每一个学习、工作任务都是由相应的教学项目支撑，导入具体的教学内容，本门课程的教学项目是按照企业生产操作顺序（识别—育苗—生产栽培—销售应用）来设计的，这是具体的学时分配，本门课程共60学时，其中理论40学时、实践20学时。在实际教学过程中将理论知识点项目化，根据教学内容选择教学场所，打破理论和实践的课时限制，实现理论、实践一体化教学。选定了教学内容，教师就要考虑如何因材施教。

（二）说教法

本门课程主要采用6种教学方法（任务驱动、项目导向、现场体验式教学法、参与式教学法、情境式教学法、案例教学法）。情境式教学法：模拟企业实际工作环境来进行。案例教学法：我们在授课过程中通过教工群向全校教师征集花卉养护过程的问题作为教学案例，师生共同判断问题原因，由学生形成解决方案，教师修改后发给相应的教师，听取反馈意见。无论是采取哪种教学方法，始终坚持以学生为主体，教师为主导，融教、学、做于一体的教学模式，职业能力训练贯穿始终。

这是我们在课程教学中不同教学方法的应用图片。

通过月季的T字形芽接图片展示如何实现教、学、做一体化。切取接穗上的芽子，芽上0.5cm处下刀；取下盾形芽片；在砧木上做一个T字形切口；芽子嵌入切口中；绑扎。教师在教中做，学生在做中学，以学促教。

（三）说学法

"花卉栽培"要求学生具备逻辑思维能力，实践经验、动手操作技能及自主发现、解决问题的能力。果蔬花卉生产技术技术专业二年级的学生现状是逻辑思维能力相对较差、实践经验偏少、动手操作有激情、自主学习能力差、发现解决问题的能力稍弱。针对这种状况，教师通过将理论知识融入项目教学中来增加实践教学环节，提高学生学习积极性，而学生也要通过5种方法（善观察、勤动手、多思考、多总结、善创新）弥补自身的不足，适应本门课程的教学特点。

（四）说课程教学特色

1）校企合作，构建基于职业岗位工作过程的模块化课程体系。
2）任务驱动、项目支撑导入的教、学、做一体化教学模式。
3）理论教学直接融入项目教学中，实现了理论、实践一体化的教学过程。
4）建立以能力为中心的"过程性考核，综合评价"的课程考核方式。

过程性考核成绩占60%，其中花卉识别占15%、繁殖栽培项目30%、花卉应用及问题总结报告15%，小组内项目参与度占25%，避免学生在小组内出工不出力的现象。解决实际问题能力占10%、出勤占5%。

（五）说课程教学条件与资源

1. 教学团队　　包括校内专任教师，还聘请固定兼职教师3名。本行业领域的专家做讲座，企业优秀生产技术员现场指导评价，来弥补专任教师的不足（表4-4）。

表4-4　校内专任教师情况表

姓名	年龄	职称	学历	双师
×××	39	副教授	博士	是
×××	39	讲师	大学本科	是
×××	49	副教授	博士	是
×××	55	讲师	大学本科	是

2. 教学条件　　校内园林果蔬花卉生产技术生产实训基地，这是基地内实训项目及学生实习图片。除了校内实训基地外，本专业还有7个校外合作实训基地（连云港金辉农业有限公司、连云港兆隆翠景生态园林有限公司、连云港天通农资有限公司、青青花卉果蔬花卉生产技术有限公司、南通九鼎集团、上海虹华果蔬花卉生产技术有限公司、江苏瑞信农业有限公司）来弥补校内实训基地大规模综合性实训项目的不足。

3. 教学资源

（1）教材的使用和建设　　曹春英、陈卫元和周余华主编的《花卉栽培》是我们主要应用的教材，是21世纪农业部高职高专规划教材。

（2）立体教学资源　　除了教材，利用课程的大纲、日历、教案、课件等，以及本课程全套的实训资料和视频、花卉图片光盘和网络资料等立体的教学资源保障课程取得良好的教学效果。

（3）教学成果

院级教改课题："结合园林果蔬花卉生产技术基地实践教学的果蔬花卉生产技术植物栽培系列课程教学改革模式研究"。

院级科研项目：园林常见彩叶植物扦插繁殖技术。

院级科研项目：植物激素在切花百合生产中的应用技术研究。

发表本课程教改及科研论文8篇。

啄木鸟植物医院：获得本校第三届大学生创业大赛二等奖。

培训花卉果蔬花卉生产技术师及插花员500余人。

想得挺好，也有条件实施，那么具体的教学过程如何，是否具有可操作性？这就是我们要讲的课程单元教学设计。

（六）说课程单元教学设计

1. 先讲一下本门课程的教学流程

教学流程：教师布置任务→小组自主策划项目→学生制订方案→教师修改方案稿、定稿→生产实施→管理检查→应用考核→学生撰写总结报告。

2. 教学内容、教学手段与教学流程的对应讲解

例如，秋播草花播种育苗中大家熟悉的一个环节——播种。

（1）教学内容

种子的识别与判断、播种方法、流程示范、学生播种操作训练、总结考核。

（2）教学目标

1）素质目标：以组为单位，组内人员进行分工，体现团队协作精神；快速地获取信息与知识的能力，分析问题、解决问题的能力。

2）知识目标：了解播种繁殖优缺点，熟悉良种条件，正确判断购买种子的优劣。熟悉种子发芽的影响因子，能够找出种子出苗不良的可能原因。熟悉种子的播种流程、播种方法，不同种子选择适宜的播种方法，正确完成播种流程。

3）职业能力目标：播种流程的完成及各个环节的具体操作能力。关注草花市场，追踪热门及本地常用花卉，熟悉其应用。树立效率意识、成本意识、责任意识。

（3）教学过程：观、模、练、评

采用的教学手段主要为任务驱动法、项目导入法，模拟企业播种工作环境的情境式教法，实现理论与实践的一体化教学。

1）观。

A. 种子的识别与判断。各组自己准备种子的形态识别：金盏菊、硫华菊、波斯菊、

矢车菊、雏菊、虞美人、鸢尾、桂竹香、石竹、三色堇、二月兰等。

  a．根据良种条件判断本组种子的优劣种子。
  b．是否进行了前期处理（消毒、浸种催芽）。
  c．种子形态图片。
 B．播种方法及流程示范。播种方法的选择：撒播（小粒种子）、条播（中、小粒种子）、点播（大粒种子）图示法演示，教师教中做。教师现场演示如何根据种子类型选择播种方法及其具体操作，完成整个播种流程。

2）模：播种中注意事项的总结，学生进行不同播种方法的少量练习，学生在练中做。

3）练：学生播种操作训练，做中学。

根据所学的播种方法，结合种子大小及基质类型的具体情况，确定播种方法，即条播、撒播及穴播。在此过程中教师巡视，并解决学生遇到的问题。

各组播种结束后，插好播种草花识别标牌，安插温湿度计，在实习记录本上记录本组花卉的播种顺序。

4）评：总结考核。
 A．播种中存在问题的总结、讨论。
 B．播种环节的考核：种子的优劣、数量及前期处理占15%；播种操作占35%；播种苗的出苗率及苗势占50%。
 C．布置新任务：草花苗期栽培管理方案的制订及观察记录。

五、说课评分表

说课评分见表4-5。

表4-5　教师现场说课评分标准

项目	指标	观测点	评价内容	分值	得分
课程整体设计	课程定位	性质与作用	说明课程在专业课程体系中的定位，课程对实现专业人才培养目标所起的作用，课程与先修和后续课程的关系		
	课程设计	理念与思路	通过行业、企业岗位需求分析，说明课程所支撑的岗位职业能力与职业素养及课程的设计理念和课程改革思路		
	内容选取	针对性和适用性	说明课程内容所针对的职业岗位及对职业岗位能力培养所起到的支撑作用，并说明课程内容的选择适合学校现状和学生现状，并满足学生职业生涯的可持续发展；根据职业能力培养规律，以真实工作任务及其工作过程或项目为依据整合教学内容，设计学习性工作任务		
	内容组织	组织与安排	说明课程内容的组织方式、内容模块划分及各模块对实现课程目标的作用，所需课时数、课时分配及其理由		
教学设计与方法	教学组织	教学模式与教学过程	课程所选用的教学模式，所用教学模式的操作方法及实施效果，教学模式应体现教育的职业性、实践性和开放性；说明教学单元（项目、任务、情境、案例）的教学目标及教学实施全过程，包括内容定位、实施步骤、组织方法、时间分配等；教学过程的设计体现职业素养的培养和安全规范等		
	教学方法与手段	教学方法与手段的运用	根据课程特点、学生现状和教学条件，说明采用哪些教学方法与先进教学手段来保证课程教学目标的实现，并说明教学方法和教学手段的具体运用		

续表

项目	指标	观测点	评价内容	分值	得分
教学设计与方法	教学资源	教学资源的组织与应用	说明所开发的特色教材或所选用的教材，并对其他教学资源（教学场地及设备工具、图书文献、网络资源等）的开发、组织、使用情况进行说明		
	教学评价	考核标准与考核过程	说明课程考核标准及设计依据及课程考核的具体实施方法；展示课程考核标准，说明课程考核实施的思路及做法，并有体现课程考核方案的相关记录；在考核标准有明确的对职业素养和安全规范的考核		
教师基本素质	演示文档	文档的表现力	说课演示文档的制作水平和说课稿		
	说课水平	说课的表达力	说课教师语言表达能力、普通话标准程度、教师的仪表和仪态、时间控制能力		
课时利用	时间安排	课时利用率	遵守说课时间，教学时间分配和教学进度安排恰当、合理，合乎教学规律。每超时1min，总成绩扣1分		
专家提问	提问内容	观点和表达	回答问题的要点和观点的正确性，语言组织的条理性、逻辑性		
总计				100	

评委签名：

第五章 现场教学法

【学习目标】
1. 熟悉现场教学法的概念、类型和理论依据。
2. 掌握现场教学法的实施环节。
3. 结合本专业实际设计一节专业课的现场教学。

第一节 现场教学法的介绍

一、现场教学法的概念、类型及要素

（一）现场教学法的概念

教师根据一定的教学任务，组织学生到工厂、农村及其他自然和社会现实活动场所，通过对现场事实的观察、调查或实际操作、分析研究，提出解决问题的办法，或总结出可供借鉴的经验，从实际材料中提炼出新观点，从而提高学生运用理论认识问题、研究问题和解决问题能力的教学方式和方法。现场教学法通过现场察看、现场介绍、现场答问、现场谈论和现场点评等教学环节实现教学目的。简单来说，就是教师利用现场教，学生利用现场学，核心是利用现场教学资源为实现教学目的服务。现场教学是课堂教学的继续和发展，是与课堂教学相联系的一种教学组织形式，借以开阔眼界，扩展知识，激发学习热情，培养独立工作能力，陶冶品德。

现场教学能为学生提供丰富的直接经验，有助于理解和掌握理论性的知识；通过实际操作，注重知识应用，提高学生实践能力。

（二）现场教学法的类型

根据现场教学的目的和任务，可以将现场教学分为三大类型。

1. 学科知识基础型现场教学

根据学习某种学科知识的需要，组织学生到有关现场进行教学。有些学科知识，只在理论上对学生进行解释，学生很难清晰透彻地理解，但到现场看一看，增强感性认识，则能更真实地理解知识，并且能增强学生解决实际问题的能力。

2. 学科知识实践型现场教学

由于学生为了从事某种实践活动，需要到现场学习有关的知识和技能。这常见于一些与生产劳动密切联系的教学。

3. 学科知识研究型现场教学

学生基础理论知识掌握扎实后，对理论中充满好奇心的设计，需要在现场实施中得到验证。

（三）现场教学法的要素

现场教学具有五个要素：一是现场，就是事实存在地或事件发生地，具体来讲就是

植物种植的场地、土壤环境等；二是事实，就是客观存在的事物或事件，对于果蔬花卉生产技术专业来讲就是具体的果树、蔬菜、花卉等；三是实践者，就是事件的经历者或事物的知情者，熟悉场地内园艺作物的种质资源、生长发育规律、繁殖、栽培、育种、贮藏、加工、病虫及造园等的技术人员和劳动人员；四是学生，就是教学活动的观摩并培训的对象；五是教师，就是教学活动的组织者。

二、现场教学法的特征和功能

（一）现场教学法的特征

1. 课堂由教室转变到现场，直观性强

现场教学让教师和学生将课堂搬到事实现场，以此作为教学的场所，投身其中，身临其境，教师、学生同时对现场的人进行接触，对现场的物进行观看，对现场的事进行考察，进而对现场展开研究，能起到"百闻不如一见"的效果。让学生走入社会实践的前沿，显著提高了教学的直观性，改变以往课堂教学远离实际的状况。

2. 教材由符号转变为事实，启发性强

以往课堂的教学内容，都以专业术语符号进行讲解与交流。专业术语符号缺乏实际鲜活性。现场教学利用取自现场的教学材料，观看现场事实、听取现场介绍、进行现场交流，运用的都是现场事实材料。这些存在于第一线的最真实的材料，都是当今社会最值得关注的重点、热点和难点问题。研究这些问题，对学生的以后工作具有启发和指导意义。

3. 教师由专职教师转变为行业实践者，有效性强

现场教学把学生带回实践之中，让事件或事实的当事者现身说法，介绍事实真相，介绍事件经过，介绍实际结果，介绍工作思路、经验和体会，实践者的亲自讲解比教师在课堂上传播要真切得多、具体得多、可信得多。从而，大大提高了教学的有效性。

4. 教学主体由教师转变为学生，互动性强

现场教学克服了理论式教学的缺陷，把学生带到现场，让学生自己看、自己听、自己问、自己想、自己得出结论，依靠学生自己的亲身感受和体悟来获取知识，掌握真理。这样的教学过程充分发挥了学生的自主性和能动性。

5. 凸显教师的主导地位，意识性强

现场教学中，教师所起的是组织者和指导者的作用，着重把握教学的主旨和进程，使教学效果有基本的保证。在教师的教学主导下，学生实现了所听与所看的结合，学与思的结合，教与研的结合，动与静的结合。学生考察他人的实践，既有亲切感，又有使命感，能自由思考，能有效培养、锻炼和增强学生分析问题和解决问题的能力。同时，也提高了教学的真实生动性。

（二）现场教学法的功能

1. 利于学生获得直接经验，深刻理解理论知识

现场教学作为现代教学组织的辅助形式，它能走进现场了解、考察、认识事实和事件，是最直接、最有效和最可靠的方式和手段。在这种教学组织形式下，教师可以结合实际，讲授理论知识，使抽象理论直观化。现场是对事实或事件的本质和规律的保留和展示。因此，现场教学相对于其他教学方式来说，对社会现实和客观对象的认识是比较全面、真实和深刻的。

2. 面对事实讨论，使教学丰富多彩

现场教学中，学生在看、听、问的基础上开展讨论，既有事实的对照，又有教师的指导；既有同学的交流，又有实践者的答疑，更能激活思维、深化认识，比其他的教学方法更能透彻掌握事物的本质和规律。现场教学可以增强教学的趣味性，使教学更为生动、丰富。

3. 拓展思路，丰富学生的情感世界，提高实际能力

现场教学研究的是现实问题，学习的是当前的经验，对于中职学生来说具有直接的借鉴意义。现场教学，可以让学生在轻松、愉快的环境下掌握知识、技能，还感受了自然、社会，丰富学生的情感空间。同类问题可以进行类比，参照解决；异类问题能够启发思考，创新办理。通过现场可以让学生做一做，增强其动手操作的能力，有效地提高研究和解决实际问题的能力。

4. 注重过程评价，推进教学考核方式改革

教师通过在现场对学生练习过程进行指导与评价，能够准确地评估学生之间技能水平的差异。评价的重点在于学生运用理论知识解决实际问题的能力，改变以往单纯依靠理论水平测试考核学生专业能力的办法，对于专业教学改革都具有重要的意义。

三、现场教学法的理论依据和实施环节

（一）现场教学法的理论依据

现场教学是一种教育实践活动，中国古代教育家所倡导的身教、言教、礼教等教化思想就是强调通过观察研究生活和生产的实际过程给学生以教益。到了近代，苏霍姆林斯基提出的"自然教育"思想和陶行知提出的"生活教育"等也体现了现场教学思想的本质，为现场教学这样一种有效的教育形式，提供了充分的理论依据。

1. 认识论依据

马克思主义哲学指出：实践是认识的基础，是检验真理的唯一标准，一切真知都从直接经验发源。要想获得最新的认识和知识，就必须走到实践的最前沿去参与，去观察，去感受，去体会；认识论认为"实践、认识、再实践、再认识"是人的认识深化的必然历程，人类认识的深化必须经过反复实践，只有实践才能充分揭露和展示事物的规律，总结实践是人类深化认识的根本途径。

2. 心理学依据

情景认知学习理论认为，人的学习活动是非常复杂的，它与社会、心理和认知等诸多因素相关。学习绝不仅是从听中获得知识，而且需要有思维和行动的参与，通过观察、推理及问题的产生和解决，更能获取真正有用的知识和生活本领。

3. 教育学依据

现场教学法在教育学上的理论依据更是源远流长，丰富多样，考察起来主要有三种。一是启发教育学原理。"启发"一词源于孔子的"不愤不启，不悱不发"，就是经过开导使人有所领悟的意思，它要求教师在教学中能启发学生思考问题，积极主动地去获取知

识。二是"从做中学"原理。美国教育家杜威提出的"从做中学"的教学理论在中国得到广泛的认可和推广。三是"教学相互作用论"理论。瑞士心理学家皮亚杰在"发生知识论"的基础上提出了"教学相互作用"理论。他认为：认识发生、发展的动力和基础是主客体的相互作用，一切经验发源于行动。这个理论的要点就是在教育过程中，学生始终是主体，而教师、学习环境和教学手段均是客体；教学目标能否达到，最终取决于主体内的作用，因此，必须把工作重点放在学生身上。现场教学把学生带到现场，让学生自己看、自己听、自己问、自己想，然后得出结论，完全符合以上三种教育学理论。

开展现场教学的基本思路：把已有一定理论基础的学生，带到社会实践的真实现场，通过对现场事实的调查、分析、研究，操作实施和现场验证，帮助学生自己归纳、概括实际知识，增强分析问题和解决问题的能力。

（二）现场教学法的实施环节

现场教学法在实施过程中，主要包括四大环节。

1. 科学设定教学目标，做好实施准备工作

教学目标应根据专业人才培养方案和课程特点的要求，结合行业或企业对专业技能需求合理设置，突出实践性、专业性。

2. 师生共同参与现场，观察目标练习

在现场教学过程中，教师示范指导，学生进行练习。教师的示范要规范，无论是理论讲解还是专业操作技能，都要有合理的设计。同时指导学生规范地运用理论知识作用于实践操作。

3. 现场练习，开展讨论

当学生已经具备基本的知识和技能，可以让学生在现场进行自主练习，将教师示范的知识技能转化为学生的运用能力。在练习的过程中，组织学生围绕主题充分讨论，注意激发讨论的热情，激活学生思维，使其打开思路，畅所欲言。讨论的重点在于提出练习中出现的问题，让学生将留在脑海中的疑点、难点、重点问题反映出来，通过解决问题培养学生的观察分析能力和创造性思维能力。

4. 学生深入总结，教师综合评价

学生对现场教学过程进行回顾反思，总结自身对课程知识点的掌握程度和是否熟练运用技能，概括所受启发，把感性认识上升为理性认识，得出规律性的结论，使之具有普遍性的指导意义。

第二节　现场教学法的应用

一、"植物生长与环境"现场教学法应用案例

【教学对象】果蔬花卉生产技术专业一年级学生。

【教学目标】

知识目标：知道环境对植物的生长有影响，了解植物适应环境的一些特性，知道植物具有与其生活环境相适应的形态特征。

能力目标：通过观察、比较活动，培养学生的观察能力和分析能力，学会用自己的方式对观察和研究进行记录。

情感态度与价值观目标：保持对周围世界的好奇心，对身边的事物及自然有着探究的欲望，愿意了解大自然的奥秘，喜欢研究有关植物的知识。

【教学场地】户外。

【教学过程】植物与环境的现场教学有四个阶段：制订课程计划→课前准备→组织现场教学→教学考核。

（一）制订课程计划

课堂的理论教学依照课本知识体系进行讲授，其逻辑顺序完全按照知识逻辑进行总结性编排，完整地再现环境与植物之间的科学研究的知识体系。在进行现场教学时，现场环境反映知识的多样性，因而，课程计划要进行课本多章节内容的结合。

现场教学因为学生人数较多，仪器设备不能满足，或者讲授所需的仪器设备的空缺，必然需要现场教学之前，学生从课堂教学中获得理论知识。

现场教学的很多不确定因素，如天气、外在施工等不利因素，需加强学生安全教育。

（二）课前准备

教学内容准备：在现场教学模式下，需要教师对专业知识有着较全面的掌握，离开课堂，教师就是学生的活教材。同时，教师要准备把握本节课教学重点、难点。

教学仪器准备：土壤水分测定需要土壤测定仪器、温度计、土壤pH测试仪、风速计、卷尺等。

现场环境准备：指导教师应去现场对周围环境做详细充分的了解。这样在现场教学中指导教师就知道内容的讲解顺序及其现场的安全因素指数，使得现场教学突出重点，井然有序。

学生准备：教师充分了解学生对本次教学相关知识量的掌握情况。本次课学生能了解哪些知识、掌握哪些知识，使得教学切合学生实际情况。教学前，进行小组划分。

（三）组织现场教学

1. 教学出勤

为了保证现场教学的开展，进行事先分组点名，确保学生的出勤情况。

2. 安全通告

课堂在户外，依旧是上课的要求，一切听从教师的安排，配合小组成员，完成本组的学生任务。不准乱跑，乱动现场的设备、材料等，注意人身安全。

（四）现场教学实施

1. 现场提问（导入课程）

1）干旱天气播下的种子为什么迟迟不出苗？

2）长期放置在黑暗处的绿色植物为什么会逐渐褪去绿色？

上述两问，学生容易答出：种子萌发出苗需要充足的水分等条件，绿色植物正常生长发育需要光、水、CO_2等条件。这就是植物与环境条件的关系。当然，在诸条件中，有主有次，显然前例中水分起主导作用，后例中日光起主导作用。

（3）校内路旁的万株黄杨为什么长得比较整齐？

如果学生回答不对，教师可以帮助学生分析。黄杨生长比较整齐的主要原因是：它们所处的环境条件大致相似。那么自然界各处的环境条件是否完全一样呢？显然不是。例如，四月上旬还是寒气袭人，而市区已是春暖花开了。再如我们眼前的山林，山脚、山腰、山顶环境条件是否完全一样？不同的地理环境条件对松树生长有无影响？有什么影响？这些问题让学生认真考虑，学生立即议论开来。

学生 A 说："一百多米高的小山，山脚、山腰、山顶环境条件没有多大差别，对松树生长不会产生什么影响。"

学生 B 说："可能有点影响"。

各执己见，争论不休。谁是谁非？师生一起现场调查去找答案。

2. 现场察看

马尾松与环境因素关系，见表5-1。

表5-1　马尾松与环境因素关系简表

环境因素 \ 山部位	山顶	山腰	山脚
土壤质地	黏土，含较多的石灰石颗粒	黏土，含较少的石灰石颗粒	黏土，含很少的石灰石颗粒
土壤含水量/%	8.98	14.04	23.31
pH	6.5	6.6	6.8
土壤表面温度/℃	7.1	7.9	9.0
土壤表面腐殖质	无	0.9cm 厚	1.5cm 厚
风速	1.56 尺[①]/s	1.47 尺/s	0.49 尺/s
生长状况	树冠小，分枝少	树冠约1㎡，分枝较多	树冠约2㎡，分枝很多
可见鸟	2 只鹰	5 只麻雀	20 只麻雀
马尾松高度/m	3.3	5.2	10

① 1 尺＝0.33m

（1）分组　教师将4人编成一组，确定一人为组长。

（2）介绍调查方法及注意事项　教师将事先印制的表格发给各组，并向全体学生交代表中各项的调查方法及注意事项。

1）测定土壤表面温度和风速。山脚、山腰、山顶三个组要同时进行。

2）交代各项数据的填写要求。

3）分组活动前要商定好时间并约好下山的时间及汇合地点。求出三点各项的平均值后，汇成表5-1。

（3）现场讨论（提问、回答和教师讲解相结合的方式进行）

教师：通过调查，影响松树生长发育的因素有哪些？

学生：有水分、养分、风速、阳光，还有其他因素如温度。

教师：起主导作用的因素是什么？

学生：是水分、阳光和养分。

教师：同学们回答的基本正确，绿色植物生长发育离不开水分和阳光。水分参与植物体内的物质代谢的全部过程。没有阳光植物不能进行光合作用制造有机物，有机体生命也就无法维持。至于温度因素，从同学们调查的资料来看，似乎对松树生长没有什么影响。在这里因为山顶、山脚温差变化不大，所以对松树的生长影响不大。其实，温度对生物的生长发育影响甚大。例如，籼稻种子发芽时的温度不得低于13℃，棉花种子发芽的适宜温度为15℃，低于12℃会大量死苗。

教师：环境能影响生物，生物能否影响环境？（要求分组回答）

山顶小组：山顶松树矮小，树冠也小，水气蒸发量也小，遮阴面积小，土壤表层的空气相对湿度也低，土壤含水量极低，植物种类很少。

山脚小组：山脚松树高大，树冠也大，水气蒸发量也大，土壤表面湿漉漉的，植物种类较多。

教师：显然，植物也能影响环境。山顶、山脚松树叶色各呈什么颜色？

山顶小组：山顶松树叶色是浅绿色。

山脚小组：山脚松树叶色是深绿色。

教师：造成叶色差别的因素除了水分外，山顶养分少。如何解决山顶缺肥问题？

学生考虑两个问题：

A．在山上可否种植豆科植物？

B．豆科植物如何固氮？氮化物又如何转变成铵盐？

教师：上面我们主要讨论了水分、养分、温度、阳光等因素对松树生长的影响，这些因素我们统称为非生物因素。而影响生物生长发育的因素远不止这些，还有生物因素。生物因素如山腰某处的松树密度过大，这些个体表现为纤细。密度过大，个体之间争夺水分、养分、阳光的矛盾比较突出，势必妨碍松树个体的生长发育，这是种内关系。和松树有关的生物还有昆虫、鸟类等，这是种间关系。

（讲到这里，教师出示事先捉到的松毛虫，指定一个学生说出虫名字，学生回答后给以补充。）

教师：这是松毛虫的幼虫，以幼嫩枝叶为食，猖獗时可将松叶吃光（学生吃惊）。大家看，松毛虫体色和环境（松枝）色彩十分相似，使敌害难以发现，这种体色我们叫保护色。再如生活在绿草中的蝗虫，其体色和草丛颜色也很相似，这也是保护色。还有从调查的材料看，山顶松树比较矮小。在夏季，冬季刮大风时反而安然无恙。这些都是自然界中生物对环境的适应，也是长期自然选择的结果。

3. 现场点评

教师：从今天大家调查的材料和讨论的结论可以明确，影响松树生长的因素有非生物因素和生物因素，松树与环境互相影响。松树与人类的关系十分密切，为了有效地保护松树，对影响松树生长的生物因素中的松毛虫不能等闲视之，这里给大家留两个思考题：

1）为了有效地保护松树，可采取哪些措施防治松毛虫？

2）松树、松毛虫、鸟类三者在食物问题上有什么联系？

布置两个思考题的目的，是让学生在复习本节课的同时诱导学生预习下一课时有关内容。

【应用分析】为了保证现场教学的安全，需要制订全面的安全要求和措施，主要内容：第一，进入山地必须要穿衣宽松，适当加厚，不允许穿拖鞋、高跟鞋等；第二，注意安全，在山地行走要注意脚下不要踩空，特别是比较泥泞土地，要着实小心；第三，现场有较高的灌木时，要绕道行走，不要从上面踩踏过去；第四，携带实验仪器的同学要注意仪器安全；第五，山林地区禁止一切燃火行为。

在运用现场教学法时有以下三点注意事项：一是一定要做充分准备。现场教学的准备主要包括计划准备、组织准备、思想准备和物质准备。准备工作要具体细致、周密、严谨。让学生明确现场教学的时间、地点、目的、内容、考核办法及纪律要求。二是做到多方面配合。在现场教学的实施过程中，要求教师与学生密切配合。其中，学生担当主体，教师为主导。三是避免教师为主体。在现场教学中，教师是主导，是组织者和指导者，学生才是主体。因此，教师要主动配合学生。

二、"植物外部形态术语"现场教学法应用案例

【教学对象】果蔬花卉生产技术专业一年级学生。

【教学目标】

知识目标：掌握形态术语概念，辨认植物种类。同时能初步弄清当地植物资源、分布、生态环境及经济价值等。

能力目标：通过观察、辨别活动，培养学生观察问题、分析和解决问题的基本功。

情感态度与价值观目标：保持对周围植物的求知欲，对身边的事物及自然有着探究的好奇心，愿意了解植物外部形态，喜欢研究有关植物外部形态的知识。

【教学媒体】多媒体教学设备、挂图。

【教学场地】学校及其周围。

【教学过程】

（一）制订课程计划

植物学研究对象是植物，其数目庞大，种类繁杂。但对于种子植物而言，都是由根、茎、叶、花、果及种子等器官组成，它们构成了植物体千姿百态的外部形态。为了便于认识和区分各类植物，必须赋予外部形态恰当的名称，即外部形态术语，借此描述各植物的外部形态特征特性，进一步认识植物、研究植物。

传统的教学方法是在室内借助挂图讲述各形态特征和形态术语概念，然后于实验室中用极少的鲜标本或蜡叶标本验证理论知识。这种教学方式带有灌输性，即在室内将形态特征和形态术语的概念灌输给学生，学生勾画于书上或作记录了事。当然，利用挂图是一种较好的直观教学方法，但就种子植物的外部形态而言，利用挂图却缺乏立体感和应有的形象特征。因此，学生只能是死记硬背形态特征和术语概念，加之理论课之后，一般间隔一定时间才上实验课，导致理论与实践在时间上脱节、空间上分离，致使学生难于将实物与理论知识、挂图逐一对应，特别是实物形态稍有变化，或不及挂图典型时，更束手无策。

因此，传统的先理论后验证的教学模式对于讲述植物外部形态特征及形态术语概念已不适宜，必须将理论与实验有机结合，即"二合一"室外现场教学，才能取得良好的教学效果。

（二）课前准备

在实施本次现场教学之前，做好两项准备工作：一是将种子植物外部形态术语聚拢归类成表（表 5-2～表 5-7）；二是教师要查清校园和周围地区的植物类群及分布，掌握植物外部形态特征的分布规律，包括地理分布和季节分布。

（三）组织现场教学

在安排内容时，都是依照植物的种子、幼苗、根、茎、叶、花、果实几大器官排列。而室外现场教学对内容排序应作适当调整。分为形态特征与功能和解剖结构与功能两大部分。宏观的形态特征有其相应的特殊功能。学会辨认植物形态特征，科学地掌握植物外部形态术语概念，是学习植物系统分类、认识植物必备的基础知识，也是学生观察问题、分析和解决问题的基本功，学好这部分内容，为进一步研究植物，了解其生活习性及开发利用植物资源奠定坚实的基础。微观的解剖结构，必须借助显微镜等仪器才能认识和掌握，需在室内完成，各种解剖结构也有其内在的特殊功能。

教师：（将学生带到预定的教学点）请同学们自己采集鲜标本，采集内容不限，但每种采集两份（学生人数多，分布面积广，标本采集较全，学生集中后，将一份标本集中归类放置）。

教师：对照鲜标本，介绍观察标本的方法，怎样认识植物，如何把握植物间外部形态特征差异等。而后，叙述外部形态术语概念及特征特性。

学生：观察自己的标本，对照相应的形态术语归纳表，将形态术语概念、特征特性、代表植物填入各器官对应的表中，注明采集地点等。

关于根的外部形态术语，归纳后按表 5-2 填写即可。

表 5-2　根的外部形态术语概念和特征

形态术语	形态术语概念	特征特性	代表植物	采集地	备注
主根	由胚根发育而来的根	是植物体上最早出现的根			
侧根	从主根上长出的根，侧根可分为一级、二级、三级侧根	主根长到一定长度时，在其上发生			
水生根	生长在水中的，不扎入泥土中的根	漂浮于水中	浮萍		

按根的发生部位可分为：主根、侧根、不定根；按根的类型可分为：直根系、须根系；按根的着生处和功能可分为：陆生根、水生根、寄生根、肉质根（圆锥根、块根、纺锤根）、气生根（支持根、攀缘根、呼吸根）。

关于茎的外部形态术语，归纳后按表 5-3 填写即可。

表 5-3　茎的外部形态术语概念和特征

形态术语	形态术语概念	特征特性	代表植物	采集地	备注
节	植株茎上着生叶的位置	两节有节间，有的节和节间不明显			
根状茎	外形像根的地下茎	有明显的节和节间具顶芽和腋芽	藕		
球茎	外形似块茎，是由根茎顶端膨大而形成的	顶芽和腋芽密集于顶端	荸荠		

茎的外部形态术语有：节、节间、叶痕、芽鳞痕、托叶痕、外形（圆形、三棱、四棱、多棱）、长枝、短枝、皮孔；质地：草质茎、木质茎（乔木、灌木、亚灌木、木质藤木）。习性：直立茎、攀缘茎、缠绕茎、匍匐茎、平卧茎。变态：根状茎、块茎、鳞茎、球茎、叶状茎、肉质茎、枝刺。

叶的形态术语有：完全叶、不完全叶、叶柄、叶片、托叶（离生托叶、托叶成叶片、托叶成鞘状、托叶成卷须状、叶柄间托叶、托叶成刺状、托叶与叶柄基部结合）、单叶、复叶、羽状复叶（奇数羽状复叶、偶数羽状复叶、三出复叶）、掌状复叶、单身复叶，归纳总结后按表5-4填写即可。

表5-4 叶的形态术语概念和特征

形态术语	形态术语概念	特征特性	代表植物	采集地	备注
完全叶	由叶片、叶柄和托叶三部分组成的叶				
复叶	一个叶柄上生许多小叶的叶	总叶柄上生小叶柄，整个叶柄上无芽存在			
叶序	叶在茎上按一定规律排列的方式				

叶在茎上的排列：互生、对生、轮生、簇生、基生。叶脉排列：平行叶脉、弧形叶脉、网状叶脉、掌状叶脉、羽状叶脉、三出叶脉。叶形：椭圆形、卵圆形、心脏形、肾形、三角形、针形、披针形、线形、鳞形、菱形。叶基：半圆形、心形、箭形、耳形、戟形、楔形。叶缘：全缘、锯齿状、重锯齿状、牙齿状、波齿状、深裂、浅裂、全裂、细锯齿。叶尖：截形、具短尖、具骤尖、微缺、钝形、渐尖、急尖、钝尖、凹形、倒心形。叶变态：叶成刺状、叶成卷须状、叶特化成捕虫器官、叶状柄、苞片、鳞叶。

关于果实的形态术语：聚合果、聚花果；蓇葖果、荚果、长角果、蒴果；瘦果、颖果、翅果、坚果、双悬果；核果、浆果、梨果、柑果、瓠果；真果、假果、单果、肉果、干果，归纳总结后按表5-5填写即可。

表5-5 果的形态术语概念和特征

形态术语	形态术语概念	特征特性	代表植物	采集地	备注
浆果	外果皮薄、中果皮和内果皮肉质，且汁液丰富，内含多粒种子	外果皮薄、果实柔嫩汁液多	葡萄、番茄		
核果	由单雌蕊发育而成，内含一粒种子，外果皮薄、中果皮发达成肉质、内果皮骨质的果实	内果皮骨质、包在种子外面	桃、李、杏		

花：完全花、不完全花。花被：双被花、单被花、无被花。花组成：雄雌同株、雄雌异株、两性花、单性花、杂性花。萼片变化：萼距、冠毛。花瓣排列：镊合状、螺旋状、覆瓦状。冠类型：蔷薇型、漏斗型、钟型、十字型、蝶型、唇型、舌状型、管状型。雄蕊类型：离生型、合生型（单体♂、二体♂、多体♂、聚药♂、二强♂、四强♂）。花药着生方式：底着药、背着药、丁字着药。花药开裂方式：纵裂、孔裂、横裂、瓣裂。雌蕊类型：单心皮♀、离生心皮♀、合生心皮♀。花序：无限花序包括总状、穗状、肉穗状、柔荑状、圆锥状、伞房状、伞形状、头状、隐头状；有限花序包括二歧聚伞花序、单枝聚伞花序、聚伞状伞形花，归纳总结后按表5-6填写即可。

表 5-6　花的形态术语概念和特征

形态术语	形态术语概念	特征特性	代表植物	采集地	备注
双被花	花萼和花冠全有的花		桃花		
离生雄蕊	花中雄蕊的花丝彼此分离的雄蕊	花丝彼此分离	毛莨		

芽着生位置：定芽、不定芽（顶芽、腋芽、副芽、叶柄下芽）。芽性质：花芽、叶芽、混合芽、珠芽。芽保护状：鳞芽、裸芽。毛：丁字毛、星状毛、短柔毛、绵毛、刺毛、腺毛、鳞片状毛。刺：枝刺、皮刺、叶刺、托叶刺，归纳总结后按表 5-7 填写即可。

表 5-7　芽、毛、刺形态术语概念和特征

形态术语	形态术语概念	特征特性	代表植物	采集地	备注
腋芽	着生于叶腋的芽				
顶芽	着生于茎端的芽				

【应用分析】该教学法将理论与实验有机结合，避免了常规教学中理论与实验的分离，以及学生印象不深，收获不大的弊端。该教学法的教学效果优于传统的教学法效果。同时获得的标本量多，形态种类齐全，学生所学内容全面。既能让学生注意植物的生态环境和分布规律，也能理解保护植物资源，开发资源的重要意义。

三、"生长素的生理作用"现场教学法应用案例

【教学对象】果蔬花卉生产技术专业一年级学生。

【教学目标】

知识目标：能准确概述生长素的生理作用；能够描述植物顶端优势的现象、原因、解除方法及应用；能够举例说明生长素类似物在农业生产实践中的应用。

能力目标：尝试分析图表与曲线，总结生长素浓度的作用；运用所学知识，分析生产、生活实际中的现象和问题；运用有关实验设计的原理，设计探索 NAA（萘乙酸）；促进扦插枝条生根的最适浓度的实验方案并进行实验探究。

情感态度与价值观目标：利用分析案例和实验操作，帮助学生逐渐形成合作学习的意识，引导学生参与质疑、求实、创新并勇于实践。

【教学媒体】传统教学媒体。

【教学场地】教室。

【教学过程】

（一）引起认知冲突，调整认识图式

在学生理解胚芽鞘向光弯曲生长的基础上，教师提出不仅单侧光照能引起生长素背光侧多于向光侧，重力也能引起生长素向地侧多于背地侧，然后展示平放的植物的生长情况。学生发现平放植物的茎是背地弯曲生长的，根却是向地弯曲生长的，这就引起了认知冲突：按照原理来分析，平放植物的茎背地一侧的生长素浓度低于向地一侧，理应向地一侧生长快于背地一侧，从而根也应表现出背地生长的现象，但事实上根却出现了向地生长的现象。此时教师只绘制不同生长素浓度对植物茎生长影响的曲线图（图 5-1）。

生长素浓度对植物根、芽生长影响的曲线图干扰学生的注意。据图进行分析，让学生理解生长素对植物不同器官的作用既有促进作用，也有抑制作用。教师进一步绘制不同生长素浓度对植物根、茎和芽生长影响的曲线图（图5-2），让学生理解不同器官对生长素的敏感性不同。通过以上的认知冲突，学生自然而然就会调整自己对"生长素"这一认识图式的结构，对生长素的生理作用就有了新的完整的认识。

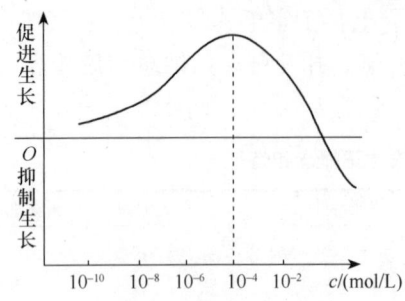
图 5-1　不同生长素浓度对植物茎生长影响的曲线图

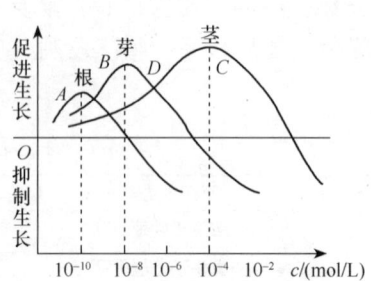
图 5-2　不同生长素浓度对植物根、芽、茎生长影响的曲线图

（二）案例引领，突破重点

教师边绘图（图5-3），边利用生长素的生理作用分析"根向地，茎背地"的原因：当幼苗横放时，茎下侧（图5-3中的B点和D点）积累了较多的生长素；并且生长素的浓度对不同器官的影响不一样，根对生长素浓度的反应敏感，而茎对生长素浓度的反应敏感性较差。对于茎来说，靠近地面的一侧（B点）生长素的浓度较高，细胞生长较快，而远离地面的一侧（A点），生长素的浓度较低，细胞生长较慢。这样一来，茎就背着地面向上弯曲，表现出负向重力性。然而，对于根来说，由于它对生长素的反应敏感，较高浓度的生长素会抑制根的生长，因此当靠近地面的一侧（D点）生长素的浓度较高时，细胞的生长受到抑制，而远离地面的一侧（C点）却由于生长素浓度较低而使细胞的生长加速。这样一来，根就向下弯曲，表现出正向重力性。

教师边绘图（图5-4），边利用生长素的生理作用解释"顶端优势"的现象：主茎或枝条的顶芽（a），往往抑制着它下面邻近的侧芽（b、c），使它们处于休眠状态，这叫做

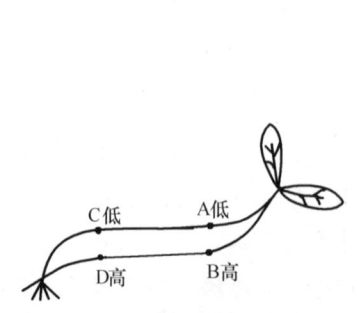
图 5-3　生长素的生理作用——根向地，茎背地

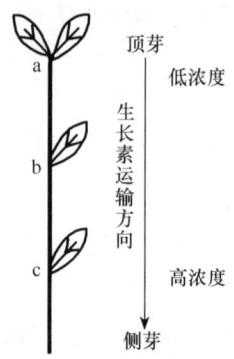
图 5-4　生长素的生理作用——"顶端优势"现象图

顶端优势。侧芽受抑制的程度还往往与它同顶端的距离有关。越靠近上端，离顶芽越近，受抑制的程度越深。这主要与生长素作用的两重性有关：顶芽产生的生长素向下输送，使侧芽部位的生长素浓度过高，从而抑制了侧芽的生长。

（三）探究活动，突破难点

放映"预实验"录像，介绍科学研究中预实验的目的、意义和要求，并引导学生分组设计"生长素类似物促进扦插枝条生根的最适浓度"的探究活动的预实验。学生汇报设计思路，每小组 2min 左右。组织学生对探究过程进行评价与修改，同时教师进行客观地肯定与表扬。由于课堂时间有限，学生需利用活动课时间进行实验操作，教师在学生实验完成后要及时进行总结。

【应用分析】生长素生理作用的两重性具有一定的复杂性，学生不容易理解和掌握。本节的教学目标之一是学生可以运用所学知识分析生产、生活实际中的现象和问题，这对学生来说难度较大。教师运用现场绘图教学法，既调动了学生的视觉，突出知识的主要矛盾，排除非本质、非重点因素的干扰，促进学生理解生长素的生理作用，又锻炼了学生的识图能力和图文转换能力，且收到了较好的教学效果。

第六章 项目教学法

【学习目标】
1. 理解项目教学法的概念、意义和功能。
2. 掌握项目教学法的设计与实施。
3. 结合本专业实际设计一节专业课的项目教学。

第一节 项目教学法的介绍

一、项目教学法的概念、特征

(一)项目教学法的概念

项目教学是由美国教育家——伊利诺易大学教授凯兹博士和加拿大教育家——阿尔伯特大学教授查德博士共同提出的一种以学生为本的活动教学法,是一种教和学互动的模式。项目教学法是一种把教与学融合为一体的教学方法。项目教学法理论认为,知识可以在一定的条件下自主建构获得,学习是信息与知识、技能与行为、态度与价值观等方面的长进,教育是满足长进需要的有意识、有系统、有组织的持续交流活动。其目的在于开发学生的智力,尊重个体差异,培养学生的动手能力、生存能力及学习能力,提高授课效果。项目教学法使课程教学由以教师为中心转变为以学生为中心,由以课本和课堂为中心转变为以项目为中心。这种教学中心的转变使得学生成为认知的主体,以学生为中心,教师起到引导和帮助的作用,利用情景、协作等要素,充分发挥学生的主体性和创新精神,使学生对当前所学知识能有效建构。

(二)项目教学法的特征

项目教学的突出特点在于学习过程的实践与研究活动相融合。项目教学具有以下三个显著特征:第一,在学习过程中,学生的理解在本质上是与行动相关联的,是基于行动的过程;第二,对于客观存在的世界,其被赋予的意义是由学生自行决定的;第三,学习的目标具有明确的定向性,只有在学生清晰地意识到自身的学习目标,并获得与所希望的成果相应的预期时,学习才是成功的。项目教学法集中关注某一学科(或技术)的中心概念和原则,旨在把学习者融入有意义的任务完成的过程中,让学生更积极、有目标地自主学习;要求学习过程必须通过学习者自己的实践,并在此过程中进行知识建构与技巧训练。项目教学法体现了个性化和层次化的人才培养理念,提倡和引导学生进行研究性学习,使他们能按自己的个性走上主动发展的道路。

在项目教学活动中,学生成为教学的主体,教师则是"项目设计师"及"教练"。师生在教学中充分互动,在积极探索、富于想象、热情洋溢的交流中获取新思想和创造力。

二、项目教学法的意义、功能

（一）项目教学法的意义

1. 极大地调动学生的积极性

中等职业学校的学生学习目标不明确、学习兴趣不浓是一直困扰职业教育发展的顽疾。而"项目教学法"是让学生实施一个个具体的项目，学生学习的目的很明确，兴趣浓厚。如果让学生自行设计一个其感兴趣的项目，就更能调动学生的积极性。在项目实施过程中，学生时常感受到成功的喜悦，这更能强化学生的学习积极性。

2. 培养学生的多种能力

项目教学法的目的在于培养学生的自学能力、观察能力、动手能力、研究和分析问题的能力、协作和互助能力、交际和交流能力。项目教学大多要分小组完成、实施项目的过程多为布置任务、小组自学和讨论、项目实施、小组汇报、总结发言等几个方面。通过小组内及小组间的充分交流、讨论、决策等，提高学生的合作能力，强化学生的团队意识。而合作能力和团队意识恰恰是当前社会化大生产所要求的基本素质。项目教学法提供了培养综合职业能力的机会，实现了与职业岗位的无缝对接，是培养高技能人才新的途径与方法。

3. 有利于教育教学改革

项目教学主要过程不是以教师教授为主，实践教学过程也不是以教师计划好的实践步骤进行，而是以学生自主学习、自主践行、自主操作为主要教学过程。学生"自主学习过程"与教师"主导教学过程"是有区别的。项目教学法将有利于推动"以学生为本、以服务为宗旨"的职业教育教学过程与教育工作的改革。同时实施项目教学，教师不是学生具体学习过程的主导者，而是指导者、引导者与协作者，是项目内容和项目计划的设计者，是动态教学的调控管理者。实施项目教学，学生的自主性强，自由度大，教师备课量增加，动态管理事物增多，学习质量评价出现多元综合复杂情况。这就要求教学管理必须适应这些变化，从而推动职业教育教学改革。

（二）项目教学法的功能

1. 提高学生的综合实践能力

把整个学习过程分解为一个个具体的工程或事件，设计出一个个项目教学方案，按行动回路设计教学思路，不仅传授给学生理论知识和操作技能，更重要的是培养他们的职业能力，这里的能力已不仅是知识能力或者是专业能力，而是涵盖了如何解决问题的能力：方法能力、接纳新知识的学习能力及与人协作和进行项目动作（包括项目洽谈、报价、合同拟定、合同签署、生产组织、售后服务）的社会能力等几个方面。

2. 重视学习过程

不再把教师掌握的现成知识、技能传递给学生作为追求的目标，或者说不是简单地让学生按照教师的安排和讲授去得到一个结果，而是在教师的指导下，学生去寻找得到这个结果的途径，最终得到这个结果，并进行展示和自我评价，学习的重点在学习过程而非学习结果，学生在这个过程中锻炼各种能力。

三、项目教学法的设计与实施

（一）项目教学法的设计

1. 项目的设计与选取

项目教学通常涉及与研究来自现实生活的问题，或需要解决的某项任务，项目可以是通过对市场的研究，直接取得的专业性项目，或经过精心设计、整合成型，通过移植、改造或简化的项目。项目的设计与选取应符合以下特征：首先是实践性。项目的选取应符合当前行业的实际，引进真实项目，不主观臆造脱离实际的策划与设计，否则会与现实脱节，学生不感兴趣，对学生将来工作帮助也不大。其次是启发性。项目的选择应具有较强的启发性，蕴涵一定深度的问题，能启发思考。问题越能诱人深入，越能留下较多的思维空间，教学效果就越好。再次是典型性。所选项目要能反映同类事物的一般特性，起到举一反三、触类旁通的作用。最后是目的性。项目选取要适应教学的目的与要求，要能提高学生分析问题和解决问题的能力。

项目教学是教与练的过程，是把客观规律转化为知识与技能的过程，教师不是将知识和理论灌输给学生，而应引导他们一步步思索探究、自己实践，在实践中理解知识、掌握知识和运用知识。教师的角色是"教练"，指挥引导学生掌握项目所需知识，完成技能训练，"球是要学生自己打的"。项目教学法强调学生的主体作用，提倡学生应采取自我教育的方式获取知识。这种自我教育应包括学生集体的自我教育、学生相互的教育和学生个体的自我教育三个方面。衡量自我教育的尺度主要是学生实际参与度和实际体验，让学生在实际参与和体验中感悟知识，并通过教师的总结提升，把这些知识内化为学生自己的知识。由于学生经过亲身体验，知识和技能一经掌握，就不易忘记。每个项目设计，要求能突破课程的重点和难点，使学生对问题有深入理解，从而使学生分析问题和解决问题的能力有厚实的基础。

2. 项目教学的课前准备

（1）教师的课前项目准备　　主要是针对项目教学的目标和要求，搜集相关资料，分析预测可能出现的问题，对如何组织教学进行过程设计。教师在项目准备时应注意以下三点。

1）设计应具有层次性。应把为完成整个项目而必须掌握的概念和知识环节分散在项目设计的不同阶段，即初次接触、加深印象、深入了解和总结提高阶段。同时将这几个阶段分散到项目设计的各环节中。

2）项目设计时，应注意与其他专业课程的配套，内容的整合。

3）要与实践结合。教师设计的项目应具有真实性和动态性。

（2）学生的准备　　学生应根据教师的安排认真阅读项目要求，查阅相关资料，对有关问题进行思考分析，找出对策，写出项目分析，并为课堂讨论做好准备。若是分小组的讨论，要集体准备，交流求解。

3. 项目教学要求更多的课堂讨论

讨论是最主要的教学策略，可激励学生运用知识和积极思维，目标是提高对项目过程的理解，鼓励学生对自己的学习承担更多的责任，鼓励和促进学生在过去经验的基础上建构新知识，以积极的学习行为获得更好的学习效果。

（二）项目教学法的实施

1. 项目教学法的实施条件

项目教学法是师生通过共同实施一个完整的教学项目而进行的教学活动。在职业教育教学中，项目是指以生产一件具体的、具有实际应用价值的产品为目的的任务，它应该满足以下条件。

1）该工作过程用于学习一定的教学内容，具有一定的应用价值。
2）能将某一教学课题的理论知识和实际技能结合起来。
3）与企业实际生产过程或现实商业经营活动有直接的关系。
4）学生有独立制订计划并实施的机会，在一定时间范围内可以自行组织、安排自己的学习活动。
5）有明确而具体的成果展示。
6）学生自己克服、处理在项目工作中出现的困难和问题。
7）项目工作具有一定的难度，要求学生运用新学习的知识、技能，解决过去从未遇到过的实际问题。
8）学习结束时，师生共同评价项目工作成果。

在项目教学中，学习过程成为一个人人参与的创造实践活动，注重的不是最终的结果，而是完成项目的过程。学生在项目实践过程中，理解和把握课程要求的知识和技能，体验创新的艰辛与乐趣，培养分析问题和解决问题的思想和方法。

2. 实施项目教学的注意事项

在具体的实施中，项目教学的注意事项如下。

（1）选择优秀实用的项目　　项目应体现中职教育的职业性、应用性和实践性；项目应有明确的任务，能与生产实践相结合；应尽可能自然、有机地结合多个知识点；项目能激发学生的学习兴趣；有明确而具体的成果展示。

（2）分组要合理　　学生群体中个体差异较大，项目教学特别强调学生学习的主动性、积极性，在一个集体中，有的学生精管理、勤思考，但懒动手，而有的学生则勤动手、缺思考，在分组中应注意优势互补，充分调动学生学习的主动性和积极性。

（3）教师要有"双师"技能　　与传统的教学方式相比，项目教学对教师素质提出了更高的要求。在教学中教师将面临许多新的问题与挑战，教师除应有较高的专业知识水平外，在项目教学中，教师还应有职业能力；只有专业理论知识，而不熟悉职业实践很难胜任项目教学工作，教师应能够解决生产中遇到的各种疑难杂症。同时，项目教学涉及多学科教学内容，因此要求教师具有跨学科的能力，不仅要娴熟本学科的专业知识与技能，还要了解相邻学科、相关学科及跨学科的知识与技能。

（4）项目总结应及时　　项目实施过程是学生自己探索钻研的过程，为了能及时发现问题、找出差距，每一阶段完成后应对前一阶段进行及时总结，它既是对前面战术的总结，也是对未来战略的部署，更重要的是通过总结交流，能博采众长，学生学到更多的知识，全面吸取整个项目的精髓。

3. 项目教学的实施效果

通过项目教学可以整合教学资源，打破课程之间、专业之间的藩篱。将不同课程内容组合在一起，将教学活动设计成为学生和教师克服学科教学所造成的知识和技能条块分割的过程。鼓励使用课程学习的一切资源，建构良好的知识获取和技能训练网络，开展协作互动式的学习，独立地、有评价性地思考问题，理解所学，交流成果。项目教学能融知识、素质、能力教育于一体，综合学生的知识学习及诚信品德、敬业奉献、团队协作、创新能力等素质的形成，在互动过程中有机结合、综合体现。

项目教学与研究性学习要尽早培育，以便养成学生的这种学习习惯和适应能力。从学生入校，就设计构建实践机会，通过设立一两个能激励并开阔学生知识视野的项目课题，提供在合作环境中探索学习的机会，尝试如何从自主与交互学习中获取知识与技巧，进行交流与沟通的训练，获得初次认识和实践锻炼。在二年级、三年级通过项目教学法，进行专业课程或技术运用的学习实践，着重培养专业实践能力。通过项目教学，能客观评估学习效果，有针对性地找出差距，在实践与创新活动中发现自身薄弱环节，明确主攻方向，提升专业技能和综合素质，使学生理解和认识到学习过程是一个发现和探索知识的过程，是知识与实践相结合的过程。

总之，项目教学法摒弃了传统教学中教师教为主、学生被动接受知识的局面，变"要我学"为"我要学"，学生学习的内在动力得到充分的调动，是一项非常适合中职技能教学的方法，它所培养的不仅是学生的技能，而且培养了学生的组织能力，团结协作能力，分析问题、解决问题的能力及科研能力，是一种值得在职业院校中大力推广的教学方法。

第二节　项目教学法的应用

一、"花卉生产技术"项目教学法应用案例

【教学对象】 果蔬花卉生产技术专业二年级学生。

【教学目标】

知识目标：使学生掌握各种环境因子（温、光、水肥、气、土壤）对花卉生长发育的影响；使学生掌握花卉育苗的常用方法及栽培技术要点；掌握常用栽培设施的使用。

能力目标：掌握根据不同的花卉配制不同的培养土，不同的花卉、同一花卉不同的生长时期施用不同肥料，不同的物候期水分的管理和病虫害防治的方法；掌握花期控制、采收、贮运的方法，具备运用各种花期调控技术的能力，鲜切花采收、分级和采后处理的能力；灵活运用所学的知识解决花卉栽培过程中出现的生长不正常问题。

情感态度与价值观目标：具有良好的职业道德意识及爱岗敬业的精神，具有实事求是的学风、创新精神和创业能力。

【教学项目】 花卉生产。

【教学场地】 花卉生产基地。

【教学过程】

（一）设定教学项目，分组、选出项目经理（负责人），进行项目交底

由于能否选取和确定好的项目是教学成败的关键，项目要包含花卉生产中的大部分知识点，如一、二年生草花定期生产、单位庭院绿化养护管理、鲜切花生产与保鲜等，涵盖

了该课程的大部分知识，如花卉繁殖、花卉栽培、花卉病虫害防治、花期控制、盆花摆放配送、绿地养护管理、肥水管理、防寒越冬等，并承担了社会业务，如花卉生产、销售、租摆、绿地养护等业务，将学生分组，每组1~10人，推选出项目经理，负责项目事务，进行项目交底：介绍项目计划目标、组织实施方法、检查评比要求、成果处理评分方法等。

（二）帮助学生做好项目教学的准备工作

项目教学法准备工作包括思想准备、理论准备及生产资料准备。思想准备主要通过教师介绍开展项目教学的重要性与必要性，介绍通过项目教学法将使大家达到什么样的目标，介绍在整个项目实施过程中将会遇到哪些困难与问题。例如，在实践中花卉生产是个连续的过程，不管刮风、下雨、日晒均有相应的事情要做；又如在花卉生产或绿化管理中施肥、整地、喷药等工序的知识点相对较少，而且还是重活、脏活等，这就要求学生具有吃苦耐劳、持之以恒干到底的勇气，对项目教学要有足够的思想准备，树立"不学好不回头，不生产出合格花卉不放弃"的决心与信心。理论知识准备要求学生着重复习已经学过的花卉分类、繁殖、栽培管理、病虫害防治、花期控制及常见花卉用途等基础知识，或去图书馆查阅，或上网查阅，或到花圃与花卉市场等地调查所用花卉的习性、花期及市场行情（如种子、肥料、培养土、花盆的价格及人工费等）。花材及工具准备：要求学生根据本地花卉的特点尤其是花期特征，选择花卉品种。摆花一般多用一、二年生花卉，所以繁殖方法应以播种为主；花展用的花卉种类较多，有一、二年生的也有多年生的，有草本的也有木本的，花卉的繁殖方法多样，这就要求每届学生的教学实践要有连续性。花展时有的花卉也可以是历届学生实践所留下来的多年生盆花或木本花卉，但需本届学生养护管理使其生长良好，适时开花。若是一、二年生花卉，在选好品种后，可采用邮购或到花市购买的方法得到所需要的种子。教师应根据项目涉及内容做好相关工具、器具、药品及劳保用品的准备工作。

（三）指导学生实施项目

学生此前还从未接触过花卉生产，教师首先要做好示范，帮助学生进入状态，到后面学生就会去模仿、请教、相互学习、思考甚至有所创新，这是整个项目教学过程中的关键步骤，包括种子处理、整地、播种、育苗、移植、上盆、换盆、施肥、绑扎、摘心、除蕾、喷药、花卉销售或摆设等系列工作，整个过程中教师要对整个项目实施过程进行管理，抓好各"项目经理"的管理，督促"项目经理"组织组员完成各项工序。在项目实施过程中，教师扮演指导、示范、督导、鼓励、检查、解惑的角色，具体工作要让学生自己完成，这就给了学生创新和发展空间及自我管理、自我学习的机会。学生不再是机械地服从、被动地接受，教师要鼓励学生在实际操作中采用不同的技术，进行对比实验，要求学生认真做好观察与数据记录，对结果进行分析总结、累积经验，为以后的工作打好基础。

（四）组织学生进行项目教学成果展或将成果转化为经济效益

项目教学成果展是对学生学习成果的一次检阅，给整个项目教学的一个交代、一次总结，同时是学生间相互学习的一次难得的机会。

以下三种方法均可收到较好的效果。

1）经过3~7个月项目实践，当学生所种植的花卉在花盆中生长良好，开花初期，可组织学生将盆花按照计划方案和设计理念进行科学摆放，并汇报自己的实验方法、过程、现象、结论及新发现等，相互提问、质疑、答辩，与他人交流意见，倾听他人的不同观点和评议，博采众长。

2）举办全校性的花卉知识普及周活动，向全校没有学过花卉课的学生普及花卉知识，参加项目教学的学生承担导游员、讲解员，直接接受广大师生的检验与评价，锻炼学生的口头表达能力和应变能力，受到全校师生的一致好评。

3）将项目成果转卖，如项目教学中，各组生产的各种盆花、鲜切花，由学生组织销售，学校只收回成本，结余款由各组学生自行支配，这种方法给学生最直接、最大的项目实施动力。通过成果展示或转化，学生不仅学会做事，还学会了做人，使学生能解决彼此之间在花卉栽培中存在的不同做法与观点，明晰项目完成的最佳思路，找出整个实践操作中的不足之处，使该实践项目更可行、更具科学性。

（五）项目教学效果评价与评分

项目教学法的教学效果评价采取项目实施过程评价和项目成果评价两方面，摒弃了传统的理论考试加实践考核的评价方法，项目实施过程占60%，项目成果评价占40%，项目实施过程主要包括项目实施方法是否合理、人员组织安排是否到位、是否积极主动、各工序技术的熟练程度、考勤等。各"项目经理"和教师各掌握50%，一般由教师给出各组平均分，再由各"项目经理"根据组员的表现情况给分。项目成果评价由教师评价、其他同学评价、被普及的学生评价及经济效益等进行综合评定。同时在各组织开展评比活动，评出"最佳方案"、"最佳成果"、"最佳管理"等奖项。

【应用分析】项目设计要科学。项目内容既要实用、创新，又要具有可操作性。这样的项目才对学生具有一定的挑战性，项目完成后才有较大的成就感，学生才能学会一整套花卉栽培技术知识，达到该课程的教学目标。

项目教学法对教师提出更高的要求，它要求教师在具有良好专业知识素养的同时，还应具有较高水平的操作能力，较强的项目设计与指导能力，良好的教学组织能力和善于引导学生发现知识、提高技能的能力。

二、"蔬菜生产技术实训"项目教学法应用案例

"蔬菜生产技术实训"主要以培养学生职业能力为目标，注重实践技能和方法能力的掌握。传统的实践教学方法如演示、单一技能操作、参观等已不能适应社会对人才的需求，因此在蔬菜产业发展的新形势下，如何培养学生的综合运用知识的能力就显得至关重要。

【教学对象】果蔬花卉生产技术专业二年级学生。

【教学目标】

知识目标：了解蔬菜的生长周期及各生育时期的特点，掌握主要蔬菜优良品种，高产高效的栽培模式和配套生产措施。

能力目标：掌握常用育苗技术，主要的蔬菜病虫害特征与综合防治技术。

情感态度与价值观目标：强化职业道德，具备热爱农业、认真踏实、勇于创新的工作作风。

【教学项目】蔬菜生产计划的制订，蔬菜育苗技术、蔬菜定植技术、田间管理技术、

丰产栽培技术调查。

【教学场地】校外蔬菜生产基地。

【教学过程】

（一）确定项目的目标和任务

根据《蔬菜生产实训教学大纲》，结合校内外实训基地的具体条件，教师提出蔬菜栽培实训项目内容，项目任务必须是具体的、可操作的。蔬菜生产技术实训，一般有5个实训项目，共30学时完成，每个技能项目都具有明确的工作任务和学习目标（表6-1），每个项目可以成为独立的项目来完成，全部项目过程又构成蔬菜整个生产过程，是一个由单一到综合循序渐进的实训过程，体现了实训过程由简单到复杂的教学理念。其主要实训过程包括茬口安排、蔬菜育苗、定植及田间管理等，师生共同参与完成，教师指导、督查为主，学生负责整个项目的实施，全程参与，将教学融于技能培训当中，使学生在全真的环境中通过实际操作，掌握蔬菜生产与管理的基本技能，培养同学团队协作能力、自我管理和吃苦耐劳的精神，为以后走上工作岗位打下坚实的基础。同时，参观一些科技示范园，了解新品种、新技术、新材料在科技园的应用情况，拓展学生的知识领域。

表6-1 蔬菜生产实训内容安排

实训项目	工作任务	学习目标
蔬菜生产计划的制订	根据生产需要，制订全年设施蔬菜或露地蔬菜生产茬口。对蔬菜种类及复种指数有具体要求。要求学生以小组为单位，制订一份蔬菜生产方案，完成一份实训报告	了解蔬菜种类，掌握各种蔬菜的栽培季节，以及茬口安排原则、茬口安排制度。合理运用轮作、间作、套种原理
蔬菜育苗技术	根据生产计划的安排，组织生产，进行蔬菜育苗，要求制订育苗的详细工作过程和步骤，以小组为单位，制订一份蔬菜育苗方案并组织实施，任务完成后撰写一份实训报告	熟悉各种蔬菜种子，掌握种子播前处理技术；掌握培养土的配制，苗床、设施的准备，蔬菜播种技术，苗期管理技术，苗期病虫害防治技术
蔬菜定植技术	根据育苗情况，确定蔬菜定植时期，进行蔬菜定植。以小组为单位，制订一份蔬菜定植方案并组织实施，任务完成后撰写一份实训报告	了解各种蔬菜定植时期，设施的准备，整地作畦技术，定植密度，定植方法，定植保苗措施
田间管理技术	根据田间种植的蔬菜，进行田间管理。以小组为单位，制订一份田间管理方案并组织实施，任务完成后撰写一份实训报告	了解蔬菜肥水管理技术，植株调整技术，病虫害防治技术，采收技术
丰产栽培技术调查	组织对校外紧密型基地或蔬菜科技示范园区进行调查，总结蔬菜丰产栽培技术经验。以小组为单位，根据调查内容写一份计划	了解当地蔬菜主栽品种，栽培技术，病虫害防治技术，重点是新品种、新技术、新材料的应用调查

（二）制订计划

项目任务确定后，教师在学期初带领学生到校内实训基地，让学生了解蔬菜基地的基本情况，包括基地面积（设施面积、露地面积）、上茬蔬菜栽培种类、土壤肥力等。将项目任务落实到地块，分解成各个学习情景，制订各学习情景，制订各学习情景的工作计划、工作步骤和程序，此步骤由教师提出，学生可参与讨论。计划制订包括资讯、决策、计划、实施、检查、评价6个方面。

情感态度与价值观目标：具有热爱果蔬花卉生产技术专业，踏实勤奋的学风；具有资源和环境保护意识；具有创新意识和职业道德意识。

【教学项目】 徒手切片制作及细胞器结构观察

【教学场地】 专业实验室。

【教学过程】

（一）课程设计理念与思路

课程设计理念：以岗位需求为导向，以职业能力为培养目标，以工作任务为载体设计教学过程及内容。

课程设计思路：根据果蔬花卉生产技术职业岗位需求，确定典型工作任务和职业能力；同时兼顾绿化工、花卉工岗位国家职业资格标准要求，确定学习情境，进行课程内容重新序化，项目真实化。课程内容必须为专业教学服务，突出职业能力培养。

在教学设计中采用项目教学法，以园艺行业中真实项目为主线，按照"以职业活动为导向、以学生为主体、以职业能力为中心、以实际项目为载体、以任务训练为途径、实现理论实践一体化"的新型教学观念，进行课程项目开发。项目课程的设计与开发充分体现以"教为主导，学为主体"的教学设计思想。

（二）课程内容项目化、教学团队建设多元化

根据果蔬花卉生产产业链的岗位群及岗位晋升发展情况、岗位典型工作任务及对工作人员的知识技能要求，进行课程内容重新序化，以果蔬花卉生产中对各个环境生态因子的监测、调控及利用贯穿整个课程。共设计"植物形态与结构识别"、"植物生产与土壤培肥"、"植物生产与科学用水"、"植物生产与温度调控"、"植物生产与光能利用"、"植物生产与合理施肥"、"植物生产与小气候利用"七大能力模块。

（三）课程项目实施

以"植物形态与结构识别"模块中"徒手切片制作及细胞器结构观察"项目为例说明项目教学的实施方案。

1. 确定项目阶段

围绕植物形态与功能的关系，教师提出学习植物结构的必要性、主要途径、手段等任务，引导学生提出问题，确定项目。

总项目：徒手切片制作及细胞器结构观察。

子项目：

1）显微镜使用与保养技术。

2）植物材料的准备与处理。

3）徒手切片制作。

4）细胞结构观察。

2. 项目的准备阶段（表6-3）

项目实施的效果与准备阶段关系密切。此阶段，教师需提出项目实施中的关键点及难点，启发学生思考实施中会出现的问题及解决的途径，为项目实施做好充分准备。

表 6-3　项目准备关键环节

关键环节	教师教学活动	学生学习活动
项目介绍	项目任务：徒手切片制作、细胞器观察、生物绘图辅导与示范	回顾细胞、细胞器概念
项目准备	提出关键环节及问题：切片、制片、显微镜视野范围。协调：班级分组	查阅文献，制订项目步骤、实施方案、关键环节、易出现的问题、预期结果等
知识技能准备	理论知识：植物细胞操作技能（徒手切片制作、显微镜操作）、绘图	植物细胞特点、细胞器类型、后含物概念；切片练习、生物绘图注意事项
学习质量评价	评价内容、评价标准及评价方式（表6-4）	动手能力、写作能力

3. 项目的实施阶段

（1）**显微镜的使用与保养事项**　学生按照显微镜的规范操作，练习、熟悉显微镜的使用方法：取出显微镜，置于实验台上，对照图片熟悉显微镜各部分的构造。调节显微镜反光镜使视野明亮。置植物切片于载物台上，转动粗准焦螺旋，使镜筒下降，距玻片 2mm 左右时止住。尝试转动粗准焦螺旋、细准焦螺旋，使视野中切片图像在不同放大倍数时清晰。观察完毕，取下切片，擦干净载物台、镜壁、底座等机械部分。调节粗准焦螺旋，使镜筒下降至最低点，归还显微镜。

（2）**植物材料的准备与处理**　取新鲜马铃薯、紫色洋葱、大葱、红辣椒、胡萝卜若干，洗净，备用。

（3）**徒手切片的制作**　徒手切片法是指手持刀片将新鲜的或固定的实验材料切成薄片的制作方法。先把洗净的马铃薯或胡萝卜切成 1cm 左右的长条，用左手的拇指与食指、中指夹住，材料突出食指外 2~3mm，右手握刀片并与材料成垂直角度。材料切面上蘸些水，以减少切割阻力。以刀片与材料切口基本上平行的角度，使用右手臂力均匀地拉切。左手的食指抵住刀片的下面，使刀片始终平整。切割数次后，刀片伸入实验台上盛水的培养皿中晃动，切片即可保留于水中。取透明、均匀的薄片置显微镜下观察。

（4）**细胞结构的观察及生物绘图**

1）识别植物细胞的结构。简易装片法：用镊子撕取 3cm 左右的洋葱鳞叶表皮，放置于滴加清水的载玻片上，表皮的外面朝下，浸入水滴内，并用解剖针挑平，再加盖玻片。加盖玻片时注意避免产生气泡。如盖玻片内的水未充满，可用滴管吸水从玻片一侧滴入，如果水太多浸出盖玻片外，可用吸水纸将多余的水吸去。制备好的组织切片，先放在低倍镜下（5×，10×）观察组织整体图，再调到高倍镜下（40×），观察细胞器形态。

2）叶绿体的观察。在载片上先滴一滴 10% 的糖液，取菠菜叶，用镊子刮取叶肉少量，放入载玻片糖液中均匀散开，盖好盖玻片。先用低倍镜观察，可见叶肉细胞内有很多绿色的颗粒，即为叶绿体。如切片上有表皮组织，可看到表皮上的气孔。

3）白色体的观察。撕取大葱葱白内表皮，用简易装片法制成切片后，进行显微镜观察，可看到细胞内有无色晶体状物质，为白色体。

4）有色体的观察。取红辣椒用徒手切片法取红辣椒果肉的薄片，装片后用显微镜观察，可见细胞内含有橙红色颗粒，即为有色体。或用胡萝卜的肥大直根作徒手切片，其皮层细胞内的有色体为橙红色的结晶体。

5）淀粉粒的观察。取马铃薯块茎小长条作徒手切片，装片后用显微镜观察，可见视野内有许多发光状颗粒，就是淀粉粒，有些细胞内充满淀粉粒，有些细胞内淀粉粒围绕细胞膜围成一圈。暗光下，可看到淀粉上的轮纹。

4. 项目检查阶段

项目完成后，各组同学对"徒手切片制作及细胞器结构观察"项目实施后的收获、成果进行总结，一致认为通过徒手切片制作及细胞显微观察，加深了对课堂所讲抽象细胞的理解与记忆。同时，项目实施过程既富趣味性又锻炼了学生的动手操作能力。当然，项目实施过程中仍存在许多问题。例如，个别同学徒手切片质量差，一些同学无法在视野中观察到所有细胞器，有些组别学生协作性不好等，这些问题都需进一步协调、改进。

5. 项目评估阶段

每组同学先在组内对各自的植物细胞切片效果及绘图水平进行互评，再派一名代表来展示自己的各项组织切片及绘制的相应图片，讲解本项目实施思路及过程。之后各小组互相评议、讨论。最后教师针对本项目实施过程及结果根据项目成绩评估表（表6-4）作评议及总结，肯定成果并指出操作过程中存在的失误及改进方法。

表 6-4　项目成绩评估表

序号	评价内容	评价标准	评价方式
1	资料查阅、准备	10	
2	实施计划、方案	25	小组成绩40%（教师评价）
3	仪器使用、制片、绘图规范性	25	个人成绩60%（小组成员评价）
4	切片效果、绘图效果	30	
5	学生间分工协作、参与度	10	

【应用分析】项目教学法在"植物生产与环境"课改中的应用能紧密围绕课程设计与能力培养这些目标，把项目化教学理念中所提倡的"确定任务→制订工作计划→实施计划→进行质量控制与检测→评估反馈"工作过程引入到课堂教学中，增加了教学的针对性、操作性和目标性。提升了果蔬花卉生产技术专业教师教学能力，提高了学生培养质量。

第七章 案例教学法

【学习目标】
1. 理解案例教学法的概念、特点、价值和功能。
2. 掌握案例教学法的教学设计环节及要求。
3. 结合本专业实际设计一节专业课的案例教学法。

第一节 案例教学法的介绍

一、案例教学法的概念、特点

（一）案例教学法的概念

案例教学法是一种以案例为基础的教学法，案例本质上是提出一种教育的两难情境，没有特定的解决之道，而教师于教学中扮演着设计者和激励者的角色，鼓励学生积极参与讨论，不像传统的教学方法，教师是一位很有学问的人，扮演着传授知识者的角色。

案例教学法起源于20世纪20年代，由美国哈佛商学院所倡导，当时是采取一种很独特的案例形式教学，这些案例都来自于商业管理的真实情境或事件，通过此种方式，有助于培养和发展学生主动参与课堂讨论，实施之后，颇具绩效。这种案例教学法到了20世纪80年代，才得到师资培育的重视，尤其是1986年美国卡耐基小组提出《准备就绪的国家：21世纪的教师》的报告书中，特别推荐案例教学法在师资培育课程的价值，并将其视为一种相当有效的教学模式，而国内教育界开始探究案例教学法，则是20世纪90年代以后的事。

（二）案例教学法的特点

1. 鼓励学生独立思考

传统的教学只告诉学生怎么去做，而且其内容在实践中可能不实用，且非常乏味无趣，在一定程度上损害了学生的积极性和学习效果。但案例教学中没人告诉你应该怎么办，而是要自己去思考、去创造，使得枯燥乏味变得生动活泼，而且案例教学的稍后阶段，每位学生都要就自己和他人的方案发表见解。通过这种经验的交流，一是可取长补短、促进人际交流能力的提高，二是起到一种激励的作用。一两次技不如人还情有可原，长期落后者，必有奋发向上、超越他人的内在动力，从而积极进取、刻苦学习。

2. 着眼于能力的培养

案例教学是模拟真实问题，让学生综合利用所学的知识进行诊断和决策，从而提高学生分析问题和解决问题的能力；案例教学所追求的不是要求学生找到唯一正确的解决问题答案，而是依据学生在开放的教学环境中，发挥主观能动作用，增强消化和运用知识与经验的能力。在案例教学过程中，学生不仅能从讨论中获得知识、经验和思维方式上的益处，而且能从讨论中学会与人沟通，提高学生处理人际关系的能力。

3. 教学案例具有真实性

案例的素材取之于实践，有真实的细节。案例教学法是把案例作为一种教学工具，使学生有机会身临其境地将自己置于决策者或解决问题的地位，认真对待案例中的人和事，认真分析各种数据和错综复杂的案情，找出解决问题的方法。因此教学案例定要真实可信。

4. 强调全员参与性和主动性

案例教学法中教学的主体应是全体学生，教师的责任是选择组织好案例，组织和指导好课堂讨论，让全体学生都参与进来，在案例所描述的特定环境中，对案例所提问题进行讨论、争辩，并在此过程中相互学习，促使学生刨根问底地找到最佳决策。因而，它强调全体学生的共同参与和积极思维，强调主动学习。

5. 重视师生双向交流

传统的教学方法是教师讲、学生听，效率低而且学到的都是死知识。在案例教学中，学生拿到案例后，先要进行消化，然后查阅各种他认为必要的理论知识。这无形中加深了对知识的理解，而且是主动进行的。捕捉这些理论知识后，他还要经过缜密地思考，提出解决问题的方案，这一步应视为能力上的升华。同时他的答案随时要求教师给以引导，这也促使教师加深思考，根据不同学生的不同理解补充新的教学内容。双向的教学形式对教师也提出了更高的要求。

6. 案例答案的多元化和最佳化

案例为全体学生提供了同样的情景和信息，从同一起点出发，人们会提出不同见解，它不存在什么标准答案。为了解决问题，有时会有多种解决的方案，有时也可以从多种方案的比较鉴别中寻找出最为合适的答案（即最佳化）。当问题较为复杂时，也可能会一下子找不出什么解决问题的方法。此时教师可通过提问引导学生一步步思考、探索，直到能看出这会导致什么样的结果为止。这种多元化和最佳化答案选择，可开拓学生思路，调动学生的学习积极性。

二、案例教学法的教学价值及功能

（一）案例教学法的教学价值

案例教学法本着整合理论与实践的宗旨，以真实和具体的案例为基本素材，将学习者引入特定事件的实境之中，学习者积极参与、平等对话，通过教师与学生之间、学生与学生之间的多向互动，促使学习者充分理解问题的复杂性、变化性和多样性，重点培养学习者分析和处理实际问题的能力、批判反思意识和团队合作精神。探究案例教学法概念所蕴含的教学价值主要表现在以下几方面。

1. 学生作为主体参与，教师适当监督引导

案例教学法的一个基本宗旨是，要充分发挥学习者的自主性。学生先要独立思考和分析案例，准备好自己的观点和方案，然后参与讨论，最后形成案例分析报告。在讨论过程中，教师把更多的机会给予学生，学习者在前台扮演主角。这样，对学习者而言，便形成了自觉学习的压力机制。哈佛商学院在其案例法教学中，通过成绩评定来控制学生的课堂表现，形成一个不断向学生"加压"的学习机制。它规定学生在课堂上的表现情况占学习总成绩的 25%～50%，如果一个学生没有进行充分的预习，在案例讨论时不得不选择"Pass"的话，那么他的成绩会自动拉下一档，两次"Pass"之后可能拿不到学分，三次以上者可能受到校方"行为不良"的警告，严重的会被勒令退学。从哈佛商学院的案例教学法实践看，通常教师预先把案例和资料发给学生，要求学生进行详细分析，做好笔记。上课时，教师先指定一名学生用 10min 时间，依据案例分析问题、提出解决问题的手段、方法和途径。然后由其他学生从各自的角度分析同一案例，阐明自己的看法，特别是与别人不同的方面。为了争得发言的机会，学生往往会你争我抢，互不相让。

案例教学法把以教师为中心的传统教学方式转变为以学生为中心的方式，学生的学习方式从被动接受知识转变为主动探索，它让学生在真情实景之中以"当事人"身份思考问题，训练学生分析和解决实际问题的能力。

2. 将"点对面"的单向教学模式转变为"点对点"、"面对面"的多方位互动模式

传统教学方法主要是单向的理论灌输式的教学方法。一位教师需要面对众多学生，师生之间的互动是"面对面"的形式，交流必定是非常有限的。案例教学法一改这种单向模式，注重教师与学生个体之间、学生个体与个体之间、学生团体与团体之间、教师与学生团体之间的多方位交流，形成多向的交流和互动机制与模式。

案例教学法以客观发生的事实为基础，以案情的发展为主线，学生以"主人翁"身份演绎教学过程。尤其是在课堂上展开对案例的分析和讨论的过程中，教师不是站在讲台上夸夸其谈，唱独角戏。而是融入学生之中，引导学生进行讨论、交流观点。先由学生个体充分表达自己的见解，在个体之间形成"点对点"的交流甚至争锋。然后组织学生小组与小组之间的"面对面"交流。在教师的引导下，通过多方位的互动交流，集思广益，相互促进，形成较为完善的解决方案。这种方法非常有利于学习者能力的成长。

3. 教学过程的开放性、信息的对称性、思维的多元性与创新性

传统教学中，教师的中心地位造成了信息的传输，局限于从教师到学生的单向流动，不可避免地具有灌输的色彩。学生如何理解？怎么想？教师很少能够照顾到，信息的流动是不对称的。案例教学法在思想和过程等方面全面开放。课堂向课外开放，学生向教师开放，学生向学生开放。在讨论中，学生当堂发表见解，每人都有发言机会，相互不保留，不隐藏。师生之间是平等的，信息是对称的。

案例教学法倡导多元的、发散型的思维方式。它好比课堂上的实习，就像解决问题的习题，求解方法不唯一，答案也不唯一。它不求思想统一，反对教条和标准答案，注重批判反思，这给学习者提供了充足的创新思维空间，可以有效地培养学生的创造力。特别在案例讨论过程中，充分体现开放性和创新性。开放的教学环境促使学生改变学习态度，由被动转为主动，讨论时往往跃跃欲试——"我要说话"、"我不同意"。教师则使用"你的观点挺有新意"、"你是怎么想到的"、"你还有什么建议"等话语激励学生，将讨论引向深入，促使学生之间相互吸取别人的精华，完善自己的认识。教师通过合理有效的组织和控制，让学生在自由开放的教学环境中发挥想象力，探寻更加合理的解决方案和更有创意的新途径。

4. 轻结果，重过程，把教学过程巧妙地转化为教学内容

对于复杂事件，其正确答案往往不是唯一的，需要重点考虑的是事件发展的多种可能性。案例教学法不是建立在已经被验证的知识或信息（如真理、定律等）基础上的，而是以客观发生的、业已存在的事实为出发点，它的目标不是让学生去接受某个不容置疑的、唯一的正确答案，而在于探讨复杂问题发展的多种可能性，寻求通向成功的可能途径，答案是多元的，没有绝对正确，只有更好。学生对案例的分析讨论既有一致性，也有歧义性，要允许各种独立见解的并存。因而，案例教学法的重点在于其过程，而不是结果，重视的是得出结论的思考过程及解决问题的方法。

（二）案例教学法的功能

1. 利于能力培养和技能培训，提高学习者分析和处理实际问题的能力

从教学内容和希望实现的教学目标来看，案例教学法非常适用于技能和能力的培训，特别有利于提高学习者分析和处理实际问题的能力，这是讲授型、自学型等教学方式所望尘莫及的。对于技能性强的教学，关键在于学生以主体身份参与和实施的过程。在教室里听游泳冠军的讲座永远学不会游泳，而有些孩子却在河里戏水学会了游泳。

案例为学习者设置了一个现实的情景。因而，学生面对的是不可回避的、必须处理的实际问题，需要分析、思考、判断、决策。如果案情描绘的是一个成功的事件，那么学生就可以从中学到掌握应对复杂问题的思路、步骤、程序和方法，并探求可能的、更好的方案。一个关于失败事件的案例同样具有教学意义。失误案例往往可客观地反映实际工作的复杂性和风险性，具有强烈的警示意义和较大的启示性。实际上，失误案例的教学价值远远超过了成功案例。学生可以从失误案例中吸取教训，回避那些必定会通向错误的死胡同，并找寻导向成功的其他方案。因此，案例教学法特别适合于开发智力技能，如分析、综合及评估能力。

2. 利于培养学习者的多元思维，培养处理复杂事件的应变能力

事物的发展具有多种可能性，一个复杂问题往往存在多种解决途径与方法，案例法教学就是将案情展示给学习者，不同的学习者会对案情作出不同的反应，通过学生之间的互动交流，相互启发，相互影响，让学生自觉地发现解决问题的多个途径与方法。多元思维有利于学生在实际工作中面对复杂问题时从多个角度思考问题，尽可能地预计到事件发展的各种可能性，准备好多种解决方法、多个预案。尤其是当事件发展出现变数时，不致手足无措，而能应对自如，从而提高应对变局的能力。

3. 有助于培养团队精神和发挥群众集体智慧

案例教学法是一个全员参与的集体教学过程，每个学生都在贡献自己的智慧和创新。在此过程中，学生会发现自己只是一份子，个人的思想和见识是有限的，别人讲的都有其合理性，常有超越自己的地方，只有将集体的智慧组合起来才能形成解决问题的好方案。诚然，不同的教学方法具有不同的适用性，案例教学法因其方法特征、对学习者的特殊要求及教学环节的复杂性等因素，也有其不足和局限性。

三、案例教学法的设计环节与要求

（一）案例教学法的设计环节

1. 课前准备

案例教学是在一个开放的环境里进行的，教学过程中可能还会遇到许多问题。因此，要搞好案例教学，教师必须舍得下工夫，做好充分扎实的课前准备，灵活地运用教学技

巧来组织引导好案例教学。

2. 明确教学目标

即学生通过案例学习所应达到的能力水平及对学生进行测验的手段和标准。教学目标可分解，既要清楚通过案例解决管理领域内什么层次上的什么问题，又要明确体现出学生解决问题时所显现的能力水平；既要考虑到学生学习能力、态度的改变，又要考虑学生的条件和状况。

3. 选择好教学案例

选择案例是实施案例教学的前提条件之一。因此，在明确教学目标基础上，要选择适度、适用的教学案例。所选的案例既要与教学目标相吻合，又要是教师自己能把握的案例，学生易于接受和认同的案例。教师能否把握案例取决于教师对案例涉及的环境背景是否了解，对案例涉及的知识领域是否掌握，对案例涉及的问题是否有相应的解决处理经验（包括直接管理经验和教学经验）。而学生能否接受和认同案例，主要看案例所描述的是否为其身边或可能发生的事情；所提问题是否为其经常遇到或可能遇到的管理问题；以及通过案例学习是否可以解决学生思想和工作上的问题，提高其认识水平和工作能力。

4. 营造良好的学习环境和氛围

营造良好的学习环境和氛围，一是需要学生内在的学习动力；二是需要学生外在的学习激励。教师在组织案例教学中要坚持以鼓励为主，调动积极因素，保持学生的学习热情和兴趣；坚持集体参与原则，鼓励学生发表不同的意见，鼓励和主张对事不对人的交流方式；坚持以学生为主，即以学生学习需求为主，在课堂策略上采取使学习者经验共享的方式，营造一个氛围，让知道者告诉不知道者，让不同经验得到交流，使学生通过学习能充分分享来源丰富的各种信息，尊重和发挥学生的学习风格、使学生真正感到他们是课堂的主体，是学习的主人。

5. 案例教学过程中的四个环节

（1）阅读案例，个人分析　　第一个环节是一个基础环节，这个基础不打牢，就可能使整个教学过程流于形式。

（2）小组讨论，达成共识　　第二个环节是集中集体智慧阶段，须充分展开，避免走过场。

（3）课堂发言，全班交流　　第三个环节通常可由教师主持，事先指定好中心发言人，以保证讨论效果，全班交流是课堂教学高潮，是形成教学结果的重要环节，也是全班学生经验与知识共享过程，需要教师和学生做好充分的准备。

（4）总结归纳，消化提升　　第四个环节通常先由教师对课堂教学的全过程进行归纳、评估。教师总结可引而不发，留给学生进一步思考的余地，通过总结，帮助学生思考问题。例如，从案例教学法的内容和过程中，学到了什么？得到哪些有价值的启示？是否通过案例学习掌握了处理问题的新思路、新方法及在实际应用中应注意的问题等。到了这一步，完成了理论与实践的结合。

（二）案例教学法的要求

1. 注重方向性

选用案例应以正面教育为主，反面教育为辅。有些揭露社会阴暗面、丑恶面的案例并不是不能用，而应慎用、少用。

2. 注重时效性

引用的案例不应是陈年旧事，而应有新鲜感。

3. 注重趣味性

所举案例应生动有趣，生活化、通俗化，适应学生的接受水平。

4. 注意精确性

选用的案例与课堂内容不能牵强附会。引用的案例应尽量真实具体，不宜胡编乱造。要使案例教学充分发挥其功能，取得良好的效果，不但教学案例本身质量要高，还要求教师具备相当的知识、经验和技巧，并需要占用相当多的精力和时间。这就需要课时安排上兼顾理论讲授与案例教学，并能在教学设施上创造条件。如果学校能够提供模拟仿真的案例环境，案例教学的效果更佳。

5. 注重本地性

引用的案例最好是学生身边发生的事情，与己有关，而不是遥不可及、关系不大。

6. 在案例教学中选用案例不是越多越好

案例教学是用案例来创设情境，以启迪学生思维、激发学生质疑。在课堂上，教师以文本材料或多媒体手段等方式把案例提供给学生，用以激发学生学习和探究的欲望。如果教师所用的案例过多，喧宾夺主，将大量课堂时间用于图片欣赏或事例讲述，占用了学生自主探究和合作探究学习的时间，达不到案例教学的目的。使用案例过多，还会使学生对课堂教学主次不分，分散学习注意力。本来，案例教学法重在通过案例来调动学生的学习积极性，发挥学生作为学习主体的作用，提高学生学习参与意识。过多的案例材料只会带给学生强烈的视听刺激，不断变换的图片和文本资料让学生应接不暇，哪里还有精力去探究思索呢？自我调控能力差的学生，甚至转移了学习方向，将注意力集中到了案例本身，不能促成案例与解决问题的迁移。这显然失去了案例教学的本意。

第二节 案例教学法的应用

一、"植物生产与环境"案例教学法应用案例

【教学对象】果蔬花卉生产技术专业一年级学生。

【教学目标】

知识目标：通过本课程的学习。要让学生和学员认识、了解植物体的基本结构。了解植物生产与土壤环境、水环境、温度环境、光环境及植物生产与肥料之间的关系；理解植物生产环境调控的原理。

技能目标：掌握一定的植物生产环境监测技能，如土壤、大气温度的测量，空气湿度的测量；在理解植物生产环境调控原理的基础上，掌握植物生产环境的调控技能措施，如通过中耕松土来保墒。

情感态度与价值观目标：让学生在将来的生产中能自觉运用所学理论来指导农业生产，能从生态系统的全局观念来理解植物生产与环境之间的关系，热爱大自然。

【教学媒体】投影视觉媒体、实物媒体。

【教学工具】多媒体课件。

【教学过程】

（一）"植物生产与环境"课程分析

"植物生产与环境"课程主要学习植物的生长发育与环境的关系。了解环境变化的影响因素、变化机制、人为调控的原理和手段。它以生物学、化学、物理学和地理学等课程为前导基础，是后续学习农作物生产技术、蔬菜生产技术、林果生产技术、园林植物生产技术、花卉生产技术、苗木生产技术、园林植物栽培养护等课程的基础，是一门理论性强，同时又具有较强实践性的学科。

（二）案例教学法的具体应用

对于案例教学法在"植物生产与环境"课程中的实施，可按以下步骤进行。

1. 展示案例，启发思考

案例教学法的开篇，是由教师向学生展示案例。其主要作用是吸引学生的注意力，调动学生兴趣。然后通过以这个案例为主线讲解相关的知识与技能。

首先，最重要的一点在于案例的选取，要围绕着本节课的教学目标选取合适的案例。要能够体现教学的主要内容，能够突出重难点，具有代表性，又不能过大，也不能过小，不能过杂，也不能过易，需要精心设计；其次在向学生进行案例描述时，一定要清楚、准确，对于一个案例来说，从不同的角度来说可以体会不同的知识点，所以在案例描述时一定要明确这一点，到底哪些是本节课研究的内容；再次，所设问题需要精心设计，既要符合本节课将要引入的知识，又与学生现有知识水平相符，让学生带着兴趣去探索知识。

例如，在讲解植株调整这部分知识时，其教学目标是掌握植株调整的意义、植株调整的措施，具备设计合理的植株调整方案的能力。针对这一目标，教师选择了"吉林省双辽市卧虎镇农场苹果树植株调整"案例将植株的现状与调整方案通过文字与图片的形式下发给学生。

2. 探究案例，深入学习

教师要让学生先去认真读案例、分析案例图片等，同时配备教学任务书。在任务书中要求学生在分析案例时完成若干问题。问题的设置一定是围绕案例，并可以拓展的。学生在讨论时可以设计成以小组为单位进行研讨，然后达成共识。对案例分析的过程即剖析知识的过程。当然教师要恰当地运用教材及其他参考资料，让学生从中获取关键的知识与技能。而这些知识并不是教师直接给予学生，而是让学生在分析案例时自己获取的。这样更符合知识形成的过程，符合学习心理，有利于知识消化理解。

对于"某农场苹果树植株调整"案例。学生在分析案例的同时，可在任务书中探究相关问题。例如，案例中哪棵苹果树调整的方案最为合理，理由是什么？案例中哪棵苹果树调整的方案不恰当，理由是什么？请给出新的方案。学生带着这些问题去分析案例时，自然会主动地去书中寻找答案，去寻找植株调整的意义是什么，有哪些作用，哪些措施。他们在阅读中就会理解植株调整可以改变植物体各器官的空间分布，可以改变养分的合理分配。在生产上自然就知道应该剪去树体内部的徒长枝。

3. 总结案例，教师升华

对于案例教学法来说，最后一步是案例的总结。由此所提升出来的知识点，需要教师在这一环节进行清晰准确的阐述，让学生对此内容有确切的认识。而不能不管对错，做了就可以。同时，案例在应用中一定是有些可以延展的地方。教师可以留给学生共同研讨，或者教师帮助学生进行更深层次的学习。

【应用分析】

1. 呈现更直观

有利于知识的理解与接受。在"植物生产与环境"课程中应用案例教学法，会将很多生僻的知识以直观、生动的方式展现在学生面前，让学生通过一个完整的案例，来了解这一工作内容的来龙去脉，从而有利于知识的理解。

2. 学生参与度高，学习效率高

案例教学法的课堂上，学生是课堂真正的主人。学生的学习是主动的而非被动的，这样学生在学习时兴趣十足，参与度高，学习效率也就随之提高。

二、"植物生理学"案例教学法应用案例

【教学对象】果蔬花卉生产技术专业一年级学生。

【教学目标】

知识目标：掌握植物生命活动的基本规律；明确植物生理学研究的内容和任务。

技能目标：观察、分析自然界中有关植物生命活动现象。

情感态度与价值观目标：树立正确的职业道德观念。

【教学媒体】投影视觉媒体、实物媒体、多媒体课件。

【教学场地】多媒体教室。

【教学过程】

（一）来自于生产实践的案例

植物生理学知识孕育于农业生产实践中，生产中的许多栽培措施、育种方法和田间管理措施，包括灌溉、施肥、无土栽培、间作（轮作）、套种、中耕松土、保鲜、控制株型（打顶）、疏花疏果、光周期现象、春化作用、杂交优势、雄性不育和蹲苗等，都蕴涵着植物生理学知识（表7-1）。其实这些案例有些是常识性的事件，只不过学生未把它们和具体的植物生理学理论知识联系起来。通过有针对性地在课堂上再现这些真实情景，就能使学生体会到该门课程对农业生产和人类自身生活的重要性，既加深了学生对理论知识的理解和掌握，也培养了他们运用植物生理学知识解决生产实际问题的能力。

表7-1 "植物生理学"课程各章次的生产实践案例

序号	章节	生产案例
1	水分生理	生物节水（合理灌溉）；冬灌；烧苗现象
2	矿质营养	无土栽培；合理施肥；叶面施肥；生物固氮
3	光合生理	提高大田作物光能利用率（轮作、间作、套种）；第一次绿色革命（矮秆、株型紧凑、抗倒伏）；高光效育种；温室效应
4	呼吸作用	种子、水果和蔬菜贮藏；水果保鲜；中耕松土；排水晒田
5	固化物运输与分配	作物成熟期（生育后期）适当干旱；蹲棵（或迟延脱粒）

续表

序号	章节	生产案例
6	植物生长物质	植物生长调节剂在生产中的应用（调节株型、疏花疏果、降低蒸腾）
7	细胞信号转导	含羞草的感震性；土壤干旱引起叶片气孔关闭
8	生长发育	植物组织培养；工厂化育苗移栽；果树大小年现象；顶端优势；根深叶茂；徒长现象；向（光、化、水、重力）性运动
9	生殖生理	光周期与春化作用在引种、育种中的应用；自交不亲和性；远缘杂交不亲和性；杂交优势；雄性不育
10	成熟与衰老	用乙烯利调节果实或种子的成熟；活性氧与衰老；休眠的维持或破除；脱落的防止或促进
11	逆境生理	抗逆（寒）锻炼；不毛之地变绿洲；海水灌溉；设施农业下植物的抗逆性

（二）来自于经典实验的案例

案例教学法的另一种形式就是经典实验。植物生理学是一门实验学科，许多重大理论和发现都来自科学实验，每一次经典实验的突破都将植物生理学学科推向一个新的高度。通过讲解科学经典实验的设计思路、具体操作过程、结果和不足之处，可以启发学生的创新思维，激发他们的兴趣。通过对各个章节的经典实验（表7-2）的详细讲解和分析，引导学生既知其然，又知其所以然，而不是死记硬背地记住了理论。同时每个章次的经典实验串联起来，也就构成了整个课程的知识体系和轮廓。常温习这些实验，不仅可以培养学生的科研思维能力，而且也加深了其对该课程的整体认识。

表 7-2 "植物生理学"课程各章次具有代表性的经典实验案例

序号	章次	生产案例
1	水分生理	范·海尔蒙特柳树实验
2	矿质营养	用不同的水种植薄荷；水培下的缺素实验
3	光合生理	绿色植物能够净化空气实验；红降现象和光增益效应；好氧细菌向水绵叶绿体红光和蓝光区积聚实验；卡尔文循环的发现
4	呼吸作用	化学渗透学说及其实验证据；交替途径的发现
5	固化物运输与分配	同化物运输途径（环剥实验、同位素示踪实验）、运输形式（蚜虫吻刺实验）和分配规律（同位素标记实验）的确定
6	植物生长物质	生物测定法；六大激素受体和信号转导机制的发现
7	细胞信号转导	植物体中 Ca^{2+}（钙离子）信号的发现；植物体中的双组分系统
8	生长发育	细胞全能性的发现；酸生长学说；需光种子萌发实验
9	生殖生理	暗期间断实验；春化作用的发现；光周期现象的发现；花器官发育的ABC模型的发现
10	成熟与衰老	呼吸跃变；杨氏循环
11	逆境生理	植物响应渗透胁迫的ABA（脱落酸）依赖途径和非依赖途径的发现；植物抗盐的SOS（DNA应用修复）途径

（三）社会热点问题

植物与人类的生活密切相关，而揭示植物生命活动规律的学科——植物生理学给人类提供了认识植物进而改造植物为人类服务的知识。当今人类所普遍面临的社会热点问题，诸如由人口增长和耕地减少所带来的粮食安全问题、由于水和化肥的过量使用所导致的资源枯竭问题，化石燃料的过量消耗导致的能源短缺问题，以及环境污染和全球变暖都与植物生理学知识息息相关（表 7-3）。天下兴亡，匹夫有责，作为中职学生，更应把自己的理想和社会发展结合起来。因此在课堂教学中时刻设计这方面的案例，组织课堂讨论，既能活跃课堂气氛，激发学生的学习兴趣，又能点燃他们学以致用的抱负和担当社会发展主人公的雄心。

表 7-3 植物生理学（生物学）知识相关的社会热点问题案例

序号	社会热点问题	植物生理学知识
1	粮食安全（人口增长）	提高光能利用率（高光效育种）；抗逆（生物和非生物逆境）育种；杂交优势
2	资源枯竭	水分、矿质高效利用
3	能源短缺	光合作用→纤维素→生物质能；模拟光合作用原初反应进行可再生清洁能源氢的合成
4	环境污染	植物修复；合理施肥
5	全球变暖	植被恢复→植物固碳→减缓大气 CO_2 浓度升高

【应用分析】"植物生理学"课程建立了较为完备的案例体系，有效促进了学生课前、课堂和课后参与的积极性，降低了理论学习的抽象性，培养了学生提出问题、解决问题的主观能动性，并提高了实践能力和科研能力。

三、"果树栽培技术"案例教学法应用案例

【教学对象】果蔬花卉生产技术专业二年级学生。

【教学过程】

知识目标：了解果树栽培基础知识，掌握常见果树设施栽培的配套技术。

能力目标：熟练掌握栽培管理技术。

情感态度与价值观目标：养成认真负责、吃苦耐劳，敢于动手，善于表达，遵纪守法，团结协作的职业素质。

【教学媒体】投影视觉媒体、实物媒体、多媒体课件。

【教学场地】多媒体教室。

【教学过程】

（一）案例的选择

"果树栽培技术"课程中使用的案例可以来自于科研院所或企事业单位的内部资料，也可以来自于公开出版的期刊、参考书或音像资料等。必要情况下，教师也可自己编写。

1. 尊重教学目标

选择什么样的材料作为案例，就是要看教师准备达到什么样的教学目标。如果仅为了增强学生对生长发育规律的认识，那么来自第一线的原始调查数据就可以使用；但如果是为了开发学生对栽培措施的创新，那么高质量研究论文中的材料、方法和记载结果整理后也可以成为一个案例。而事实上，任何一套材料都无法完全吻合拟订的所有教学

目标。案例材料的进一步细致编排是必不可少的一个重要环节。

2. 激发学生兴趣

案例教学成功的前提是学生学习兴趣的激发。俄国著名的教育学家乌申斯基说："没有丝毫兴趣的强制性学习，将会扼杀学生探求真理的欲望。"因此，适当地对案例材料进行人为加工和设置悬念是必要的，但切忌随意夸大和虚构。要激发学生的兴趣，教师需要不时地赋予学生成就感，以激发学生内在的更高层次的愉悦，这样教学效率才会进一步提高，所以选择的案例还要难易适中。

3. 案例要经典

教学的目的是为了传授知识和培养能力，不能不加选择地大量罗列案例，宜选择经典事例。对于一些虽然陈旧，但仍不失价值的历史性事件，如"乔化稀植"栽培模式向"矮化密植"栽培模式变迁的历史过程，也可以适当选用，因为其中蕴藏着果树栽培从个体到群体、从产量到品质、从宏观到微观不同层次上认识的变迁，渗透着栽培学、生态学、气象学、生理学等诸多学科的基本原理和概念。对于一些地域性强、不具有普遍性的案例，教师应根据学校生源和就业去向进行甄别。

4. 案例都是对原始事件的客观再现

任何人对其作出的评价和分析都不符合案例教学的本质，也都会或多或少地干扰学生发散性思维的培养和创造性思维的开发，因此，案例选择和编排时宜去除有关的说明、评注或分析。但要注意尽可能地保留原始数据，因为学生从错综复杂、主要与次要的数据中挖掘规律的过程实际上也是培养分析问题和解决问题能力的过程。

（二）案例教学的组织和实施

案例教学需要一定的理论基础和原理来支撑，案例教学的实施要安排在每章基本知识和相应技能学习之后进行，包括呈现案例、解读案例、评析案例和撰写分析报告与成绩考核四个环节。

1. 呈现案例

案例教学需要学生课前精读和分析案例，因此案例材料的呈现要早于案例教学课的开始。呈现的方式可采用电子邮件、纸张印刷或口头表述等形式，但要注意布置好案例预习的任务和要求、尽量用表格来展示有关材料。

2. 解读案例

解读案例是案例教学的中心环节。它旨在挖掘案例材料中的规律，也就是"实事求是"。因此无论采用何种方式进行解读，发现知识是根本。

讨论是案例解读时采用的主要方式。解读案例之前，教师应该完全明确自己的教学目标，即要清楚本案例拟解决的问题和传授的知识点等，以免学生的讨论偏题太远。解读案例的过程中，不同人由于人生阅历、知识背景和所关注的侧重点不同，对同一案例会有不同的看法。所以教师要注意坚持以学生为主体、教师为主导的原则，让不同经验得到交流。同时，教师还要注意启发学生发现案例的内部特征，引导学生把案例中的内容与相应的理论联系起来；要因材施教，发掘各类学生的优势，挖掘他们的潜能；要以鼓励学生为主，避免打消学生学习的热情和兴趣。事实上，教师抱有一种再学习的心态去与学生进行平等交流，也会产生良好的教学效果。

3. 评析案例

案例解读结束后，教师要对讨论结果作出恰如其分的评价。教师可以指出解读案例过程中的优点和不足，也可以对案例分析进行进一步的补充说明，还可以对讨论过程中形成基本观点加以高度概括和总结，将尚存的疑点提请学生进一步思考，并就学生思考问题的方法再加以指导。但是，教师总结应该是言简意赅，引而不发的，留给学生更多的思考余地。

4. 撰写分析报告与成绩考核

讨论结束之后，学生要以书面的形式对学到的知识、获得的启发及处理问题的思路、别人的观点、自己的不足等方面进行归纳和总结，以进一步摄取案例中的营养和提炼其中的精髓。教师可以依据学生对案例讨论前的准备情况、讨论中的表现状况和分析报告的撰写情况等给出学生客观合理的评价，在记分册中予以记载。

【应用分析】

1. 案例教学对教师的要求

案例教学法应用于果树栽培技术还是个"新生事物"。目前，好的案例材料很少。因此，要搞好案例教学，教师首先必须做好充分的课前准备，编写出适合本校学生特点和教学要求的教学案例。其次，教师要有系统扎实的专业素养和丰富的教学经验。案例教学是在一个开放的环境里进行的，教学过程中可能还会遇到许多问题。而果树栽培技术又是一门综合性非常强的专业课程，它在案例分析过程会经常涉及植物学、育种学、昆虫学、病理学、储藏加工学、生理学，甚至分子生物学等众多学科的知识点。所以，这就要求主讲教师必须具有丰富的实践经验、系统扎实的专业知识和丰富的教学经验，以驾驭整个课堂教学。但作为案例教学的组织者和引导者，他也应当是一名学习者，打破教师的"权威性"，创建教师的平易近人与幽默诙谐，有利于营造轻松活泼、热烈讨论的课堂氛围，有利于培养学生的发散性思维和创造性思维。总之，案例教学中，教师应该是一名认真负责、经验丰富、知识渊博、积极探索的学习者。

2. 案例教学法与传统方法的结合

案例教学的核心是使学生在系统理论的指导下，通过分析果树栽培过程中出现的真实现象，加深对理论的理解和认识，掌握如何运用专业知识去分析和解决实际问题，达到探索规律的目的，因此，案例教学的成功需要一定的理论知识来支撑。传统的讲授教学法不但具有使学生在短时间内系统获取大量理论知识的优势，而且具有培养学生对概念、原理等概括性知识进行批判性分析能力的优势。因此，教学过程中二者的结合，会更有利于学生对理论知识的掌握和应用。但是，我们还必须清楚地认识到，案例教学毕竟还仅是一种"纸上谈兵"式的能力培养模式，它与当前实践教学过程中普遍采用的实验、实习等教学手段相比，各有利弊，不可替代。因此，作者认为，在现有的理论教学和实践教学模式的基础上，积极运用案例教学才能发挥其优势，产生理想的教学效果。

第八章 四阶段教学法

【学习目标】
1. 理解四阶段教学法的概念。
2. 掌握四阶段教学法四个阶级的划分及实施。
3. 结合本专业实际设计一节专业课的四阶段教学法。

第一节 四阶段教学法的介绍

一、四阶段教学法的概念

"四阶段教学法"最早源于美国的岗位培训的教学方法,在德国的"双元制"职业教育中得到了普遍的应用。所谓"四阶段教学法"即把教学过程分为准备、教师示范、学生模仿和归纳练习四个阶段的培训方法。整个教学过程完全呈现一个自然的学习认知过程,这四个阶段彼此无缝连接,自始至终将学生当作教学中的主体,最终达到学生能自主独立操作并融会贯通的学习目的。

二、教学的四个阶段划分

四阶段教学法将教学分为如下四个阶段(表8-1)。

表8-1 四阶段教学法各阶段实施要求

序号	教学阶段	教学过程	教的要求	学的要求
1	准备阶段	为实训、实践环节所做的教学素材、计算机软硬件环境等准备工作,并演示某器械的功能等;以提问的方式了解学生已有的知识结构、专业水平等,以便根据他们的情况有效开展教学活动	教师布置任务,鼓励学生,让学生接受任务并设法使学生产生兴趣、引发问题,教师详细解答	学生听、看,必要时间、答
2	教师示范阶段	教师先完整地将实践流程操作演示一遍后,再进行分步骤的示范	边操作边将方法、步骤解释清楚	学生听、看
3	学生模仿阶段	学生进行模仿学习活动,即按照教师的示范操作步骤,自己动手模仿学习,并与教师对比最后完成的效果	教师要在学生操作时边看边提问:怎么样、为什么这样做	学生边做边解释
4	归纳练习阶段	教师根据教学要求布置相应的操作任务让学生去独立完成,而教师在旁边指导监督、观察完成任务的整个过程,认可学生练习的结果,及时纠正出现的错误	老师基本不管,对结果进行评估、讲评	学生独立操作

(一)准备阶段

教师的行为占主导地位。教师需调动学生的学习积极性。主要教学方式为讲解式。一般过程为:教师通过提问了解学生对新课题的准备情况和现有基础,然后引入课题,如介绍所用仪器的性能等。

（二）教师示范阶段

教师的行为仍占主导地位，任务发生变化：首先，将整个过程熟练准确地示范一遍，再分步示范。其次，在分步示范中讲清楚三个问题，即做什么、怎样做、为什么要这样做。与传统理论教学课堂演示的不同点在于：理论课教学的演示是使学生获得感性知识、加深对理论知识的理解；而四阶段法的教师示范却要让全体学生都知道教师是怎样做的，他们接着也要这样做。

（三）学生模仿阶段

在这一阶段，学生的行为占主导地位。首先由教师挑选三个学生，好的、中等、差的各一名，学生按照教的示范步骤重复一遍，必要时还应解释一下他在干什么，为什么这样做。教师也可以加一些补充说明。教师观察学生的模仿过程，从中得到信息反馈，了解学生理解、掌握的程度。如果学生的模仿完全正确无误，就可以进行下一阶段，否则，则要重复第二和第三阶段。

（四）归纳练习阶段

教师布置一些练习题让学生独立完成，自己在旁边监督、观察练习的整个过程，认可练习的结果，纠正出现的错误。在第四阶段，教师和学生的行为比例基本相同。

三、各教学阶段的实施

（一）准备阶段

教师在做好课前准备的基础上，通过设置问题，或说明所学内容的意义而引入课题，唤起学生的求知欲，激发学生的兴趣，从而调动学生的学习积极性，为以下各阶段做准备。实际教学过程中，有几点需要注意。

1. 选择合适的讲解场所

讲解场所尽可能靠近实训场地，同时为了教师方便讲解、提问和演示，保证学生注意力的集中，应尽量避开喧嚣和嘈杂的环境。使用专用一体化教室要避免教室摆放的设备对学生注意力的影响，必要时可将设备集中管理，使用时再下发。

2. 组织讲解的方式和内容

通过教师提问，在激起学生认知兴趣和动机，激发出学生寻求问题答案的欲望和思维积极性的基础上组织讲解。教师提问的问题应与讲解内容密切相关，且讲解内容应尽可能简明扼要、重点突出，不宜过于繁琐。

3. 重视使用现代教育技术

教学媒体是教学内容的载体，是教学内容的表现形式，是师生之间传递信息的工具。随着科学技术的发展，教学媒体也在不断更新，充分利用现代化的教学工具，如幻灯、实物投影、多媒体课件等，可大大提高课堂的教学效率和效果。

（二）教师示范阶段

此阶段教师的行为仍占主导地位。教师首先将整个操作过程演示一遍，学生观察。学生不可能一下子学会，只是对其过程有所了解，知道指导教师到底是怎么操作的。此后教师再分步示范，并解释每一步是怎么做的、为什么这样做，使学生在感性认识的基础上，加深对理论知识的理解。通过教师的示范操作，让学生明确在教学活动结束以后应该掌握的知识和技能。示范操作可以使学生直观、具体、形象、生动地进行学习，不仅易于理解和接受，而且可以清晰地把观察到的示范操作印记在脑海里。在组织教学中，应从做什么、怎么做、为什么这样做三个方面来实施教学计划，安排教学内容的展开。教师在讲解的同时，通过实物或教学用具向学生示范如何操作。

1. 重视安全操作意识的培养

"安全责任无大小"，实训教学要牢固树立"安全第一"的思想，在教学过程中教师应始终保持高度的重视，培养学生在用电、工具使用等方面的安全意识。

2. 把握示范操作要领

教师讲解和示范操作时要注意讲做一致，操作姿势、操作方法正确标准，仪器仪表、工具的使用、摆放规范有序。示范操作应做到步骤清晰可辨、动作准确、讲清动作特点及操作过程的注意事项。教师不规范的示范操作可能对学生产生负面影响，影响学生对知识和技能的理解与掌握。由于我国现行的职业教育体制的限制，班级学生人数较多，教师在示范操作教学时难以保证每个学生都能清晰完整地看到教师的示范，从而影响了教学质量。有条件的学校，在进行示范操作教学时可考虑对班级进行适当的分组，减少每次示范操作教学时的学生数，以达到提高教学质量的要求，必要时还可以让学生聚集在自己周围，以便更加清晰地观察教师的示范动作和过程。也可以借助于静态或动态的直观教学技术，如电影、电视、动画等技术实现示范教学。

（三）学生模仿操作阶段

在这一阶段，学生行为占主导地位。通过教师示范，学生对操作过程有了进一步的理解，这时学生开始模仿教师的操作过程，由学生自己进行学习活动，也就是学生按照教师的示范动作的要求，自己动手模仿操作，对操作要领自我领会及消化，通过模仿最终实现知识和技能的掌握。从模仿过程中教师可得到反馈信息，了解学生掌握程度。如果学生不能正常模仿时教师要重复示范。这样通过模仿，学生有了第一次操作的经验，知道了怎样操作，但还不熟练。在此过程中教师必须不断地巡回指导，及时发现问题，纠正错误。在此，有两点教师要特别加以注意。

1. 注意学生的操作规范和安全规范

学生养成良好的操作规范和安全规范将终身受益。教师在示范操作时会对操作规范和安全规范等注意事项进行强调，但是，在学生在实际动手模仿中，有些学生重视不够，有的学生不熟练或紧张，容易出现操作不当甚至违规的现象。教师在学生模仿操作过程中，一定要认真仔细地检查指导，尤其要将安全放在第一位，发现不正确的操作和安全隐患时要及时指出，并加以纠正。

2. 发挥教师的主导作用

由于学生刚刚开始进行模仿操作，还不具备完善的知识和技能，在模仿过程中会出现各式各样的问题。教师在此过程要发挥其主导作用，时刻注意学生的操作方法是否正确，安全规程遵守得如何，操作效果怎样，帮助学生解决实际操作遇到的技术、技能、质量问题。教师在实训指导时要做到：腿勤、眼勤、脑勤、嘴勤和手勤。

（四）归纳练习阶段

在上阶段模仿的基础上学生进一步练习，或独立练习，或以小组形式练习，无论采取何种形式，学生必须要弄清楚每个过程的三个问题，即做什么、怎么做、为什么这样做。这时教师应该观察学生的操作过程，注意纠正学生的错误，并不断检测学生的学习效果，判断学生是否完成教学目标。最后，教师对整个教学活动进行归纳总结，对教学的重点、难点进行反复讲解，指出重点、难点，以及操作过程中需特别注意的问题等，也可以通过提问了解学生对知识的掌握程度。在此基础上，由学生自己通过练习，逐步对所学知识达到完全掌握和熟练运用的程度。

在这一阶段要特别注意培养学生自主分析和解决问题的能力。在传统的教学过程中，教师对教学活动归纳总结时，多是由教师唱主角，对学生的作品进行点评，指出模仿操作或练习过程中存在的问题，却很少注重学生自主能力的培养，学生只是被动接受，难以形成自己的观点。实际上在"四阶段教学法"的教学环境下，教师应结合教学过程中了解、掌握的信息，启发学生自主探究，找出解决问题的方法，形成结论，帮助学生把实践经验和感性认识提升到理论高度，培养学生自主分析和解决问题的能力。

第二节 四阶段教学法的应用

一、"波尔多液配制及质量检查"四阶段教学法应用案例

【教学对象】果蔬花卉生产技术专业三年级学生。

【教学目标】

知识目标：认识实验器具，掌握波尔多液配制比例。

能力目标：熟练掌握实验操作程序，获得自主配制和检查质量的能力。

情感态度与价值观目标：养成实事求是、严肃认真的科学态度和敢于创新的开站拓精神。

【教学媒体】投影视觉媒体、实物媒体。

【教学工具】生石灰、硫酸铜、烧杯、量筒、天平等。

【教学过程】

（一）准备阶段

1. 基础准备工作

提前准备好这次工作任务的情境教案、学习工具、教具、生石灰、硫酸铜、烧杯、量筒、天平等教学资料、原料和工具。

2. 实训前准备工作

进入实际操作前，使学生明确本次学习任务目标是配制波尔多液并对其质量进行检查。通过提问关于波尔多液的问题，了解学生对其了解程度。通过讲解波尔多液来历、用途、防治对象、使用方法、使用注意事项等方面知识，吸引学生注意力，增强学生学习兴趣，并让学生明确下一步的操作内容。

（二）教师示范阶段

在四阶段教学法中，教师示范有"给出基本概况和第一印象式"、"具体到每一个细节式"、"总结式"三种形式，不同的形式有不同的示范方式及学生互动程序或内容。在波尔多液配制及质量检查中宜采用第一种示范方式，教师示范的主要目的不仅是让学生获得直观的感性认识和加深理解，而且要让学生知道操作的程序，即怎么做。给学生一个基本的操作程序，在学生头脑中留下印象。教师示范可根据学生的理解、掌握程度等反复多次进行。

本次教学涉及原料计算、用具清洗、称量、原料配制、两相混配、质量检查、用具清洗七个工作环节。

1. 工作环节

教师示范整个工作过程，教师按照以下配制步骤，给学生进行示范动作，注意每一步骤进行前及操作过程中向学生解释做什么、怎么做和注意事项。配制步骤如下。

1）用量计算，以"1%石灰等量式波尔多液100ml"为例进行计算讲解，明确式中的三个变量：百分比（%）；等、半、倍；配制总量的变化及关系。

2）清洗用具2~3次，并讲解清洗目的是为了防止不明物的污染。

3）称量，根据计算的结果称取石灰和硫酸铜用量及量取清水用量：先称石灰和硫酸铜，称量过程中注意放置称量纸和天平的调平；再量取清水，注意眼睛与手的位置。

4）把水以2∶8比例分开分别配制石灰水和硫酸铜水。为了石灰能充分溶解，石灰水的配制采用两步法，先取总量2份中的少量水配制石灰糊，然后再用2份中剩余的水稀释配制好的石灰糊，制成石灰水，接着把硫酸铜倒入其余8份水中配制成硫酸铜水。

5）两相混合，为了能充分反应，把硫酸铜水慢慢倒入石灰水中，边倒边用玻璃棒搅拌，可总结为"慢倒快搅"，以让其形成更多的有效成分。在这个过程中可能会有学生提出"为什么把硫酸铜加入石灰水中而不是石灰水加入硫酸铜中"，可让学生自行配制并比较配制质量。

6）质量检查。先进行颜色观察，优质波尔多液为天蓝色胶状悬液。再进行胶粒观察，把配制好的波尔多液倒入大烧杯水中观察絮状的胶粒。最后进行沉降率观察，把配制好的波尔多液倒入另一烧杯中观察其沉降率，分层越快，表示质量越差。

7）清洗用具2~3次。

2. 重复示范

完成一遍演示之后，教师可重复示范整个操作过程，待学生熟悉整个操作过程和注意事项后方可进入学生模仿阶段。

（三）学生模仿阶段

与教师示范相对应，学生模仿也可以分为"给出基本概况和第一印象式"、"具体到每一个细节式"、"总结式"三种形式，不同的形式有不同的模仿方式。

随机抽取2名学生，让学生按教师的示范步骤重复教师的操作。必要时解释做什么、为什么这样做。在这个过程中可发现学生的掌握的程度，存在的弱点。

（四）归纳练习阶段

学生模仿完成以后，教师根据学生模仿的操作情况再次讲解注意事项，重复难点和重点，然后进入归纳练习阶段。归纳练习是每个学生根据教师示范和同学模仿，教师布置练习任务让学生独立完成，教师在旁边监督、观察整个练习过程，检查练习结果，纠正出现的错误。

在本次教学过程中，教师给出练习的题目，学生根据题目计算原料的用量，然后根据用量进行称量、配制等，完成整个波尔多液的配制过程。

练习结束后要总结学习成果，总结学习成果时，可让学生分组总结，最后教师再总结，也可以以考核检查的形式检验学生练习的成果。

在四阶段教学法的实施过程中是以具体的任务为载体，学生在"做中学"，亲历了完成工作任务的完整工作过程，充分发挥了学生的积极主动性（表8-2）。另外，教师示范过程中知识点的讲解，使学生除了获得完成工作任务所需要的专业技能外，还获得了必需的专业知识。

表 8-2　波尔多液配制及质量检查四阶段教学法工作过程安排

阶段	工作过程		教师活动	学生活动	学时安排
第一阶段：准备阶段	1. 任务下达	5. 配制溶液	讲解	听讲	0.5
第二阶段：教师示范	2. 用料计算	6. 两相混配	示范操作	看、听	
第三阶段：学生模仿	3. 清洗用具	7. 质量检查	看、听、指导	模仿操作	3
第四阶段：归纳练习	4. 称取原料	8. 清洗用具	看、听、指导	练习	
总结检查			看、听、考核	口述或操作	0.5

【应用分析】 本次教学以"波尔多液配制及质量检查"为载体，通过此项工作任务，引导讲授与工作任务相关联的波尔多液的用途、防治对象、使用注意事项、原料计算等理论知识，训练学生相关的专业能力，让学生有自主配制和检查质量的能力。

利用四阶段教学法实施"波尔多液配制及质量检查"的技能培训项目，应注意以下方面：一是应调动学生的学习兴趣，"兴趣是最好的老师"，通过讲解波尔多液的来历故事和提问几个问题，把学生引入学习的情境中，进而激发学生的认知兴趣和求知欲，学生学习的积极性和主动性明显提高。二是教师要熟练示范，四阶段教学法体现了"教师示范、学生模仿、归纳练习"的教学思想，因此，在运用四阶段教学过程中，教师首先要熟悉操作过程，在示范过程中要熟练、流畅，给学生做好榜样。三是让学生完成整个工作过程。在学生模仿和练习的过程中，教师应充分信任学生，给学生练习的机会，在学生操作的过程中不要打断，在学生完成以后再予以指导，指出其优点和不足的地方。

四是考核评价注重结果的同时更应该注重过程的考核。

二、"单芽枝扦插技术"四阶段教学法应用案例

【教学对象】果蔬花卉生产技术专业二年级学生。

【教学目标】

知识目标：懂得单芽枝扦插繁殖技术的优缺点并明确扦插苗的成活原理，学会单芽枝扦插繁殖技术操作方式。

能力目标：经历如何正确的操作单芽枝扦插过程，培养学生对植物扦插的基础操作能力和评判能力。

情感态度与价值观目标：增强学生理论知识与实践操作必须互相结合的学习意识，点燃学生的学习激情，增强学生的自信心。

【教学媒体】投影视觉媒体、实物媒体。

【教学工具】多媒体课件，枝条若干、剪枝剪、手套。

【教学过程】

（一）准备阶段

先将全班学生分成6个小组，每小组选出小组长，以V形排列每组的桌椅。每组桌上铺上报纸并摆放5支红叶石楠枝条，每人一把剪枝剪，一把芽接刀，一副手套。

（二）教师示范

先介绍实验使用的材料和工具，并强调学生注意安全。演示单芽枝扦插的操作步骤，每做一步都与多媒体上的动画相结合，并解释每一步骤的知识点。

用动画与实际操作演示的方式直观、形象地展示给学生单芽枝扦插的技术操作，突破中职学生对理论理解比较困难的关口。

（三）学生模仿

既然是考试，就要进行实地操作检验。请每组组长进行实际操作，其他组员从旁进行观看并检查组长错误之处。操作结束之后由教师点评各小组作品，并评选优秀小组工组。

（四）归纳练习

问题：单芽枝扦插最关键的步骤是什么？

学生回顾上几环节的结果回答教师的问题。

【应用分析】四阶段教学法的整个教学过程简单明了，层次清晰，教师熟悉教材，深挖教材，就能驾驭课堂教学。

三、"常用果树嫁接方法"四阶段教学法应用案例

【教学对象】果蔬花卉生产技术专业二年级学生。

【教学内容】小芽片腹接、切接、枝腹接、舌接（枝接）。

【教学目标】
知识目标：初步掌握嫁接的一般方法。
能力目标：培养学生实际操作的能力。
情感态度与价值观目标：培养学生认真细致的学习态度。
【教学媒体】 投影视觉媒体、实物媒体。
【教学工具】 小刀、果树枝、塑料绳。
【教学过程】

（一）准备阶段

1. 多媒体演示

1）砧木的选择。
2）接穗的选择。
3）嫁接的时期。

2. 设计意图

明确嫁接生产中需要的砧木、接穗、嫁接的时期等有关知识，告诉学生掌握这些知识，不但能提高果树嫁接的成活率、果树的抗病力，还能提高产量。

3. 果树的嫁接方法

（1）枝接　　学习概念及相关的理论知识；观看幻灯片，学习劈接的全过程；重点学习削接穗、插接穗、绑接穗（多媒体演示，教师示范操作，重点讲解相结合）的量和质量。学好这一点为下一步的嫁接做准备。

（2）枝腹接　　在砧木离地面高度约 15cm、皮面光滑的地方，带少量白色的木质部向下平切成一个长度约 3cm 的切伤口，切断皮层 1/2。在接穗所选的芽眼下方约 1cm 处向前削成 45°角的斜面，接着在芽眼的上方背面约 1cm 处带少量的白色木质部向前削成一个长度约 2.5cm 的切面，然后剪断成一个长度约 2.5cm 的接穗。把接芽插入砧木的切面，用宽度 3～4cm 的塑料膜带把接芽和砧木紧紧绑住，接芽要密封包扎，但只能用一层膜盖过芽眼，否则不利接芽萌发长出新梢。

（3）舌接（枝接）　　离地面约 20cm 高度剪断砧木，在砧木剪口处斜削成长度约 2cm 的伤面，在斜伤面从上往下的 1/3 处纵切约 1cm，在接穗所选用芽体叶柄下前削长度约 2cm 的斜伤面，以叶柄为起点向下约 2/3 处切入接穗斜面约 1cm，然后将接穗插入砧木并对准，再用塑料薄膜带绑紧密封包扎。

（4）丁字芽接

1）芽接的概念及相关知识（多媒体演示）。
2）学生观看幻灯片。

（5）小芽片腹接　　在接穗所选芽体的上方约 1cm 处朝芽方向稍带木质部平直前削到芽下方约 1cm，然后切断芽片；在砧木离地约 20cm 平直光滑处稍带木质部纵切一起伤面，长度约 2cm 大小与芽片大致相当，同时切断其皮层 2/3，将芽片插放在砧木切伤面，用塑料薄膜带密封包扎绑紧。

4. 切接步骤方法

砧木选择→切砧木→削接穗→将接穗插入砧木→绑扎密封接穗→接穗萌芽上梢→接

穗长成成熟苗。

（二）教师示范

教师实际操作，学生观察。

（三）学生模仿

学生分组模仿，互相点评。

（四）归纳练习

嫁接的技术关键（学生总结，教师点拨）。

1）刀要锋利，削面平滑，形成层对得准。

2）捆扎要紧实，使砧、穗形成愈合组织，进而两者形成一个整体，向内分化成木质部，向外分化成韧皮部，能进行正常的营养输导，植株才能正常生长。

【应用分析】四阶段教学法在常用果树嫁接方法的应用中得到了较好的教学效果，学生不但打下了扎实的操作基础，提高了实验技能，也拓展了创新能力。

第九章 任务驱动教学法

【学习目标】
1. 理解任务驱动教学法的概念、内涵、意义。
2. 掌握任务驱动教学法的设计与实施。
3. 结合本专业实际设计一节专业课的任务驱动教学法。

第一节 任务驱动教学法的介绍

一、任务驱动教学法概述

（一）任务驱动教学的概念

所谓"任务驱动"就是在学习的过程中，学生在教师的帮助下，紧紧围绕一个共同的任务活动中心，在强烈的问题动机的驱动下，通过对学习资源的积极主动应用，进行自主探索和互动协作的学习，并在完成既定任务的同时，引导学生产生一种学习实践活动。"任务驱动"是一种建立在建构主义教学理论基础上的教学法。它要求"任务"的目标明确，而且有创建的教学情境的创建，使学生带着真实的任务在探索中学习。在这个过程中，学生还会不断地获得成就感，可以更大地激发他们的求知欲望，逐步形成一个感知心智活动的良性循环，从而培养学生独立探索、勇于开拓进取的自学能力。

（二）任务驱动教学的内涵

任务驱动的教与学的方式，能为学生提供体验实践的情境和感悟问题的情境，围绕任务展开学习，以任务的完成结果检验和总结学习过程等，改变学生的学习状态，使学生主动建构探究、实践、思考、运用、解决、高智慧的学习体系。

从学生的角度说，任务驱动是一种有效的学习方法。它从浅显的实例入手，带动理论的学习和应用软件的操作，大大提高了学习的效率和兴趣，培养他们独立探索、勇于开拓进取的自学能力。一个"任务"完成了，学生就会获得满足感、成就感，从而激发了他们的求知欲望，逐步形成一个感知心智活动的良性循环。伴随着一个跟着一个的成就感，减少学生以往由于片面追求信息技术课程的"系统性"而导致的"只见树木，不见森林"的教学法带来的茫然。

从教师的角度说，任务驱动是建构主义教学理论基础上的教学方法，将以往以传授知识为主的传统教学理念，转变为以解决问题、完成任务为主的多维互动式的教学理念；将再现式教学转变为探究式学习，使学生处于积极的学习状态，每一位学生都能根据自己对当前任务的理解，运用共有的知识和自己特有的经验提出方案、解决问题，为每一位学生的思考、探索、发现和创新提供了开放的空间，使课堂教学过程充满了民主、个性、人性，课堂氛围真正活跃起来。

（三）任务驱动教学法的意义

1. 有利于发挥学生的主观能动性

任务驱动教学法可以有效地打破传统教学体制的限制，摆脱传统枯燥、僵硬的教学模式，强化学生动手操作的主动性，有利于学生养成自主学习的习惯。学习过程以"学生为中心"。教师通过设计学生感兴趣的、与学生生活密切相关的任务，诱发学生的探究欲、激发学习的积极性。学生在完成"任务"的过程中会遇到一些问题，有的可以通过阅读教材自己解决，有的可以通过同学间相互交流、讨论来解决，有的则需要教师加以点拨指导。这样的教学，完全打破了"教师讲、学生听"的局面，充分调动学生的学习积极性和主动参与意识，充分发挥学生学习的主观能动性，使学生积极主动地参与到学习中来，从"让我学"变为"我要学"，学生在"做中学"，使学生真正成为学习的主人。学生在解决问题的过程中会尝试各种新颖独特的方法去完成任务，这样就充分发挥了学生的创造性思维和求异思维。

2. 有利于发挥学生的主体作用

在任务驱动教学法中，教师是指导者，学生是学习的主体，学生要自己完成任务。教师通过组织、收集、筛选知识点，进而提出教学任务，而学生自己决定完成任务的方法和策略，改变了完全依靠教师讲授解决问题的情形，变被动为主动，有效地发挥学生的主体作用。教师可设计不同层次的学习任务，优秀的学生在完成基本的任务后，还可根据自己的兴趣扩展或继续完成较高要求的任务，最大限度地提高学生的能力，促进个性的发展。

3. 有利于培养学生的团队协作精神

在任务驱动教学中，尤其是在半开放型任务和开放型任务的完成过程中，分组合作是一项重要的内容。教师通常将学生分成若干个小组，组内成员、组与组成员之间相互交流，一起分析讨论问题、解决问题，互相帮助、取长补短。在这种互动的过程中，学生的思维能力得以展现，学生之间的观点、方法得以交流，调整完善自己的观点，利用集体的智慧一起完成任务。学生在完成任务的过程中，促进了同学间良好人际关系的建立，体现出团队协作的精神，为今后的学习、生活和工作打下了坚实的基础，是一种很好的课堂教学方式。

4. 有利于拓展学生掌握知识的广度和深度

任务驱动教学法要求学生收集知识，理解和掌握知识的真实含义并能够加以运用。通过任务完成了解知识的背景、知识产生的效果等，对一些比较容易混淆的概念有清晰的认识，从而对知识有完整的理解。同时通过小组合作，大家思想碰撞，可以学到教材中没有的新知识，进一步扩大知识面。学生只有在正确分析问题、任务的基础上，分析完成任务可能的解决方法、需要用到哪些知识、如何获取这些知识、如何应用知识完成任务等一系列的问题，才能找出解决问题的有效方法。

二、任务驱动教学法的设计与实施

（一）任务驱动教学法的设计

1. 任务要有层次性

学生之间存在着知识、智力和能力的差异。因此，教学要因材施教，进行教学"任务"时，要充分考虑学生能力的差异，要从学生实际出发，遵循由浅入深，由表及里，循序渐进的原则，从整体到部分再从部分到整体，分层次进行。

2. 任务要有可思考的空间

爱因斯坦曾说过：提出一个问题往往比解决一个问题更重要。因为解决一个问题仅仅是技能而已，而提出新问题，需要创造性的想象力。"任务驱动"教学法正好给了学生这样一个机会。所以，任务的设计要注意留给学生一定的独立思考、探索和自我开拓的空间。培养学生用探究性、研究性学习方法去获取知识与技能的能力。在任务的探究中，使学生通过思考，找到解决问题的办法。

3. 任务要有综合性

任务的设计应该把学过的知识和即将要学的新知识综合起来，这样学生既学到了新知识，又复习了旧知识。同时还能学会综合运用新旧知识。

4. 任务要有实践性

任务必须能够通过实践来完成，应尽量避免抽象和完全理论化任务的出现。而且要有吸引力，兴趣对学生来说是最重要的，有了兴趣学生才会积极主动地去学习。

5. 任务要有创新性

任务的设计应能引导学生用多种方法去解决问题，防止思维的僵化。培养学生发现问题产生多个疑问，不受固定模式约束的能力，能引导学生大胆猜想判断，并将猜想作为逻辑推理的形成和发展学生创造力的重要手段。帮助学生克服思维定式，让学生能够触类旁通、举一反三、开阔思路，增强完成任务的能力，从而产生知识的迁移。

（二）任务驱动教学法的实施

任务驱动教学法在实施的过程中主要有四个步骤：设计任务→分析任务→实施任务→评价任务与总结。

1. 设计任务

教师在课前要根据课堂教学内容和学生的实际，设计好教学任务，在任务驱动教学法中合理地设计教学任务是关键，是一系列教学活动的基础。任务驱动教学法需要教师具有较强的分析与整合能力，能在设计任务时把握教学内容的难度、广度和深度及学生的个体差异性等因素，因为"任务"设计的难易程度直接影响到学生积极性的调动和学生在课堂上的表现情况。教师要以学生为中心，设计的任务既可以充分发挥学生的积极主动性，又要保证授课内容符合课程的课时任务、学习单元任务及学习阶段性的任务等目标，按照课程的教学目标将教学内容设计成一个个实际任务，让学生在完成任务过程中掌握知识、方法和技能。在学习过程中让学生感受到任务的启发性、综合性及层次性，培养学生的创新精神。

2. 分析任务

教师布置任务后，要组织学生分析任务。教师首先明确任务内容及其要求，使学生了解学习目标。在分析任务过程中，教师要充分发挥学生的主动性，不要代替学生急于讲解或演示完成任务的全部过程，而要引导学生积极地分析任务，让学生独立思考，分组讨论，并逐步提出新问题，教师只向学生提供解决问题的有关线索，如需要用到哪些工具，从何处查找相关资料等。教师要大胆放手并鼓励学生自己分析思考，调动学生主动求知的欲望，尽快明确自己的入手点，探究问题的解决办法，并设计完成任务的方案。

3. 实施任务

实施任务的过程，就是任务的完成过程，也是学生发现问题、解决问题的过程，也是学生获得知识与技能、自主探索、独立完成的过程，充分发挥学生的主动性和积极性，展现学生的个人能力；对于比较复杂的任务，教师可根据学生的实际情况，成立学习小组，选出组长，负责组织协调本组的学习活动，为每个学生分派具体任务，学生之间可以相互帮助、取长补短，充分利用学生之间的资源差异，保证任务的顺利开展与完成。在这一过程中，教师行为与学生行为要进行有效的配合，从知识的收集、筛选，到实际操作进行，一步一步完成任务，在做中学习，在做中提高。

4. 评价任务与总结

在组织学生完成任务之后，教师还要对学生完成任务的情况存在的问题进行评价总结。在任务驱动教学法的实施过程中，评价是非常重要的环节。可以采取自评与小组间互评相结合的方式对任务完成情况进行总结、评价，通过评价能够使学生获得多方面的启示，让他们发现同伴的优点，同时也看到自己的不足，能够把原理性知识技能与操作性知识技能进行有效的整合，起到巩固知识、提升学生综合知识能力的效果。然后针对学生探讨的结论进行归纳与总结，最后把总结出来的新方法和新知识应用到实践中，在实践中解决问题。

第二节 任务驱动教学法的应用

一、"花果管理"任务驱动教学法应用案例

【教学对象】果蔬花卉生产技术专业二年级学生。

【教学目标】

知识目标：掌握花果管理相关知识。

能力目标：熟练掌握花果管理技术。

情感态度与价值观目标：培养学生的动手能力、分析问题和解决问题能力。

【教学媒体】投影视觉媒体、实物媒体。

【教学场地】果树实训基地。

【教学过程】

（一）通过任务驱动完成教学过程

以工作任务为主线、以学生为中心、以教师为主导，通过引导、组织学生完成工作任务来完成教学过程。学生在工作过程中获得经验积累，实现知识的迁移。任务驱动的教学模式是以工作任务为载体，将果蔬花卉生产技术中花果管理课程按岗位需求分为若干任务单元，每一个任务单元作为一个工作任务，实行理论、实践一体化的模式教学，每个单元教学都以应用具体的技能完成一个（或几个）工作来结束，并进行下一个单元的教学。每项工作任务都包括果蔬花卉生产技术植物花果管理工作对象、工具材料、工

作方法、劳动组织、任务要求及拓展知识等内容。例如，在"植物生长调节剂配制与使用"的工作任务中有一个工作情景是让学生分组完成 2 个大棚草莓赤霉素的使用，在教学中首先布置工作任务要求，然后在现场示范，再让学生根据要求制订工作计划，在小组讨论的基础上实施任务，最后由教师和学生一起进行检查评估。

（二）按照"六步法"实施教学过程

任务驱动教学法是按照工作过程系统化职教理念进行设计的，整个教学过程也就是学生进行工作的过程。一个完整的工作过程有六个行动步骤，即资讯、决策、计划、实施、检查、评价。教学过程一般也是由这六个行动步骤组成，这是一个"完整的"工作过程，根据这个过程设计教学方案。例如，"西瓜吊瓜"任务教学的目标是了解果蔬花卉生产技术植物套网吊瓜的作用和技术要领，在教学过程中首先带领学生到实地调查，通过生产问题实现教学导入。根据"六步法"的工作过程完成教学过程。

"六步法"教学并不是单纯为了完成某项任务，而是为了使学生在完成任务的过程中学会学习，这种教学方法能够很好地培养学生的自主学习和创新精神。并且果蔬花卉生产技术花果管理技能多数都是工作过程知识，是只能意会、不可言传的，只有经历完整的工作过程才能获取完整的过程知识。同时学生相对独立地分析问题、解决问题的能力也在任务驱动教学法的实施过程中得到很好的提高。该课程以工作过程考核为主，每个操作技能都是考核点，实行现场工作，现场考核。采取学生自评、教师考评、企业鉴定相结合的方式，各占总成绩的 30%；期末考试（主要是理论知识）占 10%。

（三）以学生为中心实施工作任务

任务驱动教学法要求以学生为中心，让学生参与到整个工作过程中，发现问题、制订计划、实施工作、自我检查、相互考核。通过这种有计划的行动体系培养学生发现问题、解决问题的能力，学会查找资料、咨询专家和合作学习的学习方法，提高个人的动手操作能力。同时，在教学中进行分组工作，提高学生自我组织管理能力和团队协作精神。在花果教学中，首先，由教师提炼出果蔬花卉生产技术植物花果管理中范例性的工作任务，并构建完成这些任务的工作情境；然后，向学生提出问题，引到工作情境中，在工作情境中完成教学任务，在具体的工作过程中教师只进行必要的引导，不参与其中，而学生通过完成工作任务可以迅速地掌握花果管理技术，获得经验积累，实现知识迁移。

在教学组织上，根据实际工作需要和一定的分组原则，把全班学生分成若干个小组（一般 6 人一组）。同组学生在一起执行任务的过程中相互学习，教师可以根据各小组行动过程中存在的共同问题进行指导。团队学习有一套完整的组织策略，团队是学生的团队，团队的行动由队员自己协商确定，教师在团队工作学习中，只起着咨询者的作用。在任务驱动的教学中，小组合作学习是主要的学习组织形式。

（四）在完成任务的工作过程中学习

在花果管理的教学中学生主要通过完成完整的工作任务来掌握花果管理中的技能和知识。通过完成果蔬花卉生产技术植物生长周期中花果管理的工作任务，使学生学会果树、蔬菜和花卉花果管理中的主要操作技能，了解果蔬花卉生产技术植物花果管理技术的基本理论；知道这些技能在果蔬花卉生产技术植物中的具体应用；通过情境教学和团队学习使学生不仅能掌握实际的操作技能，同时也为将来尽快适应工作环境打下基础；培养学生的动手能力、团队协作、人际交往、语言表达、发现问题、分析问题和解决问题等综合能力。任务驱动法的核心在于学生在任务的吸引下进行主动探索，教师只起到引导和答疑的作用。

【应用分析】在教学中以学生为中心，通过学生的主动探索和共同协作完成工作任务。在工作中，积累经验，主动获得整个花果管理的技能和知识，全面提高个人的专业能力和社会能力。

二、"蔬菜栽培"任务驱动教学法应用案例

【教学对象】果蔬花卉生产技术专业二年级学生。

【教学目标】

知识目标：了解常用蔬菜栽培技术。

能力目标：掌握常用蔬菜栽培技术。

情感态度与价值观目标：培养分析、比较、总结等能力，形成乐于合作、好奇求知、崇尚科学的态度。

【教学媒体】投影视觉媒体、实物媒体。

【教学过程】任务驱动教学法的教学设计大致可分为以下四个阶段：第一阶段是设计任务、教师引导期，第二阶段是学生完成任务期，第三阶段是交流讨论提高期，第四阶段是归纳总结期。下面介绍在蔬菜栽培教学中如何运用任务驱动教学。

（一）设计任务、教师引导期

教师要将教学内容设计成具体工作任务，提出要求，并对如何完成这一任务做一些相关的阐述、介绍。这是任务驱动教学法关键因素之一。任务的设计要以教学的内容为依据，要与教材的理论紧密结合，要符合学生的认识层次，让学生能运用学过的知识，学习和运用新的知识，解决新问题。

基于以上的原则，比如在讲解"嫁接育苗"时，按任务驱动教学模式，不是像常规按顺序讲嫁接方法、嫁接过程等，而是将所有教学内容融入"如何开展西瓜幼苗嫁接工作？"这一具体任务中，然后把工作任务再分解成难度不一的小任务，如怎样培育西瓜接穗与砧木幼苗？西瓜嫁接育苗得准备什么样的场所？西瓜嫁接育苗最适合选用哪种嫁接方法？嫁接后如何管理？第一个、第二个小工作任务大多数学生可利用已学过的育苗知识完成工作任务，第三个、第四个小工作任务需要同学了解新知识并综合运用学过知识后，通过分析、比较、总结后才能较好完成。

在学生实施之前，教师最好先放映录像介绍嫁接育苗的作用，各种嫁接方法的应用等相关背景知识；对完成工作任务的方法、思考的角度等应注意多启发引导学生，这个时期在时间分配上占整个教学时间的 1/4。

（二）完成任务期

这一阶段，以学生具体思考、解决问题、完成任务为主，教师应留给学生充足的时间，

让学生去思考、想办法去完成任务，使他们在完成任务的过程中去感受和领悟。

这期间，教师应密切关注学生在完成任务的过程中存在的难点、共性问题，这个时期在时间分配上应占整个教学学时的一半。

（三）交流讨论提高期

进入交流讨论期，首先讲解一些共同的难点和重点，进一步加深学生对教学内容的理解，这一阶段，以教师点评为辅，主要由学生展开讨论，让学生在思路上得到启发，从而较好地巩固掌握所学的知识，提高综合运用所学知识的技能，并积极鼓励同学畅所欲言，大胆提出各种有创新性的想法。

（四）归纳总结期

要求教师在采用任务驱动进行教学的同时，要加强总结和对知识点的回顾，学习能力差的同学能通过总结回顾及时跟上教师的教学进度，全面掌握知识点，达到教师的教学要求。

三、"花卉生产技术"任务驱动教学法应用案例

【教学对象】果蔬花卉生产技术专业二年级学生。

【教学目标】

知识目标：了解常用花卉栽培技术。

能力目标：熟练掌握几种花卉栽培技术。

情感态度与价值观目标：热爱从事相关职业领域工作，树立坚定信念。

【教学媒体】投影视觉媒体、实物媒体。

【教学过程】任务教学法的教学设计大致可分为以下四个阶段：第一阶段是设计任务、教师引导期，第二阶段是学生完成任务应用期，第三阶段是交流讨论提高期，第四阶段是归纳总结期。

（一）设计任务、教师引导期

1. 制订以岗位需求为本位的课程标准

"花卉生产技术"课程根据果蔬花卉生产技术专业人才培养目标，培养适应园艺行业和花卉生产企业一线的应用型技能人才。通过理论学习和生产实践，使学生掌握花卉栽培的基础理论知识，具备花卉栽培管理和应用能力等。按照课程定位和课程目标要求，注重学生职业素质和职业能力培养，将花卉行业职业岗位应具备的知识目标、技能目标和情感目标落实到实践教学环节中，构建以职业能力培养为目标的"花卉生产技术"课程标准。

2. 构建"任务驱动，产学结合"教学模式

"花卉生产技术"是一门应用性很强的课程，花卉种类繁多，在不同季节生长，生产管理内容也不同，制订教学计划时充分考虑当地的气候条件和生产实际，除上课时间外，还可安排业余时间进行花卉生产，结合生产任务灵活安排教学内容，使理论教学与实践教学有机结合。通过产学结合、校企结合、课内课外结合，使学生亲身参与完整的生产

栽培过程，熟练地掌握专业技能和综合能力。

3. 采用灵活多样的教学方法

根据课程内容，以任务驱动、产学结合的教学方法为主，辅以启发式、现场教学、互动教学、演示教学、讨论式教学等多种教学方法组织教学，加强学生操作技能的培养，提高教学效果。

（二）学生完成任务应用期

1. 分组、选出任务负责人，布置生产任务

将班级学生每6～8人分成操作小组，推选负责人，布置生产任务；介绍任务计划目标、组织实施方法、检查评比要求、评分方法等。教师要抓好负责人的管理工作，督促其组织成员完成各项任务，生产任务包含一、二年生草花和多年生宿根花卉栽培、校园绿化管理养护等，涵概了该课程的花卉繁殖、花卉栽培、花卉病虫害防治、花期控制、盆花摆放、花坛栽植、肥水管理、防寒越冬等大部分知识点和技能。

在任务实施过程中教师扮演指导、示范、督导、鼓励、检查、解惑的角色，指导学生分组承包、完成具体操作，而不再是机械地服从、被动地接受。给学生自我管理、自我学习和自我发展的空间；鼓励学生采用不同的技术进行对比实验，认真做好观察与记录，对结果进行分析总结，积累经验，为以后的工作打好基础。

2. 充分利用校内实验基地加强实践教学

充分利用校内实验基地，能够进行花卉的识别、播种、育苗、移栽、扦插、嫁接、分株、上盆和管理养护等教学内容的实地教学，边讲解、边观察、边实践，学生对所学知识看得见、摸得着、印象深，学习效果明显提高。

3. 利用企业资源，建立校外实习基地

充分利用企业资源，缩小教学与花卉行业的距离，与有关的科研院所、花卉企业等建立实习实训、就业合作关系。在实习过程中，学生参加企业的生产、管理和销售，与员工一起工作和生活。通过实习，学生提高了专业知识和技能，掌握了花卉生产各阶段的管理技术；学会了调查花卉生产动态、分析花卉发展趋势，进行市场预测等。

4. 结合职业技能鉴定，强化实践技能考核

结合职业技能鉴定，改革传统理论笔试的方法，该门课程的考核由四部分组成，即学习态度考核占20%，包括出勤、主动性、团队精神等；理论考核占30%，包括作业、实验实习报告等；技能考核占30%，分为基本技能实施与花卉果蔬花卉生产技术工技能鉴定标准相结合的单项考核；生产成果考核占20%，结合实验基地生产任务、分组承包生产的最终结果进行考核。任务成果评定由教师、组员、被考核的学生等进行综合评价，分数评定由教师和各负责人进行。缩短了教学与生产、学生与岗位、学校与社会的距离，使学生学以致用，培养了学生的创新能力和综合职业能力，实现了专业教学与学生就业岗位零距离对接。

（三）交流讨论提高期

通过同学间、师生间的互相讨论和切磋，学生学会了相互协作、相互尊重，学会了在和他人交流中获得信息的方法，对培养学生的职业素质有潜移默化的作用，能有效地帮助学生克服自身缺点，为将来就业上岗打下良好基础。

（四）归纳总结期

根据培养目标并结合"花卉生产技术"课程自身的特点及地位，从提高学生动手实践能力的角度出发，进行教学内容、教学方法及考核方式的改革尝试，可以更好地将理论知识与生产实践相结合，更加利于学生的学习与掌握，达到预期的效果。当然，教学改革是一个长期的、循序渐进的探索过程。除上述改革内容外，教师作为花卉栽培技术课程改革的实施者，在改革中要尊重学生、理解学生、善待学生，让学生感觉到未来掌握在自己的手中，自己是学习的主人。其次，教师应从"教"转为"导"的角色，使教学成为双向互动过程，激发学生参与教学。还要善于总结经验，吸取教训，使花卉栽培技术教学水平不断提高，培养出更多适合于当前迅速发展的高素质技能型人才。

第十章 考察教学法

【学习目标】
1. 理解考察教学法的概念和特点。
2. 掌握考察教学法实践应用。
3. 结合本专业实际设计一节专业课的考察教学法。

第一节 考察教学法的介绍

一、考察教学法的概念和特点

（一）考察教学法的概念

考察教学法是指根据职业教学目的，由教师和学生共同计划，教师组织、指导、协助学生到现实场所，如自然界、生产现场和社会生产、生活场所，对实际事物过程或现象进行实地观察、体验、调查、研究，从而获得新信息、新知识，或巩固、验证、扩大已学知识和训练能力，丰富专业经验，增强专业精神的一种教学方法。

考察教学法是一种由教师指导学生"贴近现实"的教学方法，它不同于在课堂、实验室或实训场所进行的教学活动。对学生而言，它是一种走进现实生产、生活，走到工厂、矿山、企业、车间、田间、地头、社区、机关等实际生产、生活场景，用学生自身的感官、身心，通过类似中医的"望、闻、问、切"的活动，用自己的眼睛观察、用自己的耳朵倾听、用自己的舌头品尝、用自己的头脑思考、用自己的内心体验，独立而广泛地搜集、整理来自生产、生活实际的信息，从而获得关于事物、过程与现象的完整的、立体的认识的一种学习方法。这种教学方法不是单一的教学方法，它还包含着其他方法，如观察、讨论、体验、尝试、研究等，是许多方法的整合运用，具有综合特性。

考察教学法与调查教学法，既有联系，又有区别。考察包括调查，调查是考察的一种方式，考察除了调查还有体验、感受、探究等方式。调查可以通过书信、电话、网络等方式进行，而考察必须实地进行，即必须进入生产、生活第一现场，深入其中，去观察、感受、体会、询问、研讨，获取考察对象的第一手材料。因此，考察比调查更丰富、更鲜活，更能获取完整、多样的信息，从而对考察对象有更全面、真实的理解和更深入、准确的把握。考察教学法是一种贴近现实的教学活动，由教师和学生共同计划，学生独立实施，通过对确定目标的观察和思考、对现场气氛的感悟和理解，广泛运用自己的经验、想象、智慧和情感，达到加强认知、激发兴趣、提高能力的教学目标。它包括信息搜集、经验积累和能力训练，是一种师生共同参与的教学方法。

考察教学法是行动导向教学方式中应用最广泛的方法之一。通过考察，可以使学生获得感性认识，学习到很多书本上不能学到的知识。考察教学法通过创设真实情境，把学生带到生产现场，通过工作场景参观给学生建立感性认识，与工作职场"零距离"接触，为学生后期的专业知识学习打下良好的基础。

（二）考察教学法的特点

考察教学法在教学应用中主要应体现体验性、探索性、自主性、社会性、活动性、综合性等特点，即考察教学中学生的学习属于一种体验式学习。

它不是静坐在教室学习间接的人类经验这一书本知识，也不是在模拟车间、平台的操练技能，而是走进现实生产场景，亲身感受正在发生的生产事件，学生面对的学习任务与学习内容是了解、认识、感受职业生产中的直接经验，感受职业生产的现状，探讨职业生产领域中存在的问题。不同于讲授教学法，它不以教师为中心，而是一种以学生为中心的教学法。学生是学习过程的主人、主体，教师是学生学习的指导者、协助者。

考察教学以问题为导向。学习过程就是一个发现、分析与解决问题的过程，属于问题探索式教学。在考察学习过程之中，学生之间、师生之间、教师和学生与考察单位人员之间有着丰富而动态的联系，存在着大量的人际互动、沟通、协商、讨论、感染、激励等交往活动。从此意义上讲，考察学习不仅是一个获得专业信息、丰富专业知识、了解最新专业工艺，促进专业认识、探究专业问题的过程，同时也是一个人际交往、彼此互动的过程，是加速学生社会化，使学生较早融入职业生活社会、适应职业生活的过程。职业教育领域中的考察不同于一般社会领域中的考察，它不仅仅停留在一般的观察、感知、体验上，更要求在某种程度上参与操作、实地演练、真做实行。

考察学习面对的是复杂的任务和真实的问题，而复杂任务的解决和真实问题的探索往往具有跨领域、跨学科、跨专业的性质，它不仅涉及所学课程、科目，甚至涉及跨专业、跨行业的知识技能。在考察学习中，学生能得到多方面的锻炼和提高。考察学习过程从本质上讲是一个综合运用多门课程、领域的知识技能，采用多样化学习方式，面向真实的、丰富的、变化的职业世界，深化职业知识、巩固职业技能、形成职业情感、提高职业素养的过程。

考察教学法的主要形式有准备性考察、并行性考察、总结性考察；按照考察内容，可将考察教学分为生产考察、社会考察、管理考察等。

二、考察教学法的运用条件及实践应用

（一）考查教学法的运用条件

考察教学法的运用十分广泛，几乎在各职业教育的专业领域都可适当运用，但要满足一些必要条件，方可取得佳效。

1. 被考察单位应具有相应的资质

考察对象应有典型性、代表性，其生产条件、设备设施、技术装备、生产流程、管理状况能基本满足学生学习的需要，能提供学生参观、学习、调查、研究的便利，以便印证或深化课堂学习内容，使学生学有所得、学有所感。当然，也可以组织学生考察条件较差的企业，让学生研究其存在的问题，提出改进对策。

2. 考察必须寻求被考察单位的大力支持和密切配合

考察可能给被考察单位增加压力，带来诸多麻烦，可能被考察单位拒之门外。因此，教师必须事先与被考察单位取得联系，进行解释说明，争取被考察单位的支持、配合。被考察单位不仅同意接受考察人员，而且还应给予一定人力上的支持与协助，如让

厂长、经理、车间主任和有经验的师傅、技术员接待、解说、示范，对学生的考察学习给予必要的、细心的指导，回答学生的提问，满足学生的考察需要。

3. 带队教师必须具备较高的专业素养

考察教学的带队教师必须具有较为扎实而系统的专业知识，有一定生产第一线的经验，能回答学生在考察中提出的问题，指导学生开展操作活动。

同时，带队教师还必须具有较强的组织能力、管理能力、协调能力，能有效地组织学生的考察活动，维护考察秩序、纪律，协调考察过程中发生的人际关系，处理可能出现的矛盾，解决考察中的偶发事件，使考察活动能顺利开展。

4. 学生应具备的条件

学生必须具有与考察内容相关的基础知识、基本技能，明确考察学习的要求、任务、内容，有良好的学习愿望和考察热情，考察前做好考察准备，如自主设计考察方案，进行分工，准备考察学习必需的设备、工具、材料。考察中认真观察、记录、提问，考察后总结反思。当然，这些素质与要求还需要教师有意识地培养和引导。

5. 考察需要一定的物质条件和技术手段

考察学习需要收集一定的资料，如图片、数据、表格、影像，以便学习与研究。因此，考察学习要携带设备，如照相机、录音笔、摄像机、胶卷、话筒、笔记本等。有利于发挥学生的主观能动性。

（二）考察教学法的实践应用

考察教学法的实施一般包括计划、准备、执行、成果展示与汇报、反馈、评价六大步骤。

1. 计划

考察活动开展之前，应做好考察计划，制订考察方案。考察方案的基本要素有活动主题、活动目标、活动内容、活动时间、活动地点、行动步骤、评价要点与注意事项。作为一种教师指导下的自主学习方式，考察活动除了教师制订考察计划，还应指导学生确定考察学习计划，明确各自的具体目标、任务与职责，准备相关材料。成立考察小组，进行分工，分解考察任务。

考察活动计划包括教师的考察工作计划与学生的考察学习计划。

（1）教师的考察工作计划

1）考察背景分析。考察背景包括所教课程的教学目标与内容、学生特点（如学生的经验背景、知识基础、兴趣志向）、考察单位的现实条件等。

2）考察主题和范围。考察主题和范围是指学生应通过考察所了解认识的生活领域、现实片段、知识结构、技能、职场能力。

3）考察内容。考察内容为信息、知识，还是技能、操作，或职业道德、企业管理等。

4）考察方式。考察方式有参观、调查、访问及考察分工设想等。

5）考察时间。考察的具体时间安排在新内容学习之前、之后或是并行。

6）考察地点。考察地点有基地、田间等。

（2）学生的考察学习计划　除了自己的工作计划外，教师还应指导学生制订各自的考察学习计划。学生的考察学习计划一般是教师考察工作计划的具体化、细化，学生的考察学习计划一般以小组为单位加以制订。学生制订各小组的考察学习计划有助于增强学生考察学习的目的性、计划性，提高考察教学的效果。

考察学习计划的内容包括考察学习的内容、范围、主题、目标及考察方式、考察步骤、考察要求。考察学习方案由学生自己设计、实施、检查和反馈，教师提供必要的帮助、支持。为了促进学生制订考察学习计划，教师可以与学生讨论、对话，向学生提出问题，征求意见或建议等。

2. 准备

考察是一项系统工程，为了实施计划，确保考察的成功，必须做充分的准备。考察准备包括进一步明确考察活动方案的基本内容，如活动主题、活动目标、活动内容、活动时间、活动地点，做好物质、技术、资金、组织等方面的准备。

1）进一步确定考察主题和考察范围：明确考察对象领域和考察流程。

2）学生独立描述考察目标（考察任务）：指导学生描述考察活动的目标，明确考察的主要任务。小组内分配考察任务，小组间区分考察任务。教师提示考察目标，学生讨论考察计划，学生也可以向教师提问。

3）考察地点信息的搜集：生产部门（园艺企业、园区、示范基地、农业合作社、个体）、管理部门（农业局、推广中心）、科研部门（农业科学研究院所、学校）。

4）调查对象：企业、生产过程、信息、问题、园艺产品。

5）材料准备：问卷表，考察内容核查表，记录报告，记录文档保管。

6）就考察主题与相关负责人员建立联系，明确考察日期和考察所需时间。

7）组织工作的准备：分组任务、地址联络、工作计划、资料设备、考察申请、工作服。

8）技术支持的准备：检查单、列表、面谈问题、观察提纲、测量工具、实验器材。

9）设计汇报材料和信息页，以供展示与汇报使用。

3. 执行

1）实施考察方案，将考察计划付诸行动，组织学生到考察现场开展考察活动，通过观察、访谈、调查等方式收集相关资料，以达到预期目的。

2）考察现场进行沟通、协商，明确考察要求、注意事项，考察分工，各小组的工作任务。

3）选择考察活动方式，根据考察任务各小组独立工作，如观察、调查、访谈、报告、操作等，在教师、解说员、指导员的指导下进行。

4）考察过程中的讨论、交流。学生可向外部人员、专业人员、领导提问，记录提问和答案。

5）考察活动记录有问卷、照片、图片、草图、视频、音频、记录提纲等形式。

4. 成果展示与汇报

1）处理考察过程中收集到的材料和访谈资料：将考察活动收集的资料、成果进行展示，既包括有形的数据、图表、图片、实物、材料，也包括无形的考察步骤、方式方法、经验体验、感受收获，进行汇报与展示的形式可以不拘一格，灵活多样，生动活泼，充分展示所见所闻、体验收获，甚至是个人的困惑、问题、思考、启示等。

2）成果展示：展示搜集到的材料和访谈资料，如图片、物品、笔记、幻灯片、视频、

3）以小组方式汇报考察成果：成果讨论和总结、与企业代表讨论结果。
4）以班级方式汇报考察成果：分小组汇报成果，交流感受和体会。

5. 反馈

针对个人、小组、全班的考察展示与汇报，鼓励对考察展示提出问题，展开讨论，深化认识。为了促进反思、提升考察成果，教师可以提出一些引导性问题，分析讨论，总结经验，为下一次考察提供参考。

例如，反馈的引导问题：哪些方面还可以进一步改进提高？时间计划安排可行吗？考察评价中有进一步改善的建议吗？与企业代表就考察成果的讨论有收获吗？就考察行动步骤和方法方面的经验进行讨论。

6. 评价

对学生的考察活动作出评定，评价内容包括考察学习方案设计、考察准备情况、计划执行情况、考察后的收获、存在的问题。评价既要关注考察结果，更要关注考察过程；既要关注思想观念的变化、知识技能的发展，又要关注个人努力状况、合作创新精神等态度情感的评价，使评价能更好地激励学生成长，发挥评价的促进功能，实施发展性评价。

评价依据的主要材料有：学生考察中的记录；考察后提供的材料；学生的汇报与展示；学生提交的考察报告；教师向学生提问，学生进行的解释、回答等。

评价活动一般先指导学生个人评价，再进行小组同伴评价，最后由指导教师确定考察成绩。

以上各阶段为考察教学的基本环节，可以根据实际需要加以安排、选择，如可将成果展示与汇报、活动反馈合并为一个环节，评价还可以在成果展示与汇报中进行。

第二节 考察教学法的应用

一、"某生态农场参观"考察教学法应用案例

【教学对象】果蔬花卉生产技术专业二年级学生。

【教学目标】

知识目标：了解生态农场产业的构成。

能力目标：观察生态农场中产业运行，善于提出质疑。

情感态度与价值观目标：塑造生态的相对平衡理念，促进农业可持续发展。

【教学媒体】现场。

【教学过程】

（一）确定教学目标

在这次考察教学过程中，要求学生了解认识生态农场中涉及园艺生产技术的实际应用和操作过程，了解生态农场整个产业的构成，以及产品形成，认识生态农场运营管理过程中期待解决的一些问题，直接感受客观实际场景以便于更好地调动学生学习和掌握知识技能的积极性。

教师必须提前对考察的生态农场有一个全面的认识和了解，对农场里园艺植物的构成、

产品流程，以及在生态农场经营管理过程中存在问题，有一个整体认识，然后列出一些考察关注点，罗列出教学过程中能让学生直观接触的教学内容，并且作好考察教学计划，否则，教学过程会出现走马观花的观象，不能达到预期效果。

考察过程可以分成两个阶段，一个是总体解说，对生态农场的整个环境及构成有一个全面的了解。另一个是可以给学生一个自由行动的环节，给对某一方面感兴趣的同学创造一个深入了解的机会，有助于学生更好地对预期的知识点有一个深刻的理解。

（二）某生态农场考察教学过程

1. 了解某生态农场的基本情况

该农场成立于2006年7月，其核心思路是充分利用生态学原理，摒弃化肥、农药、除草剂、农膜、添加剂、转基因等技术，从秸秆、害虫、杂草综合开发利用入手，增加生物多样性，种养结合，实现元素循环和能量流动，生产纯正有机食品，创建"低投入、高产出、高效益"农业，增加农民收入，带动农民就业，实现农业可持续发展。

2. 提前点明关注点

根据了解到的情况，给学生以提示，看现代园艺生产过程中，有哪些方式已经在传统技术的基础上有所提高和改进。

3. 现场观摩

参观农场的三种循环运作模式：一是"秸秆—面包草—牛—牛粪—沼气—农田"循环模式。秸秆收获后，直接用打包机打包成70kg一包的"面包草"，发酵后直接养牛，牛粪作为沼气池原料，产生的沼气可用来做饭、照明，沼渣、沼液作为有机肥料，可直接用于农田。二是"庄稼—害虫—诱虫灯—鸡"循环模式。选择诱虫灯诱捕害虫，捕获的害虫经晒干、粉碎后加入蛋鸡饲料，直接喂鸡，生产有机鸡蛋。三是"秸秆—牛—牛粪—昆虫（蚯蚓、黄粉虫）—鸡"循环模式。利用牛粪中的养分，养殖蚯蚓、黄粉虫，养殖蛋鸡和肉鸡。同时，养殖过蚯蚓的牛粪，施入农田后可以起到改良土壤结构的作用。

学生现场观摩有机蔬菜种植等生态循环链的各个环节，询问具体技术要领，咨询生产过程中自己兴趣深厚的关键点。参观生态农场后，还可参观农场所在地的沼气池、人工湿地建设及生活用水排污工程。

学生了解了生态农场整个运行情况，他们对不同的生产模式有了一个直观的认识和比较。让学生自己真正看到了生态农业循环，认识到所学的园艺生产技术在整个农业循环过程中的具体体现。

4. 交流和总结

学生来生态农场，由任课教师带队。如期按教学计划所涉及的内容与技术人员交流，提出在生产中遇到的一些技术问题，边参观边讨论，学生积极发言。参观后，学生进行总结并写出自己的感受和认识。

二、"生菜工厂化生产技术"考察教学法应用案例

【教学对象】果蔬花卉生产技术专业二年级学生。

【教学目标】

知识目标：了解生菜工厂化生产相关原理。

能力目标：有针对性地掌握生菜工厂化相关技术。

情感态度与价值观目标：对农业生产模式有较浓厚的兴趣。

【教学媒体】 现场。

【教学过程】

（一）确定教学目标

通过观察生菜生产工艺流程，了解生产实践中设施条件的布局，掌握培养基的制作、种子的点播、苗期的管理、移栽技术、营养液的配制、温湿度的控制、病虫害的防治、收获与采摘、包装与运输等技术。

（二）提前了解实地情况

对工厂的厂房、车间要熟悉，对工厂要求必须是不同生育阶段的生菜都有实物存在，从育苗到成株，整个生育过程能被观察到，在观察时，如果有阶段性隔离，不同生育期之间存在时空差距时，很容易致记忆淡化。目前工厂化生产的企业已经存在，任课教师提前与考察地点作好沟通，作出合理安排。

（三）实地考察

技术人员在讲述时一定要结合当时客观存在的事实进行，有好多没有呈现却在生产过程中会出现的现象，需要教师给予必要的补充讲述。因为在生长期里好多管理措施不一定在考察时出现。同时注意，在考察时会有交错生育期并存，界定各个生育期不能按理论讲述那么清晰，应该做好准备，以免浪费时间而影响教学进度。

（四）回顾总结

考察结束后，根据教学目标逐条让学生自我回忆，把记忆中各个环节上看到的内容写出来，并给大家陈述，教师作必要的解释说明，强化教学内容，加深学生印象，真正实现掌握生产技术的实效性。

第十一章 张贴板教学法

【学习目标】
1. 理解张贴板教学法的概念。
2. 掌握张贴板教学法实践程序。
3. 结合本专业实际设计一节专业课的张贴板教学法。

第一节 张贴板教学法的介绍

一、张贴板教学法的概念及特点

（一）张贴板教学法的概念

张贴板教学法是在张贴板面（黑板或其他特制的木板）上钉上由学生或教师填写的有关讨论或教学内容的可移动的卡片，通过添加、移动、拿掉或更换卡片进行讨论、展示，得出结论的研讨班教学方法。主要适用于以学生为中心的教学方式，突出优点是可最大限度地调动所有学生的学习积极性，在较短时间里获得最多信息。张贴板教学法的目的，是要获得一个能够代表多数学生意见的结果，以形成全班共识。在界定与明确问题、广泛征询意见、制订工作计划、收集解决问题建议及共同作出决策等方面比较常用。

采用张贴板教学法的主要工具有以下几种。

张贴板：可用硬泡沫塑料、硬纸板等制成，一般高度为1～1.5m。宽度为1～2m。张贴板可固定在墙壁上，也可以安置在专门的支架上。

盖纸：即面积与张贴板差不多大的书写用纸，必要时可以在上面书写、画图、制表或粘贴。

书写卡片：可采用多种颜色和形状，如长方形、圆形、椭圆形，甚至云彩和箭头形状等。

大头针：大头针的头比常用的要大些，以便于插上或拔下。

其他：记号笔和剪刀等。

（二）张贴板教学法的特点

1. 能有效调动学生学习的积极性

张贴板教学法要让学生亲自动手写卡片、贴卡片、研究制作卡片，能最大限度地调动学生的学习积极性。

2. 能在短时间内获得大量的信息

该教学法能有效地克服谈话法不能记录信息，以及传统黑板上的方案难以更改、归类和加工整理等弊端，能在最短的时间内获得最大的信息。

3. 能充分展示教学活动的全过程

张贴板上的内容不仅有讨论的过程，还有讨论的结果；既包括学生集思广益、系统思维的过程，又体现教师活动的结果。

二、张贴板教学法的实施程序

（一）教师准备

教师要准备本教学单元的题目、教学目标、各个教学过程的阶段划分等。

（二）开题

常用谈话、视频等方式引出要讨论或解决的课题，并将题目用彩色记号笔写在卡片上，张贴在板面顶部醒目处。

（三）收集意见

学生通过阅读教材和小组讨论，将所得结果以关键词的形式写在卡片上，并由教师、学生或学生小组代表将写好的卡片张贴在板面上。

（四）加工整理

师生通过共同添加、移动、取消、分组和归类等方法，将卡片进行整理、移动、合并，进行系统处理，得出必要的结论或正确的结果。

（五）总结

教师总结讨论的结果，必要时可用各种着色的连线、箭头、边框等符号画在张贴板上。学生记录最终结果。张贴板教学法的实施是对学生进行的一种思维训练，先是开放式的思考，后是交流式的展示，接下来是探讨式的调整，最后达到认同式的聚合（或称集中），指导学生掌握这种思维模式，有利于学生间的交流与合作，学会总结、归纳，达成共识。

第二节　张贴板教学法的应用

一、"草花生产技术"张贴板教学法应用案例

【教学对象】果蔬花卉生产技术专业二年级学生。

【教学目标】

知识目标：掌握草花的种属特征、养护管理等知识。

能力目标：掌握花卉生产技术。

情感态度与价值观目标：勤于动手，善于总结，树立自信意识。

【教学媒体】投影视觉媒体、实物媒体。

【教学过程】

（一）课程内容

一串红、鸡冠花、矮牵牛、三色堇等草花的生产技术。

（二）准备的材料

泡沫塑料张贴板（长 1~1.5m，宽 1~2m），书写卡纸（可用不同颜色的）大头针、

记号笔等。

（三）教学过程

课前教师对知识点进行必要的梳理，然后把学生分成4个小组，分别对4种草花从种属、特征、播种时期、繁殖方式、移栽注意事项、养护管理、常见病虫害及防治方法等方面，抓住主要内容和知识点制成卡片，每一组把自制的卡片要混合放置在一起。等其他各组已经制作完毕后，教师把各组所制作的卡片放在张贴板前，每位同学随机抽取任意一类花卉的卡片，按照生产工艺操作程序进行拼接，原组同学给予评分，可以循环和重复，进步快的同学可以给予表扬和奖励。

（四）作业

结束后，让每人都写出一种花卉的生产技术步骤，也可把需要注意事项写好，作为本教学过程中对学生的一个考查。课后要带领大家进行实际操作或参观来强化所学内容。

二、"蔬菜植物的识别"张贴板教学法应用案例

【教学对象】 果蔬花卉生产技术专业二年级学生。

【教学目标】

知识目标：了解常用蔬菜的特征。

能力目标：辨别常用蔬菜的科属。

情感态度与价值观目标：引导学生热爱劳动，善于观察。

【教学媒体】 投影视觉媒体、实物媒体。

【教学过程】

（一）明确教学目标

教师提供给学生多种蔬菜的图片，让学生分别找出所属的科，通过这种方式使学生掌握教学的内容。

（二）准备活动阶段

找出在日常蔬菜生产中常见的八大科（十字花科、伞形花科、茄科、葫芦科、豆科、百合科、菊科和藜科）中具有代表性的常见蔬菜混杂在所有写着蔬菜名称的卡片中，然后把8个科挂在张贴板上，让学生通过对卡片的选择并挂置在相应的位置上，同时通过教师提问的方式让学生说出其特征也挂在相应的科属下，来进行教学，实现教学目的。学生按教师的要求在规定时间内完成。

（三）活动过程阶段

学生在卡片堆里找出自己认为的科属作物，放在手里，并把相应的科属写在背面，教师要求大家把十字花科的展示出来，学生相互进行正误分辨，正确地平铺挂在所属科的下面，这时教师让学生针对自己选择的植物讲出选择植物的特征，并写在卡片上将卡片挂在相对应的作物之后，对于关键的地方教师可以给学生一些标志符号作为提醒，等

所有作物都操作结束后，学生对所有的常见蔬菜，就会有一个清晰的认识，在自主活动过程中，由于学生独立思考，积极挖掘自己的记忆潜力，即使有一些没有想出来的内容，也会在自身参与的过程中留下深刻印象。

（四）总结讨论阶段

这些教学内容完成后，教师可以对学生的表现加以评述，给予肯定，没有提到的可以给予补充，原则上教师应当在教学过程中尽量节制自己的行为，通过富有艺术性的提问或介绍，促使学生积极主动地去思考、讨论表达自己的意见。采用张贴板教学法的目的是，获得一个大家能取得一致意见的结果，如果有分歧，教师也可以留成作业让学生去查阅，效果会更好，必要时也可以辅助多媒体展示，让学生自己去留意，并完成。

三、"大豆食心虫"张贴板教学法应用案例

【教学对象】 果蔬花卉生产技术专业二年级学生。

【教学目标】

知识目标：了解大豆食心虫的形态、特征、生活习性及综合防治措施。

能力目标：准确辨识害虫。

情感态度与价值观目标：热爱大自然，保护生态环境。

【教学媒体】 投影视觉媒体、实物媒体。

【教学过程】

（一）明确教学目标

通过分小组把自制卡片拼接入正确位置的速度进行竞赛，以这种方式来掌握大豆食心虫的形态特征、生活习性及综合防治办法。

（二）张贴板教学活动过程

教师讲明教学活动方式，通过学生自己动手，把大豆食心虫的内容制作成不同颜色的卡片，发生地区、形态特征的图片由教师提前准备好，但不标明名称，只写出字母编号，每一个形态的特征需要学生用另一张卡片来完成，生活习性作成一个以时间为顺序的表格，但里面的没有填写内容，需要学生自己动手填写防治措施和方法，由学生分组快速完成。完成以后，在大的张贴板上，根据食心虫成长期，留好空白区，然后学生分为4组，由每组派出3人上讲台，根据教师的要求，选择相应的卡片置入所在的位置，用大头针加以固定，如果不正确可以给予警示，但根据每位同学完成的时间总和决定胜负，通过学生主动参与，以竞赛的方式提高学习积极性，激发兴趣，增强记忆效果。

（三）回顾总结阶段

整个过程结束后，一定给学生留下一点时间做一个回顾，对上课所接触的内容和知识点，根据教师的引导主线做一个浓缩版书写回忆笔记，有利于增进知识的掌握。还可以多几种病虫的选择，来增加学生区分对比记忆的知识量，最后进行书写总结时可针对某一个病虫进行，提高有效性。

第十二章 引导文教学法

【学习目标】
1. 理解引导文教学法的概念。
2. 掌握引导文教学法组织形式。
3. 结合本专业实际设计一节专业课的引导文教学法。

第一节 引导文教学法的介绍

一、引导文教学法的概述

（一）引导文教学法的概念

引导文教学法是借助引导文（lead text）等教学文件，引导学生独立学习和工作的教学方法。引导文的主要内容如下。

1. 学习目标

通过该教学项目，学生应完成什么工作？应掌握哪些知识和技能？即干什么？

2. 引导问题

学生在引导问题的指引下主动、独立地学习，制订出可行的工作计划，并对工作计划进行实施和评估，即怎么干？

3. 信息来源

为学生指出获取有关信息的渠道，培养学生获取、加工、处理信息的能力。除此之外，根据具体教学内容，引导文还可以附带技术说明书、工作计划表、材料明细表、工具需求表、成绩评定表、图纸等必要的资料。

（二）引导文教学法的组织形式

1. 独立工作形式

每个学生独立制订计划，独立实施计划，独立评估计划。

2. 小组工作形式

根据学习项目的具体情况，把学生按一定人数分为小组，以小组为单位完成教学任务。一般把学习能力不同的学生安排在一组，以便相互交流，相互促进，共同提高，进一步扩大教育能量。小组工作又可以采取两种方式。

1）小组成员一起讨论，共同制订工作计划，每个成员独立完成相同的工作项目，这种工作方式多用于简单的教学项目。

2）小组成员一起讨论，共同制订复杂项目（如加工一组合件）的整体工作计划，然后按照具体分工，每个学生独立完成自己的工作任务。这种既有分工又有协作的组织形式，要求小组成员必须具有整体观念，每个学生加工的部件应能组装在一起，相互匹配，构成一个完整的装置。

3. 教师的作用

教师的工作重点集中在开发引导文、教学准备阶段和收尾阶段。教学过程中教师只起组织、协调、督促、咨询作用。

二、引导文教学法的教学过程及特点

(一) 引导文教学法的教学过程

引导文教学法的教学过程如图 12-1 所示。

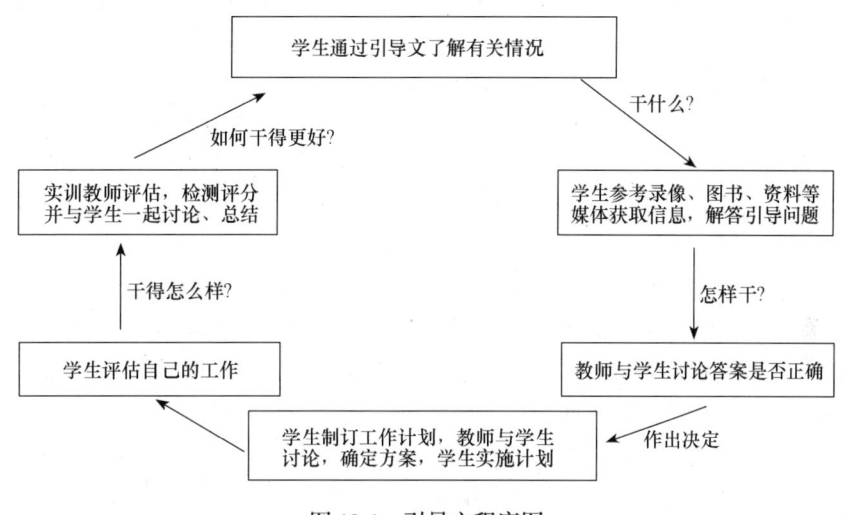

图 12-1 引导文程序图

(二) 引导文教学法的特点

1. 目标明确

学生通过阅读引导文可以明确学习目标，清楚地了解应该完成什么工作、学会什么知识、掌握什么技能。在引导文的引导下，学生必须积极主动地查阅资料、获取有效信息、解答引导问题，制订工作计划、实施工作计划、评估工作计划，避免了传统教学方法理论与实践的脱节、难以激发学生学习兴趣的弊端。整个学习过程可以简单概括为：明确学习目的，获取有效信息，学会理论知识，掌握专业技能。学生一旦掌握了这种学习方法，就可以把它内化为自己的思维方式和行为方式，从而大大提高自学能力，为自我发展奠定良好的基础。

2. 学生为主体

引导文教学法从查阅技术资料、获取有关信息、解答引导问题、制订工作计划、确定质量控制指标体系、准备工具、选择材料、加工制作到检测评估，学生不仅自始至终积极参与教学，而且能够发现自己尚存在的问题和不足，主动地加以弥补，不断地自我完善，在整个教学过程中学生的主体地位得以充分体现。

3. 教师为主导

为提高教学质量，保证教学过程顺利进行，教师必须根据教学大纲的要求，认真编写能激发学生积极思考、切实可行的引导文，做好必要的教学准备工作。在教学过程中，教师起激励鞭策、组织协调、咨询引导作用：与学生讨论引导问题的答案是否正确；工作计划是否合理、可行；学生实施计划时，教师注意观察，获取反馈信息；发现可能导致人员伤亡或设备损坏的错误行为，应及时制止，学生存在的其他问题可以在总结谈话时加以纠正；当学生完成了一个学习项目后，教师检查评估学生的工作成果，客观、公正地进行评价和总结，并与学生就存在的问题进行深入讨论，开诚布公地交换意见，明确指出学生的不足之处和今后的努力方向。由此可见，教师在教学的全过程中始终起着主导作用。

引导文教学法具有现代教学过程所要求的师生共同活动的特点，使学生的主体作用、学生的积极性和主动性得到充分发挥，有利于全面提高教育质量，办出职业教育特色。

4. "启发式"引导

19世纪德国教育家阿尔道夫·第斯多惠认为："教学就是引导学生的思想，引导学生智力的积极性。"我国最早的教育学专著《学记》中也指出："道而弗牵，强而弗抑，开而弗达。"就是说，在教学过程中，要启发学生积极思维，不要牵着学生走；要鼓励学生大胆探索，不要压抑学生的积极性；要开阔学生的思路，让他们独立思考，不要代替学生得出结论。

引导文教学法正是如此，教师不是直接给学生现成的答案，更不是告诉学生应该干什么、怎么干、用什么、怎样用，而是以引导问题的形式启发学生思考，激活学生的思维，使学生主动地获取知识。从得到引导文开始，学生就必须积极开动脑筋，想方设法解决面临的各种问题，始终处于"主动出击"状态，一改过去"要我学"为"我要学"。由于学生的主体地位受到尊重，学习内在动力得到充分调动，因此能够牢固地掌握所学的知识和技能，达到举一反三、触类旁通的效果，比较圆满地达到预定教学目标。

5. 教学生"会学"

引导文教学法的目的不仅在于提高学生当前的学习成绩，更重要的是使学生掌握正确的学习方法，由"学会"变为"会学"，即"教学生自己学，教学生怎样学"，这正是学生未来发展所需要的。正如未来学家阿尔温·托夫斯所说："未来的教育不再是目不识丁的人，而是那些没有学会学习的人。"引导文教学法除了引导学生有选择地掌握基本知识和技能外，更重要的是帮助学生掌握有效的学习方法，为"终身学习"打下坚实的基础。使学生步入社会后，具有获取信息与处理信息的能力，具有自我学习和发展的能力。

6. 理论联系实际

引导文教学法促使学生把学到的理论知识自觉地应用于生产实践。理论密切联系实际也有助于提高学生对理论重要性的认识，进一步激发学习理论知识的积极性，所以引导文教学法的教学效果远远好于传统的教学方法。

7. 因材施教

学生的智力水平、脾气禀性、家庭教育、学习态度、知识结构、环境影响、生活经历等不可能完全相同，学生之间存在着较大差异。"班级教学"必然导致一部分学生"吃不饱"，而另一部分学生"吃不了"的现象存在。引导文教学法较完美地解决了这一问题，学习能力较强的学生通过自学，提前完成教学项目后，教师可根据学生的具体情况，因人而异地适当安排新的学习内容，保证这些人"既吃得饱、又吃得好"，做到"快出人才、出好人才"。教师可以把更多的精力用于辅导学习能力比较差的学生，在不降低基本要求的情况下，逐渐改变他们"吃不饱"的状况，使这些学生不掉队。

尊重学生的个性，尊重学生的人格，尊重学生的个别差异，赋予每个学生确立自己行为目标的权利，自主决定学习时间和学习进度，使学生真正处于教学的主体地位，就可以充分发掘每位学生的潜在能力，最大限度地调动他们的积极性和主动性。目前个别化教学已成为全世界教学改革的方向和教学实践的主流，应引起有关方面的注意。

8. 循序渐进

引导文教学法根据学生原有的理论知识和实践经验，由浅入深、由易到难、由简单到复杂、由具体到抽象、由低级到高级地安排教学活动。在学习项目结束时，教师与学生必须深入细致地进行研讨，认真总结经验和教训，找出教学过程中学生与教师各存在哪些不足之处，以及需要双方进一步思考和解决的问题。教师有责任指出学生存在的问题及改进方向，介绍自己的经验和体会，启发学生思考；学生也有义务对"引导文"和教师的工作提出意见和建议，力争把以后的教学工作搞得更好。引导文教学法的整个教学过程环环相扣，首尾相接，循序渐进，螺旋上升。

9. 培养关键能力

职业学校的学生即将步入社会，成为一名劳动者，能否尽快适应这种变化，将直接影响职业教育的效益。引导文教学法不仅向学生传授知识和技能，而且注重培养学生认真负责的工作作风、爱岗敬业的职业道德，有利于学生职业行为能力的养成。第一，这种教学方法注重培养学生的自学能力，独立地分析、解决问题的能力，不达目的决不罢休的意志品质，以及心理与生理的适应能力，为以后的学习和发展奠定基础。第二，引导文教学法使学生掌握独立获取信息，独立制订计划、实施计划、评估计划的职业行为能力，使学生具有尽快胜任岗位的从业能力。第三，这种教学方法能够全面提高学生的自身素质，学生必须与信息的持有者、工具及原材料的保管者等方方面面打交道，有助于培养他们妥善处理人际关系及交往沟通的能力；采用"小组工作方式"能够培养学生之间的相互配合与团结协作的能力；参与各种讨论，增强学生的口头表达能力、自信心和逻辑思维能力等；学习过程中还可以促进学生对社会行为规范、职业行为习惯等方面的适应能力，如参与意识、质量意识、安全意识、环保意识、经济意识、时间意识、竞争意识、节能意识等。

第二节　引导文教学法的应用

一、"番茄栽培技术"引导文教学法应用案例

【**教学对象**】果蔬花卉生产技术专业二年级学生。

【**教学目标**】

知识目标：了解番茄的品种及栽培技术。

能力目标：掌握番茄栽培技术。

情感态度与价值观目标：形成敢于动手，大胆实践的职业素养。

【**教学媒体**】投影视觉媒体、实物媒体。

【**教学过程**】

（一）设计引导文

为激发学生主动学习设施农业生产技术，设计如下引导文。

好多人讲农业没有发展，但荷兰却给人以发人深省的思考，荷兰的农用土地面积约249万hm^2，人口约为1700万人，是世界上人口密度最大的国家，耕地、生物资源稀缺。但荷兰却以其名列前甲的农产品和食品出口贸易，成为全球举足轻重的农业发达国家。2005年荷兰的农业总产值为145亿美元，占GDP总额的2.5%，农业从业人员人均产值高达6.32万美元。在农业人口不足世界农业人口的0.02%、耕地不到世界耕地面积0.07%的背景下，成为农产品净出口额的"世界冠军"。北京航天华阳环境工程有限公司的张书谦和刘卫明在"农业技术与装备荷兰温室园艺技术的新发展"一文中讲到的更是让我们为之震惊，世界园艺强国荷兰，目前其设施设备标准化程度、环境综合调控技术、种苗技术和栽培管理技术、植物保护和采后加工商品化技术都处于较高的水平，居世界领先地位。温室生产平均产量以番茄为例，从1950年的$3.35kg/m^2$增加到2000年的$26.25kg/m^2$，现在的目标产量是$100kg/m^2$，创造着当今世界的最高产量和效益水平。世上无难事，只怕有心人！如果我们愿意去做，一定行，但不可盲目地去干。

荷兰温室园艺之所以有这样的目标，是他们非常注重栽培管理水平和劳动生产率的提高，更加注重温室园艺生产的节能和环保。他们现在采用无框天窗增加温室透光率，采用格构式立柱从而缩小立柱产生的阴影，采用立柱表面喷白增加反光效果，扩大玻璃透光面积提高光照水平；采用小截面中空铝合金天沟，在增加保温的同时，减少天沟阴影对室内作物的影响。温室节能技术方面，采用二层覆盖技术、浅层地能（地源热泵）技术；根据植物光合作用主要是利用波长为600~720nm波峰为660nm的红橙光，吸收的光能占其生理辐射的55%左右；其次是波长为380~455nm（波峰450nm）的蓝紫光，吸收的光能占其生理辐射的8%左右，开发这个波段为主体的人工光源，将会大大提高光能的利用率；在温室底部安装风扇，风扇连接塑料通风管道进行强制通风，普及使用而且有效地调节了温室内的温度和湿度，使其分布更均匀，从而调节植物生长的微环境，对病虫害的发生起到抑制作用。采用鱼菜共生的循环水利用技术减少环境污染，提高营养液利用效率；利用植物生理监测控制技术对植物叶面的蒸腾进行监测，配合光照等环境因子计算植物需水量，并以此作为灌溉控制的参数和依据。这些都是从温室结构到栽培生产管理实实在在地作出创新与变革，不懈追求生产效益。

掌握技术，拥有技术是前提，但我们相信只要去做，所有的一切都有可能变成事实。只有去做才能实现和他们一样的结果！

有的学生觉得，从事农业看不到未来，没有奔头。事实上，农林类大学生应该是现代农业未来的管理者、领导者和科研人员，并不是普通的体力劳动者。在很多发达国家，一个优秀的职业农民，不仅需要农业技术，还需要具备管理学、经济学等多个方面的知识，未来的农民是一个受人尊敬的职业，而且是一个极有发展的职业。

学生听了这些后很励志，首先会提问，我们怎么做才能实现？逐步引导从学会种蔬菜开始。

（二）引导学生主动学习，探究番茄种植技术并完成生产管理历

从掌握设施农业种植开始做起，探讨产量的提高由品种选择、育苗壮苗、改良生长环境、适宜的作业管理、病虫防治管理、精细的采收各个环节来实现的，并引导学生以番茄为例，制订详实的番茄生产作业周年管理历。教师应该在每位学生查阅大量资料的情况下，与学生一起探讨制订番茄周年栽培技术管理历。

日光温室番茄栽培技术管理历

1. 茬口安排

（1）越冬一大茬　　8月上中旬播种，9月上中旬定植，12月上旬开始采收，不摘心落蔓栽培，持续结14～18个穗果，至翌年7月采收结束。

（2）早春茬　　11月下旬播种育苗，次年1月下旬定植，3月上中旬至6月采收。

（3）秋冬茬　　7月中下旬播种育苗，8月中下旬定植，11月中下旬采收至2月底。

2. 品种选择

（1）'金棚3号'　　西安皇冠蔬菜研究所研制，西安金棚种苗公司经销。无限生长型，大红果。果实无绿肩，大小均匀，高圆苹果形，单果重200～350g，果皮厚，耐贮运，货架寿命长，口感风味好，高抗番茄花叶病毒，早熟性好。

（2）'中杂101'　　无限生长型，果实粉红色，单果重250～350g，裂果率低，早熟性好，前期产量高。高抗番茄花叶病毒，抗叶霉病、枯萎病。特别适宜日光温室和塑料大棚早春茬栽培。

（3）'以色列144'　　无限生长型，全生育期可达8～10个月。株型高大，单果重150～200g，产量高，果色大红鲜艳，转色一致。极耐贮藏，保鲜期长。耐病性强，生育强健，耐贮运。

（4）'汉姆'系列　　是目前被市场认同的好品种，株型高大，单果重200～300g，产量高，果色大红鲜艳，转色一致。极耐贮藏，保鲜期长。耐病性强，生育强健，耐贮运。

3. 育苗

每亩用种子30～50g，营养土的配制：非茄科田园土7份，腐熟的有机肥3份混合，每立方混合营养土中加磷二铵1～2kg，草木灰15kg，拌匀后过筛。将营养钵内装入2/3的营养土，浇透水等水渗完后撒2cm厚的药土（混合比例为1份药剂加100份细土，常用的农药有敌克松、多菌灵等），每穴内播入2～3粒种子，上覆盖1.5cm厚的药土，让后覆膜。

4. 苗期管理

（1）播种—出苗　　播种后用草帘适当遮阴，土温白天保持25～30℃，夜间20～25℃。出土后给予充足的光照，同时降低温度，白天20～25℃，夜间10～15℃，避免胚轴过长形成"高脚苗"。

（2）出苗后的管理　　从齐苗到幼苗长到两片真叶这一阶段是培育壮苗的关键期，白天可适当加大通风量，白天保持在20～25℃，夜间10～15℃。在定植前10d浇小水，定植前7d炼苗，苗期及时预防病虫害。

5. 定植后的管理

（1）定植　　定植前亩施腐熟的优质农家肥1万kg，油渣200～300kg，过磷酸钙100kg，尿素30kg，南北向作畦，畦宽80cm，沟宽40cm，畦高15cm。定植时按35～40cm挖定植穴，行距40cm在晴天上午定植，定植后在小沟内浇足水。定植后3d要遮阴，温室要密闭，缓苗时应以促早发根为原则，昼温28～30℃，夜温15～20℃。5～7d后应灌足一次缓苗水，以后再不浇水。缓苗水浇过后覆膜以降低湿度。缓苗后，加大昼夜温差促根控秧。白天25℃左右，超过30℃时放风，排湿降温，降至20℃时闭棚。前半夜15℃以上，后半夜10～13℃。早晨揭帘前8～10℃。番茄苗高30cm左右时进行吊蔓，植株每生长3～4片叶缚蔓一次。当第一侧枝长到5～10cm时整枝打杈，只留主头，摘掉其他侧枝，每隔5d左右整枝打杈一次。

（2）开花坐果期　　白天24～28℃，夜间13～18℃。此期要经常清扫薄膜，以增加透光率，在保证温度的情况下草帘早揭晚盖。开花后用番茄灵涂抹花柄，提高坐果率。每穗花序只留4～5个果实，第一穗果坐住后要随水追肥，每亩追施尿素15kg，磷酸二铵10kg，硫酸钾5kg，以后每穗果坐住后都要随水追肥，追肥量同上。每隔7～10d浇一次水，浇水后要及时通风排湿。番茄施氮肥过多会导致缺钙而发生脐腐病。

（3）结果中期的管理　　当第一、第二穗果采收后，摘掉第二穗果以下的所有叶片，开始落蔓，落蔓宜在下午进行。实行三段变温管理，上午25～28℃，下午25～20℃，夜间12～18℃，当棚温升到28℃时，开始放顶风，下午降到20℃时关闭风口，夜温低于10℃时应加厚草帘保温。做好温室温湿度和水肥管理，减少病害的发生，延长生长期。

6. 病虫害防治

（1）番茄灰霉病　　刚开始在叶片产生V形干枯。防治方法如下。

1) 农业措施：加强栽培管理，避免阴雨天浇水，发病后注意控水、放风、降低环境的相对湿度；发现病株、病果应及时摘除，集中起来销毁或深埋，切忌将病果随处乱扔。

2) 药剂防治：结合蘸花内加0.1%速克灵或扑海因，预防灰霉病效果好。花期用50%速克灵（腐霉利）可湿性粉剂2000～2200倍液、50%扑海因（异菌脲）可湿性粉剂1500倍液、用25%金力士乳油3000～5000倍液喷雾、40%多硫悬浮剂600倍液喷雾。

（2）白粉病防治　　可选用25%金力士5000倍液、70%甲基托布津WP800倍液、10%世高1500倍液、40%多硫悬浮剂500倍液、2%农抗"120"水剂200倍液。每隔7～10d喷药1次，连用2～3次。

（3）叶霉病的防治

1) 农业防治：选用无病种子或用50℃温水浸种25min，晾干播种；与非茄科蔬菜实行3年轮作；高温闷棚，即发病后采用30～35℃高温，闷棚30～40min，对叶霉病有明显的抑制作用；加强田间管理，按配方施肥，避免氮肥过多，控水、降湿，既可使植株健壮又可控制叶霉病的发生。

2) 药剂防治：发病前用75%达科宁（百菌清）可湿粉预防。发病初期及时摘除病叶，用25%的金力士乳油、10%的世高（恶醚唑）水剂、70%纳米欣（甲基托布津）可湿粉等喷雾防治，每7～10d喷一次，连喷2～3次。湿度大时可用45%百菌清烟剂每亩每次 250～300g 夜晚熏蒸防治。

（4）番茄疫病的防治

1）农业防治：选用抗病品种，培育适龄壮苗；高垄定植，覆盖地膜；采用膜下暗灌，小水勤浇，按照番茄不同生育阶段控制温度，避免高温高湿条件；清除病残体，减少越冬病原；施用腐熟肥料，增施磷钾肥。

2）药剂防治：本着"上喷下灌"的原则，从定植开始用4%疫病灵颗粒剂每株茎基部拥 3～5g，用水洒湿，隔 20～30d 重施一次，可有效预防病害的发生；发病初期用 40% 乙膦铝 250 倍液、25% 甲霜灵 500 倍液、64% 杀毒矾 400 倍液、48% 瑞毒锰锌 500 倍液、75% 百菌清 800 倍液喷雾，每隔 5～7d 喷一次，连喷 2～3 次，重点喷洒植株下部叶片和幼嫩部位。并结合灌根，每根灌药液 0.05kg。

（三）教师引导学生在实训基地进行实际操作，付诸行动

实际应用时，要注意秋冬茬番茄日光温室栽培与冬春茬番茄日光温室栽培大不相同。冬春茬的生长环境是由低温走向适温，而秋冬由适温走向低温，坐果期正是寒冬季节，日光温室的增温保温非常关键。除采取双层覆盖外，还要注意短期补温，可以在室内张挂反光幕，前屋脚加防寒裙等。选择耐寒品种，在管理上强调重施有机肥，科学调控温湿度，减少浇水次数，及时防治病虫害。在实际生产管理过程中还可以应用新型技术来提高产量，增加收益。

二、"葡萄生产技术实训"引导文教学法应用案例

【教学对象】果蔬花卉生产技术专业二年级学生。

【教学目标】

知识目标：了解葡萄相关生产技术。

能力目标：掌握葡萄生产技术。

情感态度与价值观目标：自主学习，自主探索，培养分析问题能力、信息获取能力。

【教学媒体】投影视觉媒体、实物媒体。

【教学过程】

（一）制作引导文

教师组织引导文，吸引和调动学生学习的主动性和积极性。农业产业要想真正地增加收入，改善人们的生活水平，必须因地制宜，把握当地的自然优势，多种经营，才能推动农业发展。

（二）陈述引导文

小葡萄创造大效益

不算不知道，一算吓一跳。小葡萄真能创造大效益，以种植 66 700m^2，上市早，口味突出，批发非常快，价格也不低的'四倍玫瑰香'、'贵妃玫瑰'等有玫瑰香风味的优质高效早熟品种葡萄园为例，分析其投资概算及经济效益。

1. 投资概算

4 年总投资 115.5 万元（注：该投资未计算建房、打井、滴灌、冷库固定投资）。

(1) 建园投资　52.3万元。

1) 土地租金: 300元/667m², 计3万元。

2) 苗木投资: 4500元/667m², 总计45万元（篱架栽培, 按300株/667m²苗计算。苗木按15元/株计算）。

3) 架材: 4.3万元: 立柱, 300元/667m², 总投入3万元（间距6m一根, 长2.2~2.3m的立柱, 60根/667m², 5元/根）。铁丝投入, 130元/667m², 总投入1.3万元（50kg/667m², 2.6元/kg）。

(2) 肥料投资　（表12-1）4年共投入30万元。

表12-1　肥料投入明细

年度	基肥		尿素		复合肥		磷酸二铵		叶面肥	
	数量/(kg/667m²)	价格/元	数量/(kg/667m²)	价格/元	数量/(kg/667m²)	价格/元	数量/(kg/667m²)	价格/元	数量/(kg/667m²)	价格/元
第一年	5000	500	50	80	0	0	0	0	10	20
第二年	5000	500	50	80	50	80	50	100	20	40
第三年	5000	500	50	80	50	80	50	100	20	40
第四年	5000	500	50	80	50	80	50	100	20	40

(3) 用工投资　4年总投入25万元（按基本管理: 每667m²土地第一年用工40个、第二年60个、第三年75个、第四年75个, 由于多数可用妇女劳力, 按平均每个工是10元计算）。

(4) 农药投资　4年总投入1.8万元（第一年每667m²用药20元、第二年40元, 第三年60元、第四年60元）。

(5) 套袋投资　4年总投入6.4万元（按0.8kg葡萄用一个袋计算, 每袋0.2元）。

2. 经济效益分析

4年总收入:（表12-2）326万元。其中葡萄收入320万元（按8元/kg计算）, 花生收入6万元（按2元/kg计算）。

表12-2　4年总收入明细

收入年度	花生		葡萄	
	产量/kg	单价/元	产量/kg	单价/元
第一年	200	2	0	0
第二年	100	2	500	8
第三年	0	0	1500	8
第四年	0	0	2000	8

326万啊, 多么庞大的数字, 这还没有把苗木收入计算在内, 按一般常规, 苗木收入要大于葡萄收入。再试想, 如果利用空间套种其他作物, 收入势必增多; 如果发展生态旅游农业, 以市场为导向, 以科技为依托, 大力发展以葡萄种植为主, 集观光、休闲旅游于一体的生态农业园区。充分利用和发挥资源优势, 积极引进生物链法治理虫害技术, 采用节水灌溉、绿色高效栽培技术和"园区＋旅游＋销售"的经营模式, 建设内容包括建立集约化优质葡萄种植基地、观光长廊及配套设施等。那经济效益不可估量!

学生的积极性调动起来后,引导学生分组进行查阅资料,每一小组都要设想自己要种植葡萄,由小组成员共同探讨协商提前安排生产作业管理,教师应该给予修正和补充。表 12-3 为葡萄周年管理历(供参考)。

表 12-3 葡萄周年管理历

时间	物候期	主要技术措施
1～2月	休眠期	(1)随时检查情况,发现少土或缝隙要加厚拍严 (2)备袋:备好高质量的果袋 (3)设施育苗:进行插条催根,并在2月下旬开始,入棚扦插
3月	休眠期	(1)物资准备:备好架材、化肥、农药、修好器具、药械等 (2)修架:扶正架杆,拉丝,并拉紧 (3)育苗建园:露地育苗,进行整地,催根,扦插育苗,成苗定植园开始定植
4月	萌芽期	(1)出土:出土时间一般在清明前后,出土时要细心,勿伤枝芽防伤流 (2)出土后扒去老翘皮,喷施 3～5°Bé 石硫合剂。3～4 叶期喷施氟硅唑 6000 倍加甲维盐复配菊酯类农药 1500～2000 倍 (3)上架:棚架可早上架,'巨峰'葡萄蔓架可在地面(顺蔓后)放 15～20d 上架,此有利于平衡树势,提高'巨峰'葡萄坐果率 (4)抹芽:去弱留壮,抹去密、挤、瘦、弱和生长部位不宜及萌发晚的芽。对于双芽或3芽,应抹去其中的 1～2 个。抹芽宜早不宜迟,隔 3～5d 一次,一般 2～3 次
5月	花期和新梢速长期	(1)绑枝梢:当新梢长到 40cm 以上时,及时引绑防风折,同时注意掐副穗去卷须,抹去基部萌芽 (2)定梢:对生长过密的无花穗的枝疏掉 (3)疏穗:疏除过密的穗,一般弱枝不留穗,中庸枝留一穗,壮枝留两穗。掐穗尖:去副穗后掐去穗尖的 1/5～1/4 (4)喷药:开花前后各打一次药。药剂要交替使用,主要防治白粉病、白腐病和霜霉病、黑痘病、穗轴病、灰霉病、绿盲蝽象等病虫害。用药配方:易保 1500 倍+福星 1000 倍或世高 2000 倍+甲维盐复配菊酯类农药 1500～2000 倍 (5)摘心:花前 2～3d 对'巨峰'葡萄进行硬枝或半木质化摘心,按壮弱穗以上留 3～6 个叶片。硬枝摘心或半木质的,坐果后再留足叶片。对坐果率高的进行晚摘心,如红地球葡萄可推迟到 14～15 个叶片时再摘心,以后反复摘心防徒长。对'巨峰'葡萄摘心后副梢可选上部一好梢留足叶片摘心,其余疏除 新枝摘心:①结果枝于花前 10d 左右,在花序上留 3～6 片叶摘心;②生育枝可留 8～12 片叶摘心,其上副梢留 2～3 片叶反复摘心;③结果枝上的副梢,保留顶端的 1～2 个,其余全部抹除,顶端留下的副梢上留 2～4 片叶摘心,以后发生的第 3、第 4 次副梢也按此处理;④发育枝上的副梢,采用留 1 片叶进行毁灭性摘心,即连同其上的冬芽和夏芽一起掐掉 (6)花期喷肥:花前和花期喷 2～3 次康朴液硼、康朴悬浮锌、狮马蓝等微肥提高座果率,减少大小粒 (7)幼树管理:及时浇水、松土保墒、引绑、新植育苗移栽 (8)其他管理:①花前 10d 左右,进行第二次追肥(也叫"着果肥")。以氮肥为主,适当增施磷肥,即株用氮肥 50g+磷肥 200g 混施,以保开花授粉、受精及坐果;②开花前 10d 浇 1 次催花水;③花前 3～5d 喷 0.2%的硼砂溶液和 1:(1～2)倍稀土微肥溶液,花期喷全树果 1000 倍液保花果,促增产;④落花后幼果期:是预防葡萄病害的关键期,首选杜邦易保 1200 倍液,黑豆病重发区加入福星 8000 倍液同时喷施

续表

时间	物候期	主要技术措施
6月	浆果膨大期	（1）清理架面：根据架面的实际情况，并对副梢摘心疏除整理 （2）打药：防治对象为白腐病、炭疽病、褐斑病、霜霉病、绿盲蝽等。用药配方：福星6000倍或爱苗（苯甲•丙环唑）加甲维盐复配菊酯类农药1500～2000倍 （3）套袋：对果穗及时整理，套袋前用万兴或爱苗（苯甲•丙环唑）喷穗，有棉铃虫的可加上菊酯类农药1000倍 （4）肥水：在葡萄坐住果（葡萄粒黄豆大小）的时候，每667m^{2}可施入硫酸钾15-15-15复合肥75kg。施肥后浇水中耕。①落花后幼果膨大期进行第三次追肥（也叫膨果肥），株用250g氮肥+100g磷肥+200g钾肥混合施入；②花后10～13d浇1次催果水；③喷0.2%～0.3%磷酸二氢钾溶液
7月	膨大着色期	（1）摘心疏枝：对生长过旺的新俏及时摘心，疏除过密枝，对下垂的结果枝及时引绑 （2）喷药：主要防治褐斑病、霜霉病、白腐病等。用药配方：易保1200倍液 （3）肥水：在果实膨大盛期施入15-10-20复合肥50kg加硫酸钾25kg，叶面喷肥10～15d一次。注意松土、保墒、除草。果实着色时适施催熟肥，即株用100g氮肥+100g磷肥+150g钾肥混合施入 （4）去袋：对中早品种提前15～20d去袋上色，并适时采摘分级包装。去袋后及时喷万兴或易保或爱苗防治果实病害。遇有暴风雨或一旦发生褐斑病、白腐病，一定要加入福星6000～8000倍液进行防治。避免因褐斑病造成早期落叶或因白腐病造成落粒落穗等损失
8月	着色成熟	（1）喷药：主要防治炭疽病、霜霉病、叶斑病、绿盲蝽象等。用药配方：万兴2000倍液或福星+易保1200倍液或爱苗。一定要加入克露或抑快净防治霜霉病 （2）去老叶：上色的品种当果实开始上色时把穗下面的几个老叶摘除，增加光照 （3）合理控水：对将要成熟的品种要合理控水，叶面喷肥 （4）采收：采前去袋、增色、分级、包装，从采收前1个月开始，每隔10d喷施1次1%的硝酸钙或醋酸钙液，可明显提高葡萄果肉的硬度和耐贮性
9月	成熟	（1）袋覆膜：采前去袋后，地下铺反光膜，增进着色，提高含糖量，提高果品品质 （2）喷药：重点保护好叶片，促进着色。主要防治霜霉病、叶斑病等。用药配方：克露。如霜霉病严重发生建议喷施抑快净 （3）鸟害：果实上色防鸟害，有条件可采用防鸟网 （4）适期采收：当葡萄果实达成熟期即可在晴天早晨露水干后进行采收，以上午10时前或下午3时后为宜，采收后果品应进行分级、归类、包装销售
10月	采果后	（1）施肥：采完果后可施入6000kg/667m^{2}腐熟的有机肥加100kg 15-15-15硫酸钾型三元复合肥加配微生物菌肥10kg，深翻10～20cm。施基肥，深度以30～40cm、达葡萄根系主要分布层为宜。以施腐熟农家肥为主，成年树一般在距树50～120cm处挖深40～60cm、宽40cm的条沟，沟向与行向一致。幼树则在树盘外沿挖深20～50cm、宽30cm的环状沟，株施腐熟农家肥15kg、复合肥1kg后覆土为佳 （2）浇水：施肥后及时浇水，利于营养积累 （3）保叶：采果后对病害要及时对症下药，保好叶片
11月	休眠期	（1）修剪：对不同架形、不同品种和不同年龄的枝条采用不同的修剪方法。①秋季落叶后选留优良的结果母枝新梢作下年的结果母枝；②在结果母枝上，修剪1个芽为极短梢、2～4芽为短梢、5～7芽为中梢，8～10个芽为长梢，12个以上芽为极长梢作为结果母枝。亩留结果母枝数=每亩计划产量÷（每母枝平均留果枝数×每母枝平均穗数×平均穗重） （2）备育苗条：对下年育苗的枝条在修剪时备好优良品种，壮条集中贮藏 （3）清理园地：对园内的枯枝落叶全部清除出园烧毁 （4）防寒：修剪后枝蔓下架，顺势捆扎，埋土15cm以上，'红地球'葡萄要比'巨峰'葡萄加厚5cm，取土应距树根70cm以外为宜

续表

时间	物候期	主要技术措施
12月	休眠期	（1）除继续冬季修剪外，还要进行埋土防寒，一般在冬剪后土壤封冻前完成，以当地土壤上冻前10～15d埋土防寒较为适宜。即修剪后，将枝蔓下架并顺一个方向捆好，避免扭伤枝芽，然后全部覆土厚10cm （2）结合施基肥浇透水，也叫封冻水，这次水既可防止冬春干旱又便于取土防寒，有利葡萄安全越冬。总结一年来的经验教训为来年生产增收作好计划，准备各项工作

注：在病发盛期应该每半月打一次药，防止病菌侵入；对于施肥，应该基肥、追肥、叶面喷肥相结合为宜

学生如果能独立完成这样一份葡萄周年管理历，掌握这一教学任务也就很好了，如果学校有条件，可以带学生把所有生产作业过程再实地考察一次，可以强化学生的感性认识，更好地掌握这项技术。

三、"园林绿化"引导文教学法应用案例

【教学对象】 果蔬花卉生产技术专业二年级学生。

【教学目标】

知识目标：了解相关园林绿化知识。

能力目标：掌握相关栽培技术，拟定规划方案。

情感态度与价值观目标：使学生进一步了解专业发展前景，激发学习兴趣。

【教学媒体】 投影视觉媒体、实物媒体。

【教学过程】

（一）引导文的制作

构建一个产业发展的事实，激发学生能看到自己的希望和未来。设计如下。

2016年，呼和浩特市计划实施的城市园林绿化重点项目包括"两带"、"两环"、"六个出城口"、"八个公园"、"二十条景观街"等七项建设内容。"两带"即对大青山前坡生态保护区和大黑河生态水系两侧绿地进行景观建设。大青山前坡生态保护区景观建设包括雅马图森林公园建设项目、国家北方足球训练基地景观建设项目、哈拉沁沟水系景观治理项目及保护区内道路两侧绿地的景观提升。大黑河生态水系两侧绿地主要对大黑河河道两侧根据征拆情况实施50～100m绿化。"两环"即对环城水系（水环）和快速路沿线绿地（绿环）进行景观提升。"六个出城口"即对我市的6个出城口进行绿地的景观提升和建设。重点完成呼托路出城口（103省道）绿化续建工作。"八个公园"即完成8个公园、游园的新建和改造。主要包括草原丝绸之路主题公园、由渣土堆建成综合性的山体公园、由原铁路林场和拆除煤气储气罐后建成的游园及大青山野生动物园等在内的8处公园游园的建设。"二十条景观街"即完成20条道路绿地景观的新建改造工作。2016年拟对东影南路、创业路、金桥开发区的部分道路等在内的共计20条城市道路绿地景观进行新建和改造。完成以上建设项目后，呼和浩特市2016年将预计新增绿地面积约330hm^2，绿地率达到34.2%，绿化覆盖率达到37%，人均公园绿地面积达到15.58m^2。

通过这样的引导文能促使学生心里有一种想象自己已经是一个技术人员，或者是一位创业者，这时候教师要做出要求，让学生构思怎样才能将自己投入到如此兴起城市建设的大潮中。

（二）作出自我规划方案

规划设计学生的未来发展和能力需求，让学生完成一个掌握某项栽培技术的方案，引导学生逐步完成，过程中教师积极引导、释疑。不断提升学生掌握这门课程的能力和水平。

（三）客观有效地引导

教师更多的是推荐这方面的书籍，来扩大学生的眼界，一般有两种方式：一种是从宏观认识到微观操作方式，适合思想活跃、学习能力强的学生；另一种是从微观操作开始逐步积累，以至于达到宏观认识的形成，适合接受能力较慢一些的学生，他们愿意一点一滴积累，夯实自己的专业技能，以小见大、积少成多地学习掌握知识技能。

第十三章 头脑风暴教学法

【学习目标】
1. 理解头脑风暴教学法的概念。
2. 掌握头脑风暴教学法具体应用。
3. 结合本专业实际设计一节专业课的头脑风暴教学法。

第一节 头脑风暴教学法的介绍

一、头脑风暴教学法概述

（一）头脑风暴教学法的概念

头脑风暴法于20世纪40年代由被誉为创造工程之父的奥斯本在其《你的创造力》一书中作为一种开发创造力的技法正式提出，并定义为试图通过会议的方式，由全体与会成员针对特定的问题让大家自由发言，从而收集所有的想法，为其找到一个解决方案。其核心思想就是把产生想法和评价这种想法区分开来。

（二）头脑风暴教学法实施须遵循的基本原则

（1）排除评论性的判断　对设想的评论都要在"头脑风暴"结束后进行。
（2）鼓励"自由想象"　设想看起来越荒谬可能越有价值。
（3）要求提出一定数量的设想　设想数量越多，就越有可能获得更多有价值的设想。
（4）探索研究组合和改进设想　除了与会者本人提出的设想以外，要求与会人员提出改进他人设想的建议，或者要求与会者指出按照他们的看法怎样才能将几个设想综合在一起，然后提出一个新的设想。

（三）头脑风暴教学法运用于教学的基本做法

教师提出问题，然后鼓励学生寻找尽可能多的答案（设想），不必考虑该答案是否正确，教师也不作评论，一直到所有可能的设想都提出来为止。

二、头脑风暴教学法运用的步骤及注意要点

（一）头脑风暴教学法运用的步骤

1. 准备阶段

头脑风暴法运用于教学可以以"讨论会"的形式进行，但必须做好以下准备工作。

（1）教师确定讨论问题　头脑风暴法最适用于解决什么样的问题？首要条件是研究的问题应是特殊的，而不是一般性的。教师在确定讨论问题时应具体、明确，不宜过大或过小，不要同时将两个或两个以上的问题混淆讨论。对于那些略复杂的问题，可以将问题分开，并针对每个问题专门召集一次会议。其次，头脑风暴法仅能用来解决一

些要求探寻设想的问题，不能用来解决那些事先需要作出判断的问题。例如，"是否应对学校的德育教学进行改革"这样的问题就不适用，面对这一问题必须先说明实施改革或者不实施改革的理由，也就是用头脑风暴法来先分析问题，再根据讨论结果决定是否实施。

（2）通知学生，提前发放问题资料　　教师应至少提前5～10d将所要讨论的问题发放给学生。事先通知的目的是让学生有时间酝酿解决问题的设想。最好在材料后附上几个形成设想的实例，以启发学生。

（3）安排记录员、准备物资　　尽可能安排两个设想记录员来记录发言人的设想，同时可以利用录音笔协助记录讨论会的全部过程。可以准备幻灯片来播放讨论的主题和演示头脑风暴法的规则等。最好给每个学生准备一张纸和一支笔，让他们及时把想到的设想记下来。

头脑风暴法运用于教学中，要求教师和学生必须做好充分的准备，由于学生要事先酝酿解决问题的设想，因此，参与头脑风暴的学生必须具备一定分析问题的能力，教师应根据学生的具体情况和问题的特殊性采用适宜的教学方法，不宜盲目追求新的教学方法。

2. 实施阶段

会议一开始，教师可用幻灯片介绍头脑风暴会议的基本原则并补充说明要解决的问题。为使气氛轻松自然，让大家尽快适应规则，教师可提一些极为简单的问题以让大家尽快进入状态。教师应尤其注意首次参加头脑风暴会议的成员，让他们尽快适应环境。

在讨论过程中，教师、学生、记录员应分别注意以下实施要点。

（1）对教师的要求　　教师在头脑风暴中以主持人的身份出现，教师不但要熟悉问题，而且必须熟练掌握头脑风暴法的处理程序、方法和技巧。教师最好要求学生按座位次序轮流发言，让每个学生都有机会提出设想。如轮到的人当时无新设想，可以跳到下一个。集体头脑风暴的方法可以提出大量设想，当一个与会者提出一种设想的时候，他会自然地将其想象引向另一个设想，但是就在这一瞬间他提出的设想会激发其他成员的联想能力，这就是"连锁反应"。教师应鼓励大家提出一些从已经提出的设想中派生出来的设想，这种连锁反应很有价值。学生每次发言最好只提一条设想，否则就会因为失去许多很好的"辩解"机会而使提出设想的效率明显下降。当举手的人多时，教师应让那些积极思维的人先发言。同时，教师可以在会议之前对解决问题的设想做一些准备，若学生一时提不出设想，教师便可以抛出自己的想法来启发大家。

（2）对学生的要求　　在头脑风暴中学生就是专家，学生应积极思考，尽可能提出设想，不用害怕自己的设想会遭到别人的嘲笑，哪怕是"荒唐"、"怪诞"的设想。无论如何，学生不能照本宣科，如有准备好的设想，应在会议之前交给教师。当有几个人同时举手时，后面发言的学生可能会受前面发言人的影响而忘记当时的设想，所以学生应及时把自己的设想用纸笔记录下来。

（3）对记录员的要求　　记录员最好坐在教师身旁，并及时记下学生提出的设想和他们的名字。速记却无法做到一字不漏，所以记录的内容是设想的基本大意就行。当然也可以采用录音笔录下会议全过程。同时，记录员应按设想提出的顺序给每个设想编号，让教师随时掌握设想的数量，以启发学生再多提出10条设想等。

3. 结束阶段

头脑风暴会结束后,教师作为主持人应该重视"对设想的增加和评价"这一环节。

(1) 对于设想的增加　　教师宣布头脑风暴会议结束之后,应给学生一个设想酝酿时期,使他们还能提出一些设想来进一步补充在讨论中他们已提出的设想。因此,教师或记录员应于第二天拿到学生的补充设想,通过学生一夜的思考,又可以收集到一些好的设想。

(2) 对于设想的评价和挑选　　想象力在探索创造性解决问题的方法阶段起着主导作用,但在头脑风暴后,判断能力占着重要的位置。评价和挑选设想包括以下两个预备阶段。第一,记录员将设想打印出来,留出三倍空白;第二,教师检查设想目录,确保所记录的每个设想简单明了,同时用逻辑分类方法将这些想法归类。通过选择和价值判断,大部分设想将被排除,只有部分设想是有实用价值的。由谁来挑选这些设想呢?设想的挑选既可以是当时参加"头脑风暴"的学生,也可以是那些没有出席讨论会的学生。一般来讲,明智的做法是让那些与问题有直接关系的人来评价这些设想。此外,不要过早地淘汰那些表面看来是荒谬的设想,往往最好的设想是一些设想的综合。最后应告诉学生如何处理他们的设想。

(二) 头脑风暴教学法运用的注意要点

1. 头脑风暴法的最佳持续时间

头脑风暴讨论会的持续时间不宜太长也不宜太短。会议最好是在 30~45min,倘若需要更长的时间,就要把问题分成几个小问题,分别对每个问题进行专门的讨论。如果时间很短,与会者可能只提出一些表面的、肤浅的设想。一般来说,只有会议进行一半时间之后,才能提出一些很有价值的设想。在设想连续形成的过程中,设想提出的速度也会不断加快。

2. 头脑风暴讨论会的地点和环境

头脑风暴讨论会的地点应选在安静不受干扰的场所,如会议室,同时应切断电话,以免思维受到干扰。讨论时应该像游戏活动那样形成一种竞争的气氛,不允许私下交流。参加头脑风暴的人员可以不是相识的,但是参加头脑风暴的学生最好"学术地位"相同,避免学术地位高的"领导"威慑力的存在,尽量给学生创造"心理安全"和"心理自由"的心理条件。

3. 头脑风暴讨论会人员的数量及构成

根据已做的几百次实验,每个组最好由 12 名成员组成,其中包括一名主持人和一名设想记录员。对于各个学生的智力水平不存在固定标准,可以全是男同学也可以全是女同学,但最好是兼而有之,因为这样可以增强竞争意识和好胜心。此外,最好有几个活跃的、善于抛砖引玉的学生,但是应注意不能让这些"引路人"在其他学生提出的建议和设想的时候主导整个会场。

4. 头脑风暴法与专题讨论法的区别

头脑风暴法可以以讨论会的形式进行,但它与专题讨论是截然不同的两种方法。专题讨论法也被经常运用于教学中训练学生的创造性思维,引导学生产生一些创造性设想。从查阅的文献看来,有不少教师误把专题讨论会当成了头脑风暴。事实上,课堂讨论是学生在教师指导下，就教材中的基础理论和疑难问题，或学科中有争议的学术问题，在独立钻研的基础上，共同进行讨论、辩论的教学方法。在讨论中，教师起指导作用，教师的权威性没变，讨论时也没做"严禁批判"、"延迟评价"等规定，而头脑风暴能在较短的时间内提出大量有实用价值的想法，这样避免了不是提出设想而是在争论的现象。头脑风暴法与一般讨论最大的区别在于头脑风暴法排斥评论。

第二节　头脑风暴教学法的应用

一、"枣树花果栽培管理"头脑风暴教学法应用案例

【教学对象】果蔬花卉生产技术专业二年级学生。

【教学目标】

知识目标：了解枣树花果栽培知识。

能力目标：掌握枣树花果栽培技术。

情感态度与价值观目标：养成勤于思考，善于总结的职业素养。

【教学媒体】投影视觉媒体、实物媒体。

【教学过程】

（一）头脑风暴教学法应用的准备阶段

园艺植物花果管理教学中，教师要实施关于枣树花果栽培管理如何培育优质枣果这一问题的头脑风暴法教学过程，要做好教学准备如下。

1. 教师要确定好头脑风暴活动中学生讨论的问题

学生讨论的问题应当具有特殊性，普遍的问题没有讨论的意义。比如在讲解枣园土肥水管理的知识时，"对环境条件的要求"就是一个较为普遍的问题，要促进头脑风暴活动的高效开展，教师应当设置"你了解枣树管理中'两耕、四肥、三水'的最佳施用时间吗？"这样的讨论问题。

2. 教师要提前将头脑风暴的内容告知学生

"两耕"是深翻和中耕；"四肥"是基肥、萌芽肥、花期肥和助果肥；"三水"是催芽水、花期水和幼果水。这些是枣树生长过程中管理的关键时期，它们应该在什么时候给予补给和操作，需要大家根据理论学习和生产实践的经验总结给予一个结论。在头脑风暴之前，教师要给学生充足的准备时间，在开展教学的一到两天将讨论问题告知学生。让学生提前了解头脑风暴的问题，是为了给学生时间去查阅资料、请教枣农、思考与联想，做好充分准备并尽可能在头脑风暴时详尽与准确地表达自己的观点。

3. 教师要做好排兵布阵的工作

教师要将班级内的学生分成不同的小组，确定每个小组中小组成员的职责，安排记录人员，准备好纸笔，为高效的头脑风暴活动实施做好准备。

（二）头脑风暴法在教学活动中的实施过程

1. 教师要营造良好的头脑风暴氛围

每个同学讲述枣树生产管理技术这一内容来说是单调的，能否营造一种活跃的课堂

教学氛围对于学生的学习情绪有直接影响,这个时候,教师要利用一些简单的问题做铺垫,如枣树一生中要健壮成长,必须要做哪些事情有才能保证它的成活?学生回答:"春暖花开之时,枣树依次发芽、长枝、开花、结果,进行一年生长。我们都要进行耕翻园地,增施肥料,灌溉水分,确保枣树正常生长。"教师引导说:"做这些工作时我们如何选择一个最佳的时机,选择一个最合适的方式,使其对枣树的成长起到最好的效果。下面大家开动脑筋,整理一下自己的知识点,一会儿可以把自己想到的地方跟大家说一说,现在准备。"让学生进入思考状态,使学生适应头脑风暴活动的节奏。

2. 教师要做好头脑风暴的组织工作

在学生进行头脑风暴时,教师要做好主持人的工作,起到引导和启发的作用,把学生引导到枣树生长时期与耕翻和中耕的最佳时期紧密结合。同时也要思考到季节的要求,作出一个理性的选择,春季选择枣树快速生长前期给枣树一个疏松的生长环境,秋季收获之后能给枣树一个快速积累养分的环境条件。肥料的施用、水分的增补要选择在枣树急需要养分或水分的时期,让学生理论联系实践,表达出自己认识的不同时间段,让学生有秩序地发言,表达自己的观点,如果积极性不高时,让学生抽签或者以学号为依据依次发言,让学生都有发言的机会。另外,教师还要鼓励学生走出自己的思维圈,接受他人的观点,并就某一个观点进行深入探讨,让学生在头脑风暴中得到更多的知识。

(三)头脑风暴法在教学活动中的总结环节

在头脑风暴活动之后,教师要引导学生对头脑风暴中得到的信息进行分类与整理,并根据学生自己的能力补充。例如,在就"两耕、四肥、三水"知识进行头脑风暴之后,教师要在课堂上给学生 5min 左右的时间进行回忆与总结,说一说自己在本节课得到哪些观点,学到哪些知识,自己有了什么新发现。同时要让记录员将记录下的内容进行梳理,并由教师给予点评,教师点评时要肯定学生的新颖思路和观点,给予高度的表扬,鼓励学生在课下做书面总结,促进头脑风暴教学法应用效率的提升。

二、"设施蔬菜栽培"头脑风暴教学法应用案例

【教学对象】果蔬花卉生产技术专业二年级学生。

【教学目标】

知识目标:了解并掌握设施蔬菜栽培技术。

能力目标:拓展学生思维,更好地掌握设施蔬菜栽培管理技术。

情感态度与价值观目标:养成勤于动脑,善于思考的职业素养。

【教学媒体】投影视觉媒体、实物媒体。

【教学过程】

(一)头脑风暴教学法的准备阶段

提出的问题:设施蔬菜如何种植能提高产量?需要采取什么措施才能实现绿色有机?这些问题相对来说是一个比较特殊的问题。

1. 收集知识点

问题涉及的内容较广,而且在生产实践过程中可探讨的地方很多,有利于学生拓展

思维，从各个方面去收集整理知识点，提高产量的选择方式一般有：选择果类蔬菜，如番茄、黄瓜等；改善营养成分供应结构；缩短作物生长周期、扩大茬口、提高复种指数；立体种植等。确保绿色有机无公害方面，要做的事情有土壤、水分和空气的检测与处理，作物综合管理措施的运用、病虫害的预防、物理防治方法的应用、产品的送检等。教师可以引导学生从种子开始着手思考如何确保绿色有机无公害蔬菜的形成，包括设施大棚的制作与光照利用的紧密关系，室内温度的调控与使用，人工光照应用，通风条件的创造等。从这些方面引导学生积极发言，共同来思考和完善这一话题，从而更好地让学生掌握这一蔬菜栽培技术。

2. 查阅资料

给学生创造条件，查阅资料，收集蔬菜生产技术方面的书籍，尽可能开阔学生的眼界，从书本上找到更好更有效的方法。

3. 人员准备

安排好整个头脑风暴过程中所需要的配合教师组织活动的同学，如记录人员、若干位思维活跃而且积极的同学准备发言，避免冷场而调动不起其他同学的积极性。

（二）头脑风暴教学的实施过程

教师开场语："同学们，大家好，今天我们选择一种特殊的教学方法，带领大家去探索一下设施蔬菜如何种植，需要采取什么措施来实现绿色有机而且能提高产量？我们每天都要吃菜，更需要吃农药含量低，残留期绝对短的蔬菜。今天吃上甲醛土豆了，明天吃上催熟苹果了，这样的新闻让百姓迷惘，茫然失措，更让我们作为学农的人自惭形秽呀！今天我们就和大家一起探讨一下，如何种植设施蔬菜才能绿色有机无公害，采取什么样的措施才能既提高产量，又能保证生产出的产品是绿色的、有机的、无公害的。"学生根据自己查阅的资料，积极发言，最好能做到知无不言，言无不尽。不论谈到的知识多少，对于触动学生学习，探讨这门技术是利大于弊的，如果出现中断或冷场的情况时可以及时让准备好的同学做补充，时间一般掌握在45min之内，如果解决不完可以分成几个阶段，让大家把准备的知识都说出来最好，如果担心讲不完或有不愿意讲的同学存在，使课堂无法进行，教师可以用平时考核的方法给大家记录平时成绩的方式要求学生参加。

（三）总结

通过大家的讨论，我们总结一下，设施蔬菜如何种植，需要采取什么措施实现有机绿色无公害，而且能提高产量？大家的讨论把这一问题分成了两个问题：如何实现绿色有机和如何提高产量。每个问题又从三个方面来分析。[一是设施方面（投入资金建造高效、采光效果好、通气性好的设施大棚；引进增加地温设备；人工空气流动鼓风设备，人工光照设备等）；二是蔬菜的生产管理过程（选择优质高产品种的种子；根据植物生长特征特性选择与之相匹配的农事操作方式，如就近供应、顶端优势，营养生长、生殖生长的相互协调，地下、地上部分的协调性应用；病虫害的预防与综合防治；作物群的拮抗应用等）；三是有机绿色无公害生产标准的应用（土壤、水分和空气的检测，产品的认定等）。从学生表达出来的上述内容来看，大家对一生产技术还是有很深刻的理解和认识的，从采用这种教学方法的实际效果与预期之间的差距来看，学生自主学习的能力还是远远超过了预期。]希望学生在教师的引导下更好地挖掘自己的潜能，不要禁锢在原有的思想认识下，努力提高自己的学习水平和能力。

三、"花境创意"头脑风暴教学法应用案例

【教学对象】果蔬花卉生产技术专业二年级学生。

【教学目标】

知识目标：了解"花境创意"的相关知识。

能力目标：掌握"花境创意"的基本技巧。

情感态度与价值观目标：塑造感受美、创造美的能力，培养学生正确的审美观点。

【教学媒体】投影视觉媒体、实物媒体。

【教学过程】

（一）确定教学目标

通过头脑风暴教学法使学生在准备过程中查询相关资料，充分发挥想象力，在发言中总结自己的思想，在倾听中了解别人的意见，在探讨中拓展自己的思路，同时在整个教学方法学习过程中找到解决问题的办法。

（二）提出的问题

花卉的综合应用——花境创意。花境是以多年生花卉为主组成的带状地段，花卉布置常采取自然式块状混交，表现花卉的自然景观；是根据自然界林地、边缘地带多种野生花卉交错生长的规律加以艺术提炼而应用于园林景观。这是主要内容，从设计创意角度进行综合应用的头脑风暴教学。

课前教师准备的材料：头脑风暴理论及案例；花境设计的实地场所示意图；课堂讨论的要求及规则；课前查询知识点。

（三）实施过程和步骤

1. 课前准备

教师需要认真研究好头脑风暴教学法的课前准备，深刻领悟其主要内涵，还要把握学生接受能力及心理特征，提前几天把设计场地和材料和要求给学生，给学生思考的时间，最好给一些案例让学生自主地去学习、观看，从中得到一些启发和引导。

2. 头脑风暴教学法的过程

把设计场地的视频给学生播放一下，必要的情况下可以带学生实地观察，以利于学生设计能贴近现实。

教师：大家已经准备了一段时间，通过刚才给大家播放的实地场景，为了这一空间更具有可观赏性，能给人以美的享受，同时也能把大家平时学习的知识得以展现，我们今天通过头脑风暴的方法，集思广益，畅所欲言，把自己认为心目中最好的设计表达出来，不论设计的好坏，创意是否新颖，那将都是大家智慧的结晶，现在给大家 5min 时间，自由讨论，把你的想法勾勒出来，把别人的意见记录一下，给自己借鉴。现在开始!

接下来轮流发言。教师不作评价只作引导和维持秩序。

教师：大家安静一下，我们依次发言，在别人表达的时候一定要用心去听一下，好了，开始！

学生 A：我认为这块地设计的时候，可以采用爬山虎，用钢丝构建一个长廊式的花境，叶片较多，遮阴面积大，在长廊的两侧可以栽种草坪。

学生 B：我倒觉得应该设计两面单面观赏的花境，用瓦楞板建成层状种植格子，成本大一点，我们可以用 PVC 管材设计，土壤栽培或水溶液栽培都行。

学生 C：这块地占地面积较大一些，为了综合利用，能不能做成一个单面的花境，外围栽培各类花卉，以利于从路的两侧给大家一种绿色葱茏的感觉，在中间设计一片空旷的休闲区，在花境的背面设计成宣传栏，在这里休憩时，可以进行思想教育的宣传，还可以绿化环境，一举两得啊。

教师：谁还有好的想法？

学生 D：老师，那能不能设计两个花坛一样的花的景观台？

教师：可以，花坛也是花卉应用中一种，虽然我们今天要用花境来装扮场地，如果你有好的创意，我们还是很乐意听听，也许对大家也是一种启发。

学生 D：那我们可不可以设计一个大禹雕像来体现一种精神，用双层钢筋构建出来，把我们栽植的草花依次排放在整框架上，形成一个雕塑，是不是会更有意义。

……

（四）最后总结

今天的头脑风暴教学课堂上，大家都能积极发言，对自己设想的方案进行了表述，内容翔实，主题突出，说明大家在这个问题上，认识深刻，经过实地考察，结合花卉应用的理论基础知识，有针对性地提出自己的设计，非常有利于提高自己的实际工作能力，真正地体现出学以致用，学有所用，如果大家能从每位同学的身上学到优点，再结合自身的理解，我们一定能设计出更好的方案。

（五）经验

一是布置学习资料时一定多结合书上的理论知识点，找到相应的内容，否则就会出现不着边际的陈述，找不到重心，突不出主题，完不成教学任务。二是在营造讨论环境时一定要创造轻松自在的环境，可以让学生处于一个兴奋的状态，没有心理负担，相互启发，互相借鉴，这样才能更多更好地提出自己的想法。三是课堂的质量能否达到预期，关键在于教师的引导。四是开展有这一类型的教学活动时人数不能太多，控制在 15 人之内，取得的教学效果会更好一点。

第十四章 思维导图教学法

【学习目标】
1. 理解思维导图教学法的概念。
2. 掌握思维导图教学法组织形式。
3. 结合本专业实际设计一节专业课的思维导图教学法。

第一节 思维导图教学法的介绍

一、思维导图教学法的概述

（一）思维导图教学法的概念

思维导图教学法是英国学者 Tony Buzan 在 1970 年创立的一种新型笔记方法，它以放射性思考为基础，是一个简单、高效、放射性、形象化的思维工具，能够全面调动左脑的逻辑、顺序、条例、文字、数字及右脑的图像、想象、颜色、空间、整体思维，使大脑潜能得到最充分的开发，从而极大地激发人们的创造性思维能力。

思维导图运用图文并重的技巧，把各级主题的关系用相互隶属与相关的层级图表现出来，把主题关键词与图像、颜色等建立记忆链接，充分运用左右脑的机能，利用记忆、阅读、思维的规律，协助人们在科学与艺术、逻辑与想象之间平衡发展，从而开启人类大脑的无限潜能。

（二）思维导图的构成与特征

1. 思维导图的构成

思维导图主要包括节点、连线和连接词，以单向的、双向的或非方向的方式连接。连接词即连线上的文字，是节点之间关系的文字描述。概念和连线通过节点和连接词按顺序形成简单的命题。思维导图的首要特征是用层级结构的方式表示概念之间的关系。在思维导图中，概念是用层级结构的方式来呈现的。其中，最广泛、最一般的概念置于图的上端，次一般和更具体的概念按等级排在下面。特殊知识领域的层级结构根据知识应用或思考的情境而定。思维导图的另一个特征是交叉连接。交叉连接用于表示思维导图中概念之间的关系（命题）。交叉连接表明呈现在地图上的某些领域知识是怎样相联系的。

2. 思维导图的特征

思维导图是放射性思维的表达，也是人类思维的自然功能，它有4个基本的特征。
1）注意的焦点清晰地集中在中央图形上。
2）主题的主干作为分支从中央图形向四周放射。
3）分支由一个关键的图形或者写在产生联想的线条上面的关键词构成，比较不重要的话题也以分支形式表现出来，附在较高层次的分支上。
4）各分支形成一个连接的节点结构。

二、思维导图的实现手段及优势

（一）思维导图的实现手段

1. 传统的纸和笔

很多时候用于记笔记、复习及总结概念、知识联系时，纸和笔是非常简捷好用的工具。在纸中央写出或画出主题，可产生清晰及强烈的视觉效果。想象用树形格式排列题目的要点，从主题的中心向外扩张。从中心将有关联的要点分支出来，主要的分支最好维持5~7个。使用关键词表达各分支的内容，不要把完整的句子写在分支上，多使用关键的动词和名词。如果在某项目上未有新要点，可在其他分支上再继续。重画能使思维导图更简洁，同一主题可多画几次，有助于长期记忆。

2. 现代的计算机手段

计算机已经在许多方面取代了传统的"纸+笔"，在制作思维导图上，计算机也以它的操作快捷、图像形式多样和容量大的特点显示了比"纸+笔"更大的优势。现在已经有很多相关软件，通过它们可以快捷地制作出一幅思维导图的作品。当前，针对思维导图的设计特点而开发的软件很多，如 ConceptMap、FreeMind、MindMaps 和 MindManager 等，大家可以很方便地利用这些软件进行思维导图的制作。

（二）思维导图在学习过程中的优势体现

1. 形象性

思维导图以简洁明了的图形形式表现复杂的知识结构，从而形象地呈现各知识点之间的联系。

2. 便于形成整体性的学习思路

思维导图使个人某一特定领域的知识以整体的、一目了然的方式呈现出来。

3. 提高组织协调的能力

在写作、研究或项目开发的准备过程中，学习者可以从利用思维导图记录和组织的多种资源中获取有效信息。思维导图可作为一种围绕主要观点来组织信息的工具，当学习者通过某一主题知识拓展和探索新模式时，思维导图还可作为一种重组信息的弹性方法。

4. 增进对概念的理解

思维导图可以通过确定因果联系、区分概念的层级次序、组织概念的关系和显示其他有意义的概念模式，提高对概念的理解。

5. 提高工作学习绩效

绩效是指某种行为活动的方式及其所取得的成绩、效率、成就等，既包括可观察的外显行为，也包括行为所带来的结果。思维导图可以帮助人们反思工作、学习的行为过程，预测可能产生的结果，从而提高工作、学习绩效。

第二节 思维导图教学法的应用

一、"病虫害病原分类"思维导图教学法应用案例

【教学对象】果蔬花卉生产技术专业二年级学生。

【教学目标】
知识目标：了解计算机软件 FreeMind 的使用方法。
能力目标：熟练使用 FreeMind 软件，增强学生自学能力。
情感态度与价值观目标：提高学生学习的主动性。
【教学媒体】投影视觉媒体、实物媒体，计算机软件 FreeMind。
【教学过程】

（一）确定教学目标

针对植物病虫害的病原或科属进行系统分类，并能快速掌握。

（二）准备的教学资料

病虫害病原的理论资料、参考教材和下载 FreeMind 计算机软件。

（三）装好软件

在桌面上有图标，双击点开，如图 14-1 所示。

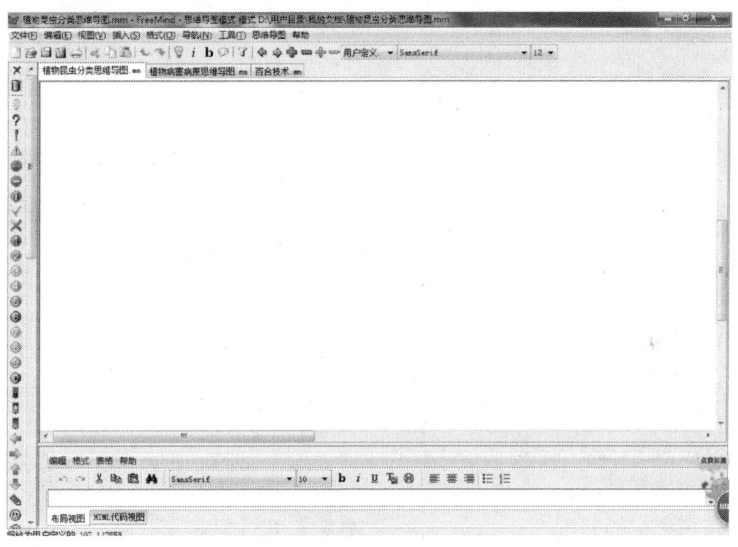

图 14-1　FreeMind 软件的工作界面

建立新的文档，呈现新建思维导图，如图 14-2 所示，这时可以点击右键出现菜单，选择"编辑节点"或选择"建立新的子节点"，就可以进行编辑。

（四）阅读资料和教材

浏览教材时，先要形成系统性概念，以便构建一个以中心点为发散源的导图，接着对病虫害分类的所有知识进行梳理，把关键点用简短语言写入每一节点的编辑内容里，要给人以清晰感，便于记忆。不能有堆砌感，看的时候容易疲惫，不利于掌握和接受。作出的导图如图 14-3 和图 14-4 所示。

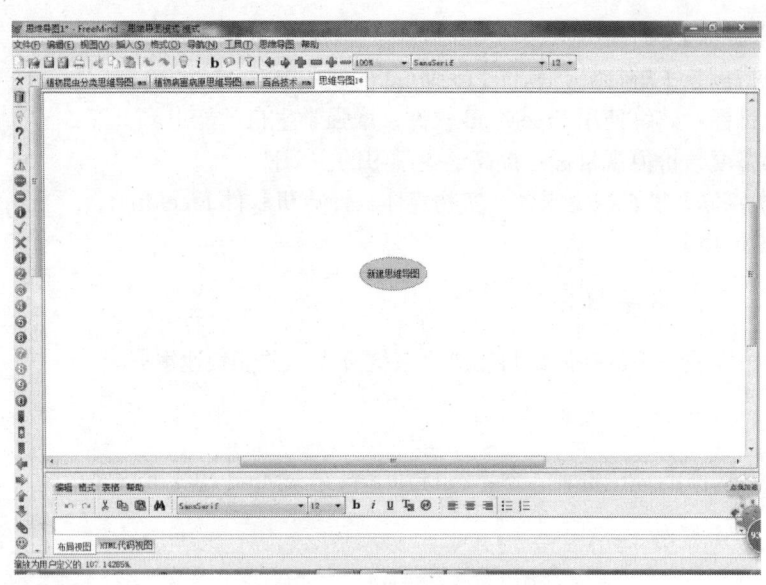

图 14-2 FreeMind 软件的开始操作界面

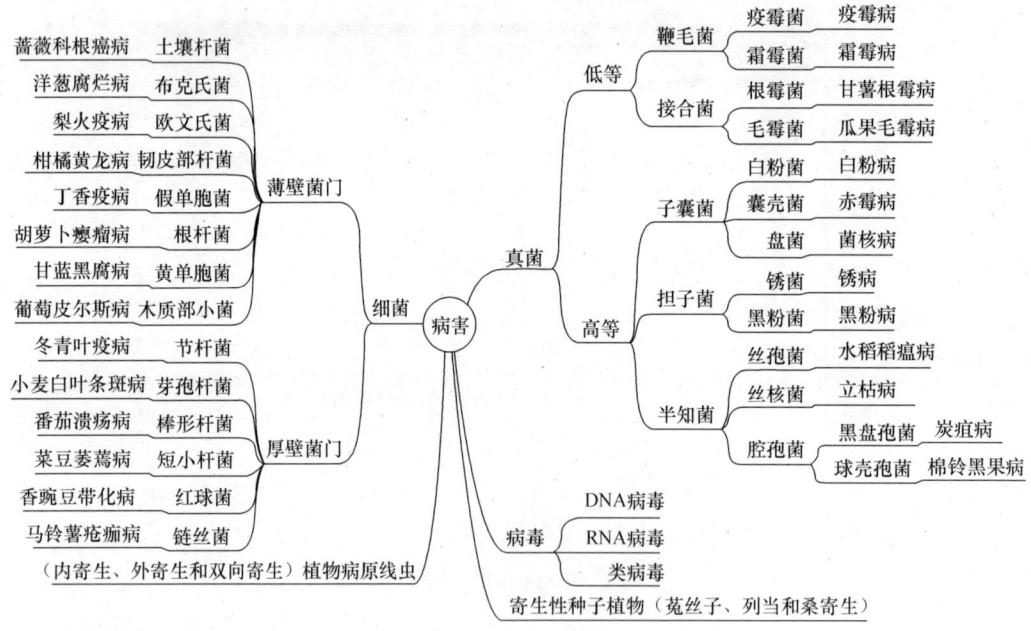

图 14-3 植物病害病原菌思维导图

（五）制作出思维导图

首先要保存，然后打印出来，或者链接到 PPT 上，以便于浏览和复习。

（六）经验总结

通过这种方法制作出来的思维导图的优点如下。
1）容易记忆。
2）提高了学习的主动性和有效性，因为已经阅读数遍，加强了记忆。

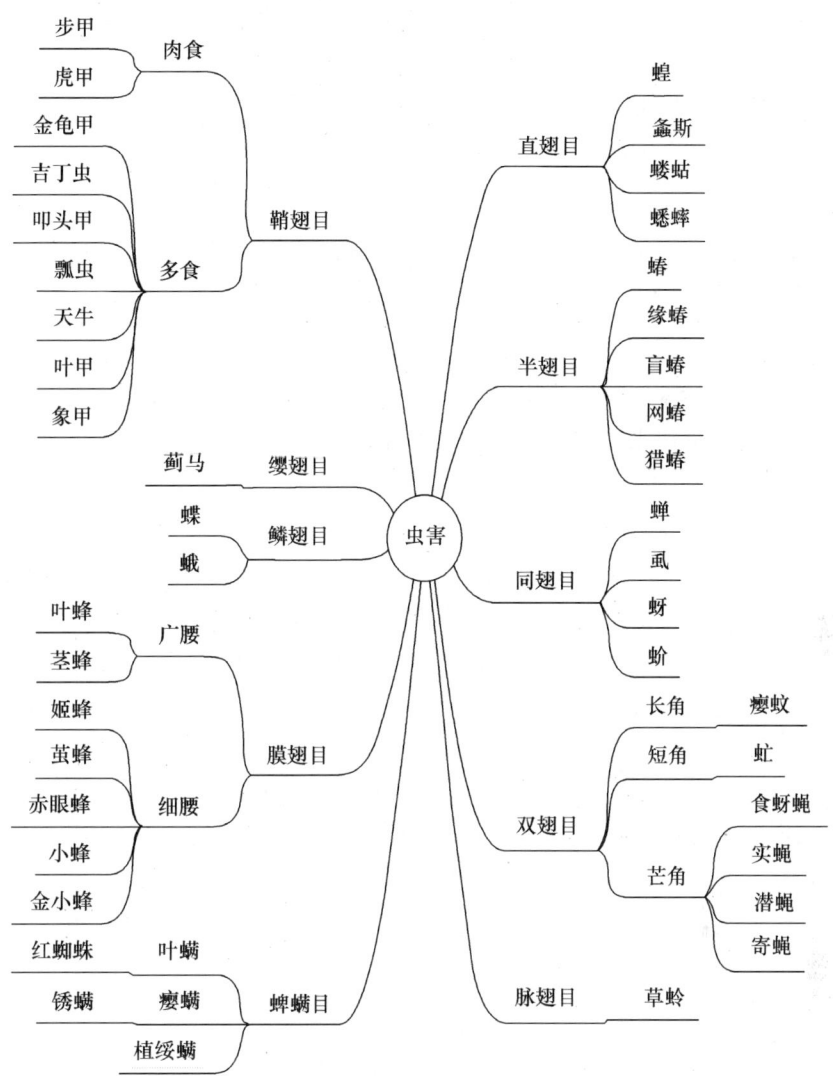

图 14-4　植物虫害分类思维导图

3）知识结构可以形成系统性而且思路清晰。

二、"无土栽培技术"思维导图教学法应用案例

【教学对象】果蔬花卉生产技术专业二年级学生。

【教学目标】

知识目标：了解无土栽培技术。

能力目标：熟练使用 FreeMind 软件，掌握无土栽培技术。

情感态度与价值观目标：能够有意识地使用思维导图来规划、组织自己的生活。

【教学媒体】投影视觉媒体、实物媒体和计算机及 FreeMind 软件。

【教学过程】

（一）确定教学目标

要让学生掌握无土栽培技术。要求学生主动学习，自主完成思维导图。

（二）准备的材料

教材和相关栽培技术资料，以及思维导图的案例等。

（三）编制过程

选择无土栽培技术这一章节，认真阅读，从无土栽培的概念找出中心和关联的基本内容，如特点、类型、溶液的制作，然后逐层进行分析，把握关键词，把思维导图作出来，如图14-5所示，系统地将无土栽培技术的脉络梳理出来，进一步把整个内容全部呈现出来，可以以某一点的线索继续延伸，对于学生来说也就是"顺藤摸瓜"，启发式地把繁杂的内容全部表达出来，不会因记忆中断而遗漏知识点。图14-6为无土栽培技术思维导图营养液部分。

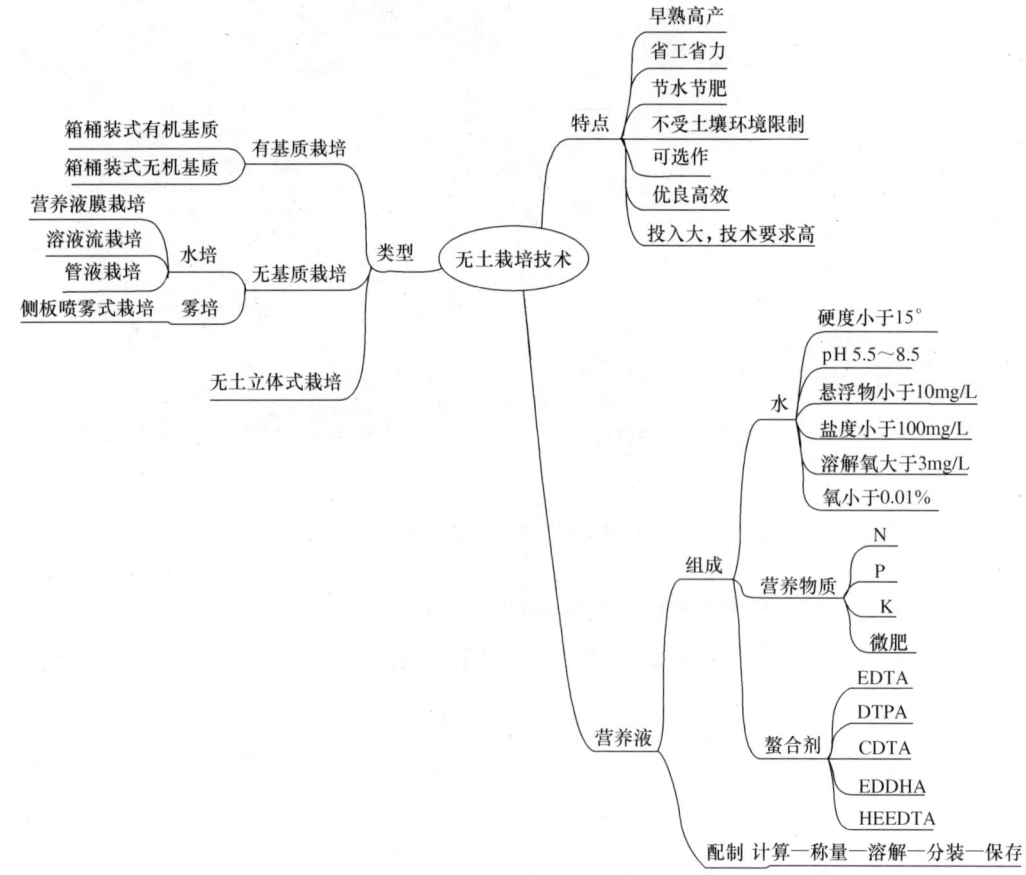

图14-5　无土栽培技术思维导图

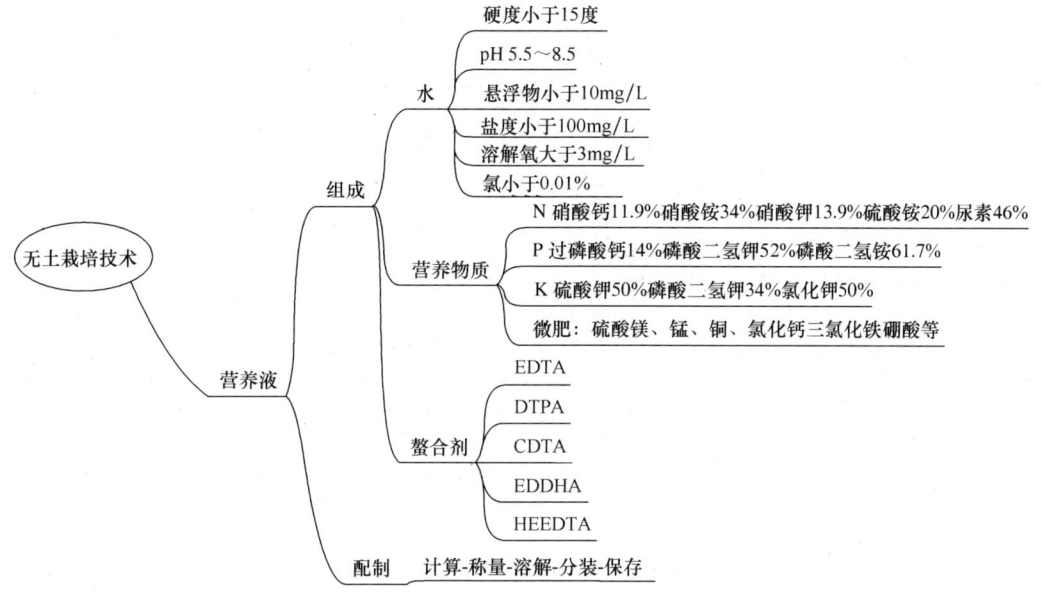

图 14-6 无土栽培技术思维导图营养液部分

参 考 文 献

奥戈罗德尼科夫,史姆比辽夫. 1953. 教育学. 高晶齐译. 上海:正风出版社.
巴班斯基. 1996. 教育学. 李子卓,杜殿坤,吴文侃,等译. 北京:人民出版社.
班华. 1992. 中学教育学. 北京:人民教育出版社.
陈琦,刘儒德. 2005. 教育心理学. 北京:高等教育出版社.
陈素娟,陈国元,陈军. 2009. 项目教学法在蔬菜栽培实训中的运用. 中国校外教育,(12):247-248.
陈豫梅. 2009. 任务驱动教学法在高职蔬菜栽培教学中的应用. 科技信息,(1):330.
程贵兰,王振龙. 2015. 《植物组织培养技术》理实一体化课程设计与实施. 辽宁农业职业技术学院学报,(7):28-32.
杜贺夫内伊. 1953. 教学法原理. 方德厚译. 广州:作家书屋.
高天明. 2006. 20世纪我国中小学教学方法变革. 广州:广东教育出版社.
高宇虹. 2013. 现场绘图教学法"生长素的生理作用"的教学设计. 中学生物教育,(6):43-44.
高照全,冯社章,赵晨霞. 2012. 任务驱动教学法在园艺植物花果管理技术课程教学中的应用. 安徽农业科学,(31):22.
郭成. 2006. 教育心理学丛书——课堂教学设计. 北京:人民教育出版社.
郭为藩,高强华. 1990. 教育学新论. 基隆:台湾中正书局.
国家职业分类大典修订工作委员会. 2015. 中华人民共和国职业分类大典(2015年版). 北京:中国劳动(社会保障)出版社.
河南省教育厅. 2013. 中等职业学校果蔬花卉生产技术专业教学标准. 北京:北京师范大学出版社.
胡忠光. 2011. 教育心理学. 北京:教育科学出版社.
黄甫全,王本陆. 2003. 现代教学论学程. 北京:教育科学出版社.
黄光扬. 2002. 教育测量与评价. 上海:华东师范大学出版社.
江苏省教育厅. 2015. 江苏省中等职业教育果蔬花卉生产技术专业教学指导方案. http://www.doc88.com/p-6975934092599.html. [2015-3-21].
夸美纽斯. 1999. 大教学论. 傅任取译. 北京:教育科学出版社.
李方. 2002. 论教学方法的概念及历史变迁. 现代教育论丛,(4):1-9.
李秉德. 1991. 教学论. 北京:人民教育出版社.
李广平,张长青. 2013. 案例教学法在"果树栽培学"中的应用. 中国园艺文摘,(9):207-208.
刘大椿. 1994. 互补方法论. 北京:世界知识出版社.
刘舒生. 1990. 教学法大全. 北京:经济日报出版社.
刘万平,宋桂然,王雅丽,等. 2014. 园林植物栽培学课程四位一体实践性教学评价体系的内容及优势. 现代农业科技,(3):36-39.
刘艳华. 2013. 《花卉栽培技术》课程"任务驱动、产学结合"教学模式的研究和应用. 中国科教创新导刊,(32):117.
刘永红,张莉,李欲. 2014. 钟松林项目教学法在"植物生产与环境"课改中的应用. 杨凌职业技术学院学报,(6):58-60.
柳淑坤. 2015. 浅谈"工学结合"人才培养模式下《植物科学基础》课程理实一体化教学. 现代农村科技,(6):42.
吕春枝. 2008. 中国近代教学方法史论. 保定:河北大学出版社.
慕自新,吕金印,周春菊. 2014. 案例教学法在农科院校植物生理学教学中的应用. 安徽农业科学,42(27):9652-9653.
宁桂湘. 2015. 谈案例教学法在《植物生产与环境》教学中的应用. 福建农业,(1):22-25.
皮连生. 2000. 教学设计——心理学的理论与技术. 北京:高等教育出版社.
皮亚杰. 1995. 发生认识论原理. 王宪钿等译. 北京:商务印书馆.
秦家顺. 1999. 植物学教学"二合一"教改方案初探——植物外部形态术语现场教学法. 涪陵师专学报,(7):93-96.
山东省教育厅. 2014. 山东省中等职业学校果蔬花卉生产技术专业教学指导方案(试行). 北京:高等教育出版社.
商继宗. 1989. 中小学比较教育学. 北京:人民教育出版社.
上海师范大学. 1976. 外国教育发展史资料. 上海:上海人民出版社.
上海师范大学. 1979. 教育学. 北京:人民教育出版社.

沈适茜. 1991. 实用教育学. 北京：北京师范大学出版社.
沈中华. 2010. 中职农业专业课教学应处理好六大关系. 企业导报，（11）：234.
宋开春. 2014. 现场教学法理论研究. 职业教育，（21）：152.
孙文元，付敏娜. 2014. 浅析中职校学生特点及管理现状. 中国职工教育，（24）：144.
唐文中. 1990. 教学论. 黑龙江：黑龙江教育出版社.
田本娜. 1994. 外国教学思想史. 北京：人民教育出版社.
田慧生，李如密. 1996. 教学论. 石家庄：河北教育出版社.
田妹华. 2014. 江苏省中职果蔬花卉生产技术专业毕业生需求调查与分析. 江苏教育研究，（4）：22-26.
汪志君. 2012. 食品生物工艺专业教学法. 南京：江苏教育出版社.
王萍. 2015. 浅议农业中职学生学习的主动性. 甘肃农业，（12）：39-40.
王策三. 2009. 教学论稿. 北京：人民教育出版社.
王道俊，王汉澜. 1989. 教育学（新编本）. 北京：人民教育出版社.
王汉澜. 1995. 教育评价学. 开封：河南大学出版社.
王善龙. 2008. 园林植物病虫害防治. 北京：中国农业出版社.
王坦. 1993. 论教学方法的分类. 教育评论，（4）：48-50.
王小欣，覃连红，石爱莲，等. 2012. "波尔多液配制及质量检查"四阶段教学法的实施. 广西教育（职业与高等教育版），（1）：140.
王亚杰. 2013. 中职学生特点与学习规律研究. 考试周刊，（103）：184-185.
王雨梦. 2015. 基于中职种植专业学生特点的教学对策. 科技资讯，（32）：194.
位藤正夫. 1998. 教学论原理. 钟启泉译. 北京：人民教育出版社.
魏建国，李宁萍. 2009. 浅析中职学生的心理特点与教育. 哈尔滨职业技术学院学报，（2）：60-61.
吴静. 2015. 针对中职生心理特征，有效开展班级工作. 中国校外教育，（7）：71.
吴杰. 1986. 教学论. 长春：吉林教育出版社.
夏艳丽. 2011. 中等职业学校学生的基本心理特征及常见问题. 科教导刊，（3）：200-201.
徐朔. 2012. 职业教育教学法. 北京：高等教育出版社.
徐珍. 1996. 中外教学法演进. 北京：群言出版社.
杨治国，吴学群. 2011. 项目教学法在高职《花卉生产技术》教学中的应用实践. 科技信息，（13）：429.
姚连芳. 2012. 园林专业教学法. 北京：高等教育出版社.
曾宪华. 1986. 马尾松与环境的现场教学法. 生物学通报，（12）：34-35.
张焕庭. 1964. 西方资产阶级教育论著. 北京：人民教育出版社.
张书谦，刘卫明. 2009. 荷兰温室园艺技术的新发展. 农业技术与装备，（01）：18-19.
张艺. 2007. 德国"四阶段教学法"在中职实训类课程教学中的应用. 现代企业教育，（8）：12-13.
赵福香. 2012. 中职涉农专业教学应注意的几个问题. 农村科教，（12）：27.
中国社会科学院语言研究所. 1992. 现代汉语词典. 北京：商务印书馆.
中华人民共和国教育部. 2010. 中等职业学校专业目录. 北京：高等教育出版社.